Peter Rosegger

Gesammelte Erzählungen und Bilder

Peter Rosegger

Gesammelte Erzählungen und Bilder

ISBN/EAN: 9783743338050

Hergestellt in Europa, USA, Kanada, Australien, Japan

Cover: Foto ©ninafisch / pixelio.de

Manufactured and distributed by brebook publishing software (www.brebook.com)

Peter Rosegger

Gesammelte Erzählungen und Bilder

Neue Waldgeschichten.

Gesammelte Erzählungen und Bilder

von

P. K. Rosegger.

Sechste Auflage.

Wien. Pest. Leipzig.
A. Hartleben's Verlag.
1892.
(Alle Rechte vorbehalten.)

Es wird darauf aufmerksam gemacht, daß die zahlreichen Ausgaben von Rosegger's Schriften unterschiedliche Eintheilung haben, so daß die verschiedenen Auflagen eines Werkes inhaltlich nicht immer gleich sind. Mit jeder neuen Ausgabe und Auflage wird eine zweckmäßigere Eintheilung und größere Vollständigkeit angestrebt. Wer sich mehrere Werke von P. K. Rosegger anschafft, der möge darauf sehen, daß dieselben der gleichen Collectiv-Ausgabe angehören.

Der Fremde im Vaterhause.

Die Thür geht auf, in den Saal tritt der Institutsvorsteher.

„Anderlacher Franz!" ruft er.

„Hier!" antwortet ein zwölfjähriger Junge aus dem Pusterthale. Ja, das war der Anderlacher Franz, der Sohn des Hegers „unter der Alm", den sein Vater nach Innsbruck geschickt hatte, um „geistlich" zu werden.

„Ein Brief!" sagte der Vorsteher.

„O je!" riefen die anderen Jungen, „ein blinder — der hat keine rothen Augen!"

Der Anderlacher Franz war fast der Einzige im Institut, der niemals einen jener Briefe bekam, welche durch die fünf rothen Augen des Petschafts den Empfänger so freundlich anlachen. Franzens Vater wußte nicht, daß ein Mensch, wenn er zu essen und zu trinken, ein Gewand und ein Dach hat, auch noch Geld brauchen könne. Sein Bauernhaus lag im Gebirge — für ein Bauernhaus zu hoch, für eine Almwirthschaft zu tief, für ein „Kleingütel" gerade recht. Macht nichts. Wenn aus diesem Hause ein geistlicher Herr hervorgeht, dann hat es mehr als seine Schuldigkeit gethan.

Nun, der kleine Franz drängte sich freudig zwischen seine Collegen durch, um den Brief in Empfang zu nehmen. Damit begab er sich eilig hinaus auf den langen Gang zu einer Stelle, wo durch das Hoffenster Licht hereinfiel; er wollte nicht, daß ihm beim Lesen ein neugieriges Auge über die Achsel gucke. Das Schreiben war zwar von seinem Vater, aber es war doch wieder nicht von seinem Vater — und die Genossen brauchen es nicht zu wissen, daß sein Vater nicht schreiben kann.

Und richtig, der Franz kennt die Schrift sogleich — der Herr Pfarrer von St. Agnes ist es wieder. Der gute alte Herr hat den Jungen selbst nach Innsbruck gebracht und seitdem schreibt er ihm Alles nach, was daheim vorgeht und was Vater, Mutter, Ahne, Schwester und Bruder ihm sagen lassen.

In dem heutigen Briefe steht Folgendes:

„Lieber Franzel!

Ich hoffe, daß Dich diese Worte in guter Gesundheit finden werden, wie Du ja vernünftig

Der Fremde im Vaterhause.

bist, dieses größte Geschenk Gottes dankbar zu behüten.

Durch das Semesterzeugniß, welches Du Deinem letzten Briefe beigelegt, hast Du den Deinen und mir eine rechte Freude gemacht.

Besonders freut es mich, daß es mit dem Latein so gut geht; das Rechnen wird sich schon machen. Nur fort so, lieber Franz! Bei Deinen Eltern ist Alles wohlauf, Dein Vater sagte mir, daß die Großmutter schon die Wochen zählt, bis Du auf die Vacanzen kommst. Es sind deren nur mehr neun. Wir wollen dann recht heiter sein und darfst mir nicht jeden Tag auf den Berg hinauf, bleibst im Pfarrhof. und bis dahin wird auch die neue Kugelbahn fertig sein.

Bei Deinen Eltern daheim wirst ohnehin keinen Platz haben. Dein Vater, scheint es, will Dir die Sache nicht schreiben, aber ich muß Dir's doch verrathen, was daheim vorgeht.

Vor einiger Zeit — ich glaube, es ist schon drei Monate — haben sie bei Dir daheim Einquartierung erhalten. Es ist unbequem und ganz absonderlich. Ein junger Mensch ist gekommen und der hat sich festgesetzt und läßt sich gar nicht mehr fortbringen. Und das nicht genug, er nimmt das ganze Haus in Anspruch und will bedient sein; ist dazu noch unglaublich wählerisch an Nahrung und Allem, was man ihm aus Güte thut —

— kurzum, er spielt den Herrn im Hause. Die Leute müssen noch freundlich mit ihm umgehen und allerlei Rücksichten beobachten — ich weiß nicht, ob sich der junge Student mit diesem Menschen wird vertragen können.

Nun, es wird sich Alles thun, Franzel, bleibe nur hübsch brav und vergiß nicht auf Deine Eltern und auf Deinen väterlichen Freund

Josef Paumgartner,
Curat zu St. Agnes."

Dem Briefe beigelegt, in ein feines Papier gewickelt, war ein Guldenschein, über den sich der Knabe den Kopf zerbrach, was der Pfarrer von St. Agnes aus der Stadt dafür geschickt haben wollte. Im Schreiben fand sich darüber keine Bemerkung.

Aber noch mehr Kopfzerbrechens verursachte dem Burschen der Bericht über den seltsamen, fremden Menschen, der in sein Elternhaus gekommen sein soll. Warum ihn nur der Vater nicht fortschickte, wenn er so herrisch und zuhabig ist? Im Hause ist ohnehin nicht überflüssig viel Sach', was soll noch ein Fremder mitschmarotzen! Ob denn der Vater etwa einen Gläubiger hat, der sich so unsauber eindrängt? Ob er nicht gar etwa das Haus heimlich an Jenen verkauft hat? — Nein, nein, heimlich, das thut der Vater nicht. Der hat kein Geheimniß vor der Mutter und die Mutter hätte sicherlich Alles schreiben lassen.

Oder? —

Jetzt hatte er's und das war's, das mußte es sein — albern, daß es ihm früher nicht eingefallen. Ein Executions=Soldat. Hatte der Vater nicht so oft erzählt von Executions=Soldaten, die vom Amte dem Bauer ins Haus geschickt werden, wenn der nicht zur rechten Zeit die Steuer erschwingen kann? Werden ins Haus geschickt und bleiben sitzen und lassen sich gut geschehen und spielen den Herrn, bis das Geld erlegt wird. Und da bläht sich hernachen so Einer auf, und je mehr er — sagt der Vater — in der Kasern' hat kuschen müssen, desto närrischer stranzt er sich und muß Alles zuweg sein, was er verlangt.

Der Franzel selber hatte einen solchen Schüssel= reiter gekannt. Ein Kroat war's, konnte auf deutsch nur Butter und Kuchen sagen, und wenn die Mutter nicht jeden Tag damit aufzuwarten ver= mochte, Etliches auf deutsch gotteslästerlich fluchen. Der Vater fand sich beim Steueramt um einige Gulden im Rückstand, weil das für dasselbige Jahr verkäufliche Stück Vieh in einen Abgrund gestürzt war. Nun blieb der Soldat so lange im Haus, bis der Anderlacher bei guten Nachbarsleuten das Geld zusammengebracht hatte. Das währte wochenlang, der Kroat aß dreimal so viel auf, als was das Steuergeld ausmachte, lag größtentheils auf der Ofenbank und vernebelte des Vaters Tabak oder er ging im Kuhstalle um und stellte der Magd nach, die vor ihm kreischend davonlief, wie die Henne vor dem Geier. Bis endlich das Steuerbüchel gedeckt war, hatte der Kerl auf gut deutsch schelten gelernt und ohne „Vergeltsgott" und ohne „Dankdirgott" ist er davon gegangen.

Kein Zweifel, so Einer hält auch jetzt das Elternhaus belagert, so Einer liegt ihnen auch jetzt in der Schüssel, auf der Ofenbank und weiß Gott wo sonst überall herum.

In einem nächsten Brief nach Hause stellte der Anderlacher Franz unter anderen die zwei Fragen: „Ist der lästige Mensch noch im Haus und was soll ich dem Herrn Pfarrer für den geschickten Gulden einkaufen?"

Antwortete wieder der Pfarrer: „Der Mensch ist immer noch im Hause und der Gulden, lieber Franzel, gehört Dein. Wenn ich Dir's nicht geschrieben habe, so hättest Du Dir's selber denken können. Heute liegt das Geld zur Heimreise bei; sei vorsichtig. Im Posthause zu Brixen frage dem Haus Halbscheid nach, mit dem fahre bis Bruneck. Wir erwarten Dich mit Freuden."

Ein herzensguter Mann, der Herr Pfarrer — aber diese verdächtige Einquartierung daheim!

Die Vacanzen sind da.

Als der Franzel sein Zeugniß bekommt, muß er an sich halten, daß er nicht laut aufjauchzt; das thäte sich im Lehrsaal doch nicht schicken. Der Franzel ist in seiner Classe der Erste.

„Das giebt noch einen Bischof," scherzte der Professor. „Vor Zeiten zwar hat man den Frömmsten dazu gemacht, aber heute steckt man den Gescheitesten unter die Schnabelhaube. Mußt Dir aber nichts einbilden, Anderlacher."

Bischof hin und Bischof her — der Franzel geht jetzt heim auf die Alm. Da giebt's Vogelfangen zu stellen, Forellen zu fischen, zu reiten auf des Kronenwirths Braunen und die Kugelbahn ist auch fertig! Vielleicht läßt sich sogar mit dem Executionssoldaten was anfangen: leiht er nur sein Gewehr — im Schachen giebt's Spatzen.

Flink packt er seine sieben Sachen in eine Handtasche, hängt um sein graues Jäcklein mit dem Sammtkragen, das Seitentäschchen, birgt noch die Reisedecke in den Wagen und den großen Regenschirm. Oh, dieser Regenschirm ist seine Pein; was hat er dieses Schirmes wegen schon für Verfolgung ausstehen müssen! Aber die Mutter hat's nicht anders gethan, hat gesagt, als er fort nach Innsbruck ging, sie hätte keine ruhige Stund', wenn er den Regenschirm nicht mitnehme, man wisse niemals, was für ein Wetter einfalle. So nahm der Junge das Unding, das größer war, als er selber, unter den Arm und trug es in die schöne Stadt Innsbruck. Dort bei den Collegen ging das Gehetze los, sie nannten ihn den Parapluie-Jackel, und wenn er den Schirm einmal aufspannte, so drängte sich die ganze johlende Rotte unter denselben herbei und sie stießen ihn hin und her wie Böcke. Es war keine Ruhe, bis der arme Franzel den Schuldiener bat, das rothe Ungeheuer zu verbergen. Aber wie die Mutter gesagt hatte, daß er den großen Regenschirm mit nach Innsbruck nehmen solle, so hatte der Vater ihm eingeschärft, daß er denselben wieder nach Hause bringen müsse. Darum wählte nun der Student zur Abreise eine dunkle Abendstunde und noch einmal schwang er sein Tuchkäppchen mit dem glänzenden Schildchen zum Scheidegruß der schönen Hauptstadt von Tirol — und fröhlich ging's der Heimat zu.

Was waren ihm die Berghöhen so sonnig und die Morgenschatten so thaufrisch! Was wuchsen ihm an den Füßen die Flügel, gleich dem steinernen Knaben auf dem Hause der Handelsschule zu Innsbruck, was ging ihm das Herz auf!

An der Siller schnitt er sich einen Haselstock, den braucht er unterwegs, und kommt er heim, so mag's etwan auch nicht schaden, wenn der fremde Mensch sieht, er bringe so was mit.

* * *

Am Samstag-Abend ist's vor Jakobi.

Im Hause unter der Alm ist's schon um drei Uhr Feierabend. Der Samstag-Abend gehört unserer lieben Frauen. Der Hausvater läßt die Arbeit im Walde ruhen, kommt hemdärmelig, wie er an Sommertagen stets umgeht, ins Haus. Auf dem Filz hat er auch immer die Hahnenfeder, die holt er sich gelegentlich selber von der Luft herab. Mit heiler Haut kommt er selten vom Hage heim, hat's an den Kleidern keinen Riß, so giebt's am Finger eine Schramme. Es ist wohl wahr, er ringt mit der Arbeit trotz, wenn er dabei ist. Ihr seht auch kein Fleckel an seiner Hand, an seiner stets lustigen Brust, an seinem Gesicht, auf welchem nicht einmal eine Wunde war. Vernarbt und verwegen sieht er aus, der knorpelige Mann mit dem buschigen Schnurrbart; da er jetzt in die Stube tritt, sagt er zu seinem Weibe: „Du, Mutter, klenk' (näble) mir das Leible z'samm!"

Wahrhaftig, das Leible ist arg auseinander, aber die Hausfrau setzt sich auf den Schemel: „Na, duck' Dich her, Vater!" und bald ist Alles geschlichtet.

Jetzt schickt er sich an, seine Pfeife zu laden — geschnitzt hat sie der Rinleger-Sepp. Und das barfüßige Tonele muß mit dem funkelnden Stahlzänglein in die Küche um eine glühende Kohle. Dieweilen kommt schon das Büble gesprungen, klettert auf des Vaters Knie, will „reiten nach Wien, in Kaiserstadt hin", und das Maidle fetet dienstfertig des Vaters Lendengurt loser und das Kleinste — das erst seit Kurzem seine eigenen Händchen entdeckt hat, und wie sie brauchbar sind zum Anpacken — — langt nach der Pfeifen=Quaste oder gar kecklich nach dem „Schnauzbart", unter dem von Zeit zu Zeit — der Auderlacher ist haushälterisch im Genuß — ein dünnes Rauchwirbelchen hervorquillt. So sitzt er mitten unter den Seinen und schaut ernsthaft drein — aber inwendig, da schmunzelt sein Herz. Er spricht nicht von Glück, aber er hat es.

Warum nur die Weibsleute keinen Feierabend haben?

Der Rinleger=Sepp ist ein alter Spintisirer, der erklärt Alles, der weiß auch, warum an Samstagen die Weibsleute keinen Feierabend haben, sondern bis spät in die Nacht in Haus und Scheuer beschäftigt sind, während die Mannsleute schon ihren Vergnügungen nachgehen, oder ihrer Ruhe obliegen.

„Denen mit dem langen Haar und mit dem kurzen Verstand hat Gott desweg die Samstagsrast versagt, weil sie doch nicht thäten rasten, sondern vor dem Spiegel stehen, und Haar flechten und Hoffart betreiben. Da ist's gescheiter, Kübel waschen, Töpfe scheuern und Fußboden reiben. Wollen sie schon was putzen, so ist's von wegen der himmlischen Freud' besser, sie putzen was Anderes, als sich selber."

Das Maible soll noch mit dem Garnsträhn fertig werden, der über den Haspel gespannt ist; denn wenn über den Sonntag im Hause ein unabgezogener Faden bleibt, sei's am Rocken, sei's am Haspel, sei's am Spulen, sei's beim Nähkorb — so kommt gleich die Maus der Gertrudis und beißt den Faden ab oder webt allerlei Verdruß hinein.

Die Anderlacherin hat eben auch keine Ruh', sie ist ein recht „g'schmackiges" (anmuthiges) Weibchen, sie schafft an der Wiege; 's ist ein süß' Geschäft, süßer als Feierabend. —

Das sagt auch die alte Ahndl (Großmutter), die sich ebenfalls um die Wiege zu thun macht und nicht eher Frieden findet, als bis sie den Platz er= obert hat. Der „süße Namen" JI$\pm$IS, der zu Häupten der Wiege gemalt ist, macht's nicht aus; aber das Büberle, das Lieberle, das drinnen liegt! Geschaukelt will der kleine Martin sein, wenn er den Leuten den Gefallen thun soll, jetzt, da noch die sonnengoldigen Bäume zum Fenster hereinschauen, schon zu schlafen.

„Kindlein haben gut schlafen," meint die Ahndl, „Kindlein träumen immer vom Himmelreich."

Sie schaukelt und singt:

> „Nutz Heidl, mei Schatz,
> Auf'm Ofen steht die Katz,
> Die schwarze und die weiße,
> Die will das Büble beiße.

Nutz hei ab, nutz hei ab,
Das Katzl lauft den Steig ab,
Lauft ein schwarzes Hündl nach,
Beißt dem Katzl 's Fußel ab.

Nutz Heidl
Grüne Stäudl,
Rothe Beeren dran,
'S Büble schlaft schon."

Das alte Mütterlein lullt sich dabei schier selber in den Schlaf, das Martinele hingegen thut die Aeuglein hell auf und zappelt mit den Beinchen unter der Decke, und just heut' will es nicht zur Ruh' kommen.

'S ist aber auch kein Fried' im Haus — ein ketzerhaftes Poltern vor der Thür, und schnurgerade will der Hund von der Kette ab und — sonst doch so ein gescheites Thier — bellt er und winselt heute wie närrisch.

„Geh' Maible, schau, was draußen hergeht."

Das Maible macht kaum die Thür auf: „Herr Jesseles, der Franzel!"

Ein Geschrei durchs kleine Haus: „Der Franzel ist da!"

Ein Herbeistürzen aus der Küche, aus der Kammer, vom Hofe herein. Nur der Vater — so sehr ihm auch die Freude aus den Augen leuchtet — trottet langsam, er weiß, der Junge läuft ihm nicht davon. Die Mutter, schier schämig vor dem Herrn Sohn, wischt mit der Schürze den Arm, daß er tauglich wird zum Willkomm; sie denkt: ein bissel wird sie wohl schon geweiht sein, seine Hand. Das geschäftige Maidle hat ihm die Reisetasche abgenommen und den Regenschirm — gottlob, diesen Regenschirm! Vom Kronenwirth die Burga bringt den Handsack herein. So kommen sie zusammen . . .

„Gott Ehr' und Dank, daß Du nur da bist!" schreit die Mutter.

„Grüß' Gott, Franzel!" sagt der Vater schmunzelnd.

Der Franz sagt gar nichts, er lächelt nur ein wenig, und da hat er richtig noch seine beiden Grübchen hinter den Mundwinkeln! — Man weiß nicht, ob sie sich Alle die Hände gedrückt haben; Kuß hat's keinen gesetzt. So ein Küssen ist nicht der Brauch dort im Gebirge, wo die Tannen wachsen.

Die Ahndl ist im ersten Freudenschreck in den hintersten Ofenwinkel gerannt, und an ihre Rockfalte hat sich das größere Knäblein geschmiegt, dem ist diese Rockfalte zu aller Zeit der sicherste Hort. Nun schleicht das Mütterchen mählich hervor und luget unter der Achsel dessen durch, der dort Vater, hier Sohn ist, ihr Kind, das ihr die anderen Kleinen in den Arm gelegt. Sie luget auf den Franzel hin. —

„Gewachsen!" murmelt sie, „gottsunmöglich gewachsen!" Und endlich fällt sie drein mit ihren

Herzensworten und hält dem schönen heimkehrenden Enkel zitternd die alten Hände entgegen.

„Und bist heut' schon von Bruneck her?" fragt der Anderlacher. Drauf ist die Sprache vom Wege und daß er rechtschaffen steil ist und ob der Brunecker Postmeister den Schimmel vom Kronenwirth noch habe? — Was schert er sich jetzt um solche Sachen, der Anderlacher, aber er will reden und es fällt ihm gar nichts Anderes ein. Das alte Mütterlein kann sich länger nicht mehr halten. „Du Franzel," lispelt sie dem Jungen zu, „jetzt haben wir aber Einen im Haus, den Du noch gar nicht kennst!"

„Ja richtig!" sagt der muntere Student, „der Pfarrer hat mir's geschrieben, hat sich der Kerl noch nicht getrollt?"

Sie schauen sich gegenseitig an.

„Sicherlich wieder so ein Soldat?"

Jetzt wendet sich die Mutter, daß der Blick frei wird auf die Wiege, jetzt hebt sie das kleinwinzige Martinele auf: „Ja, Franz, der ist gekommen, die= weilen Du z'Innsbruck bist gewesen."

Da macht der Bursche große Augen: Der!

„Er will Dein Bruder sein," sagt die Mutter.

Der Franz ist still und macht ein merkwürdig herziges Gesicht. — Noch in der Reiserüstung streckt er lächelnd die Arme aus nach dem Brüderchen. Aber der Kleine sträubt sich baß, stemmt das nackte Händchen trotzig gegen des Angreifers Brust, dann halb in Furcht und halb im Vertrauen blickt er ihm wie sinnend ins braune Auge und jetzt will's ihm schier bedünken, dem kleinen Martinele, der junge Mann hätte gute Aehnlichkeit mit dem Tonele, mit dem Maible und Allen.

Der Maler — Franz Defregger ist sein Name — hat diese liebliche Scene geschaut und in einem Bild, „Die Brüder" genannt, zu unserer Lust dargestellt.

Und das kleine Martinele, ein wenig zurückhaltend noch, aber im Ganzen nicht ungern trachtet es hinüber zu Dem, der es so liebherzig anblickt.

Glücklich ist die Mutter, und der Vater luget gar stolz und vergnügt auf seine zwei Buben, als wollt' er zu jedem der Beiden sagen: Schau, da hab' ich auch noch so Einen! — Ja, Gottlob, die Tiroler kommen nicht ab; unter der Alm stehen sie nach der Orgelpfeife, und der Rosenkranz, noch ist er nicht zu Ende! Drauf schielt er so schalkhaft hin, was sich der zwölfjährige Bursch' nur dabei denken mag. Und dem Großmütterchen wird jetzt warm bis in die Zehenspitzen hinab und sein altes Auge leuchtet noch einmal auf und sein Fühlen ist Segen und nichts als Segen für die Brüder, die sich so gefunden. Wie ihre Arme, so sind nun ihre Lieben ineinander verschlungen, sie werden zusammenstehen in unlöslicher Brüderlichkeit auf dieser harten Welt.

Großmutter sieht den Tag, da steht das Martinele

vor dem Altare in der Kirche zu St. Agnes, aber
nicht mehr so klein wie heute; zu seiner Seite die
Braut, rechtschaffen und schön — und aus der
Sacristei kommt der Bruder, der geistliche Herr,
und giebt, treuen, feuchten Auges wie heute, dem
Martinele das, was er selbst nicht hat — ein liebes
Weib.

Naturforscher auf der Alm.

Im Nachsommer des Jahres 1875 war's, als eines Tages in einem steierischen Almwirths=hause helle Verwunderung herrschte.

Der alte Fritz, der krumme, buckelige Boten=geher, sonst ein gar ernsthafter Mann, hatte heute die Mär gebracht: „Die Naturforscher sind im Land!"

„Was?" schrie Alles.

„Sie kommen gar auf die Alm."

„Wer?"

„Sie rücken schon an."

„Du heiliger Sanct Sebastiani!" rief hierauf die hübsche Almwirthin und sog nach altem Brauch aus ihrem Pfeifchen, das zu ihrer heute schier vor=nehmen Aufgeputztheit freilich nicht recht passen wollte; aber sie hat's einmal im Mund und wir können nichts machen. Um ihre rothen Lippen ist's schade, daß sie geräuchert werden. „Redlich wahr," rief sie, „es ist kein Fried' auf der Welt. Eh' vor Zeit ist alle fingerlang der Türk' da. Nachher ist der Franzosenrummel g'wesen. D'rauf rücken gar die Preußen an, und jetzt wären auf einmal die — die — wie hast gesagt, wie heißt der Feind?"

„Du närrische Frau Wirthin, Du!" rief der alte Botengeher, „das ist ja kein Feind nicht!"

„Was denn? So red', wenn Du was weißt!"

„Die Naturforscher, das sind lauter hochgelehrte Männer; Wirthin, denk' Dir g'rad einmal den alten Schulmeister von der Rabau. Du weißt, der hat schneeweiße Haar und thut rechtschaffen Tabak schnupfen; hat aber — mußt wissen — seine großen Glasaugen auf und sitzt Tag und Nacht bei seinen alten Büchern und G'schriften, und ist ein gar gelehrter Herr, und ein bissel zaubern" — der Fritz ließ einen forschenden Blick umherschießen — „'s selb' kann er auch."

Die Wirthin saß recht breit auf einem Stuhle da, hielt die Arme über dem Busen gekrenzt, in einer Hand die Pfeife, und that nichts, als den Kopf schütteln.

Der Bote schob das leere Schnapsgläschen vor sich über den Tisch hin: Geh', Almwirthin, noch ein paar Tröpfel von Deinem guten Geist."

„Alle guten Geister lobt unser Schickbot'," rief ein Schalk unter den Halterleuten, die beim Ofen saßen.

„Ja Du, und daß ich Dir's sag', Frau Wirthin," fuhr der Fritz fort, „die Naturforscher, das sind halt auch so weißhaarige Herren, wie der Rabauer Schulmeister; haben aber — rath' ich — noch größere Glasaugen, wie der, weil sie ja noch viel mehr Bücher lesen und viel gelehrter sind und noch viel flinker zaubern können. Ja, Leut', 's ist kein Spaß nit, die Naturforscher haben die Welt erfunden!"

Jetzt schlug die Wirthin ihre Hände zusammen, daß es klatschte: „Die Welt haben sie erfunden! — Na Du, Fritzl, die Welt, die hat der Gott Vater erschaffen!"

Der Fritzl nippte von dem neu angekommenen „guten Geist", den der Almwirth selber aus Ingwerwurzeln brannte. „Der Gott Vater!" murmelte er dann vor sich hin, „kann eh' sein. — Aber — nachher möcht' ich schier wetten, daß der Gott Vater selber zu den Naturforschern gehört."

„Geh', geh'!" rief Einer vom Ofen her, „bist leicht auch so Einer, der einen neuen Glauben aufbringen will?"

„Nu, nu," besänftigte der Alte, „ich sag's halt nach, wie ich's gehört hab'. Dahinter ist schon was und die Naturforscher sind im Land, das läßt sich nicht leugnen. In der Grazerstadt drin haben sie die alten Herren recht in Ehren gehalten. Den ganzen Schloßberg, hab' ich gehört, hätten sie vor Freud'

angezunden über und über — so viel hätten sie be=
leuchtet. Bei allen Fenstern — und es giebt viel
Fenster in so einer Stadt — hätten sie die Fahnen
herausgereckt und Einer hätt' gar auf die Domini=
kanerkirchthurmspitz' eine Fahn' gesteckt. — Muß
wohl was dahinter sein, Unsereiner kann sich das
nicht auslegen."

So hatte der Fritz erzählt und deswegen die helle
Verwunderung im Almenwirthshaus.

Da war zufällig die Agatl, die junge Schwaigerin
(Sennin) von der Schoberalm im Hause gewesen,
als der Bote Solches und Mehreres lautbar ge=
macht hatte. Und Agatl ging jetzt gedankenvoll, wie
noch selten, ihrer Hütte zu. — Wenn es richtig wahr,
daß die uralten, hochgelehrten Herren kommen auf
die Alm und 'leicht auch in die Schoberhütte, dann
mag sie wohl was vorrichten. Butter und Käs wer=
den so Leut' nicht mögen. Da stellt sie's schon ge=
scheiter an. Das Stubengesiedel scheuert sie rein ab
und den Tisch deckt sie mit einem blühweißen Tuch
und stellt eingefrischte Gentianen und Herbstzeitlosen
drauf, und etwa noch etliche Heiligenbildchen dazu,
daß die ehrwürdigen Herren sehen, die Schwaigerin
Agatl weiß, was sich schickt. — Dann hat sie —
die Agatl — auch noch extra was mit ihnen zu
reden.

So wird's gedacht. Dann naht der Tag des Er=
eignisses.

Naturforscher auf der Alm.

Die Gelehrten waren von allen Gauen Deutschlands zusammen gekommen in die freundliche Murstadt, um sich gegenseitig kennen zu lernen, schöne Reden zu halten und auf das Wohl der Wissenschaft und auf die Einigkeit des großen deutschen Vaterlandes steierischen Wein zu trinken. Welch ein Aufsehen hatte es daher gemacht, als zu Graz in jenen Tagen, in welchen an den Wohnungen aller Freisinnigen Kränze prangten und Fahnen flatterten, auch an der hohen Thurmspitze der Dominikanerkirche eine schwarzgelbe Fahne wehte — eine Huldigung der freien Wissenschaft. Alle frommen Herzen waren außer sich über diesen unerhörten Frevel der Dominikanermönche; am ntsetztesten und rathlosesten aber waren — diese Dominikanermönche selbst. Sie waren unschuldig an der Beflaggung ihrer Kirche, die Fahne war über Nacht auf die Thurmspitze gekommen, und zwar auf ganz unerklärliche Weise. Kein Gerüste und keine sonstige Spur war an dem Thurme zu sehen und die Flagge oben am römischen Kreuze wehte in salbungsvoller Jubelstimmung hoch über der festlichen Stadt.

Die geistlichen Herren hielten Rath, wie das arge Zeichen möglichst rasch da oben entfernt werden könne.

„Ein Gerüste bauen," meinte ein Sachverständiger, „kostet aber zweihundert Gulden."

„Diese verfluchten Heiden!" rief Einer.

„Wer den Fetzen ohne Gerüst hinaufgeschafft hat," sagte ein Anderer, „der soll ihn auch ohne Gerüst wieder herabtragen."

Aber wer hat den „Fetzen" hinaufgeschafft? Wo ist der Thäter? Die Polizei fahndete nach demselben, entdeckte ihn aber nicht. Endlich am zweiten Tage, nachdem sich Graz an der Dominikanerfahne sattsam belustigt und die Mönche sich daran sattsam geärgert hatten und immer noch rath- und thatlos waren, nachdem aber Viele auch die Muthmaßung ausgesprochen hatten, es sei ja möglich, daß der liberale Orden der Dominikaner es mit der neuen Wissenschaft halte — meldete sich ein Mann, ein ausgesuchter Turner und Kletterer, und erklärte sich bereit, für ein gutes Entgeld die Fahne vom Thurme herabzuholen. Die Dominikaner begrüßten einen solchen Retter in der Noth mit offenen Armen. Als aber der Retter lustig an der Außenseite des Thurmes emporkletterte, oben kunstgerecht die Fahne losband und dieselbe mit einem lauten „Hoch" auf die Naturforscher und auf Oesterreich schwang — da war es offen, kein Anderer als Der konnte die Flagge auf die Thurmspitze gepflanzt haben. Das unten versammelte Volk jauchzte ihm entgegen; doch unter diesen Jauchzenden lauerte auch die Polizei. Konnte aber die Polizei einen braven Kerl fassen, der auf hoher, wenn auch kirchlicher Zinne Oesterreichs Farben entfaltet und Oesterreich ein Prosit gebracht hatte?

Unter den Mönchen aber war Einer, der die Faust ballte hinan gegen den Thurm. Dies sah der Mann; allsogleich band er die Fahne wieder fest am Kreuze, stieg fröhlich den gefährlichen Weg wieder herab, die Flagge wehte oben wie vor und eh', und die Menge umjubelte den Kletterer.

Nach vielem gütigen Zureden von Seite der Behörde verstand sich endlich der Mann, die gute alte Reichsfahne von der Thurmspitze zu entfernen. Er bekam hierauf selbstverständlich seine reglementsmäßige „Straf'", aber seine Richter blinzelten ihm heimlich zu, und dem wackeren Burschen soll es — weiß die Fama — sein Lebtag nie besser ergangen sein, als in jenen vierzehn Tagen, in welchen er seiner „gesetzwidrigen Handlung" wegen im Arrest gesessen. (Das war derselbe Kletterer, der später in Wien zur nächtlichen Stunde eine Fahne an die Spitze des Stefansthurmes gebunden hatte.)

Diese Fahnengeschichte, hier als kleine Abschweifung erzählt, war das Lustigste bei dem Naturforschertage zu Graz. Im Uebrigen waren die Herren endlich des vielen Festessens satt; Ausflüge in die schönsten Landschaften der Steiermark wurden veranstaltet und freudigen Herzens zogen die Gelehrten den grünen, lebendigen Bergen zu. Nach Hang der Charaktere, nach Art der Studien theilten sich die Wege. Der eine führt in die sonnigen Auen des Unterlandes zu alten, merkwürdigen Burgen und gastlichen Schlössern, zu den Weingärten und Gesundheitsbrunnen; der andere geht unterirdischen Zielen zu, wo in der Kohle, in den Versteinerungen die Spuren vergangener Jahrtausende ruhen, oder die Schätze des Metalls vergraben liegen. Der dritte Weg endlich leitet empor zu lichten, reinen Höhen, zu interessanten Steinen und Pflanzen, zu den Naturspielen der Luft und des Lichtes, zu den leichtlebigen Thieren und zu der krenzsauberen Agatl. Mancher ist gar mit der Büchse ausgezogen.

Eine gute Anzahl hatte den Weg auf die Berge gewählt.

Als diese Herren gegen die Rabau kamen, gesellte sich der Pfarrer des Ortes zu ihnen, lud sie freundlich in seinen Baumgarten zu einem Glase Wein mit Zugehör und bat die Gäste schließlich, wenn sie auf der Alm, wo voraussichtlich viele Landleute versammelt sein würden, etwa irgend welch eine Begrüßung oder Rede zu halten gedächten: sage bei berlei Reden gefälligst Worte und Abhandlungen zu vermeiden, welche leichtlich geeignet sein könnten, die guten, einfachen Leute in ihrem alten Glauben zu verwirren. Er, der Seelsorger, halte diese Bitte für seine Pflicht. Des Weiteren möge Jeder sagen und thun, was ihm beliebe.

Ueber solche Maßregelung huben einige der Herren an zu murren: „Wenn uns das freie Wort verboten ist auf den Bergen, wo doch die Freiheit wohnt, dann lieber verzichten wir auf die Alpenfahrt!" Und sie kehrten um, eine Stätte suchend, wo sie nach Herzenslust ihre Stimme ertönen lassen und ihren pathetischen Gefühlen Luft machen konnten. Der größere Theil jedoch versprach dem besorgten Seelsorger gern seine kleine Bitte zu berücksichtigen, maßen ja im Uebrigen ihr Wirkungskreis auf den Höhen des steierischen Arkadiens ein ganz unbeschränkter war.

Sie kamen zum Almwirthshause, wo der alte Fritz schmunzelnd im Winkel saß und sich an der Verwirrung der Wirthin ergötzte, die etliche Gläser in Scherben schlug, bevor es ihr gelang, die begehrten Erfrischungen auf den Tisch zu schaffen. Sie kamen zu den Halterhütten, wo in allen Gelassen neugieriges Bauernvolk lauerte, welches, die Gefahrlosigkeit der Sache einsehend, allmählich hervorschlich. Und sie kamen auch zur kleinen Behausung der Schwaigerin Agatl.

Agatl wurde, als sie die lustige Gesellschaft nahen sah, irre an der Welt und an sich selber. — Alte, weißköpfige, ehrwürdige Herren, auf Stäbe mühsam gestützt und jeder ein großmächtiges Buch unter dem Arm — so hatte sie es erwartet. Und jetzt zog singend und polternd ein Haufe junger, hübscher, schwarz- und blondbärtiger Männer voll Heiterkeit und Possen in ihre Hütte ein. Nur, daß sie noch rechtzeitig die Heiligenbilder unter die Bettdecke ver-

bergen konnte — da stürmten sie auch schon in aller
Lustigkeit in die Kammer. Die Herren nahmen sie
keck an der Hand und streichelten ihr die eröthen=
den Wangen; dann wollten sie Milch und Butter
haben fürs Erste; und trieben es lauter und un=
bändiger als die Bauernburschen, wenn sie herauf=
kamen an Sonntagen.

Und das — meinte die Agatl bei sich — sollten
die Herren sein, die dem lieben Gott Vater die Welt
hätten erschaffen helfen? Das sollten die großen
Gelehrten sein, die — wie der Fritz erzählt hat —
den Dampfwagen ausstudirt hätten, und den Tele=
graph, und das Zacherlpulver, und den Blitz=
ableiter, und die Sonnenfinsternisse, und die Erd=
beben, und das Photographiren (wie die Agatl ein
Bildniß vom Hansel hat), und die Medicinen, die
Salben für Gift und Gall', und die künstlichen
Kopfhaar' — 's ist ganz wunderlich, was man
schon hört in der Welt und was die neue Mode
alles aufbringt. Und von so leichtfertigen Leuten
soll das alles kommen? — Aber sauber sind sie und
fein, 's selb' muß man ihnen lassen. Der dort mit
dem falben Schnurrbart schon gar — ist hell noch
blutjung. Der kann aber das Handdrücken, wie sie's
ihr Lebtag noch nicht so kräftig verspürt hat. Die
Milchschüssel ist, gottsdank, so auf den Tisch gestellt,
daß er, der Blutjunge, den Rahm mag „berlangen".
So dachte die Agatl. —

Herr Doctor Willibald war er benamset, derselbige, welcher bei seiner Ankunft der jungen lebfrischen Schwaigerin so wacker die Hand gedrückt hatte. — Ein leiser Gegendruck, den er aber doch erklecklich wahrgenommen, sagte ihm, daß er hier ein günstiges Object für seine Forschungen gefunden haben dürfte. Doctor Willibald war nämlich nicht bloß Naturforscher, sondern insgeheim auch ein bißchen Ethnograph und Philosoph, und erforschte in des Menschengeschlechtes schönerer Hälfte gern die Herzen und Nieren.

Die meisten der Herren Naturforscher hatten sich draußen gelagert, „wo klingen alle Auen". Dort erfreuten sie sich eines gesegneten Mahles mit Naturbraten und Naturwein, erfreuten sich der Naturschönheit und zwanglosen Fröhlichkeit. Allmählich zogen sich die Landleute herbei, wurden zutraulich, zeigten den gelehrten Herren schimmernde „Donnerkeile", die in der Erde gefunden worden, „Irrwurzeln", die im Walde wüchsen, und Jeden, der „unbesinnt" darauf tritt, von dem rechten Weg ab und in die Irre führten, zeigten Walpurgisblümlein und Marienkraut, mit denen man „wetter- und butterhexen" kann, zeigten „Hexeneier", wie sie auf Moorheiden zu finden, und mehr solch merkwürdige Dinge, mit denen sie den gelehrten Herren etwas Neues vorlegen wollten, das gewißlich bisher noch nicht erforscht worden wäre. Aber die Herren waren mit Allem schon bekannt.

Den Donnerkeil nannten sie Bergkrystall, das Hexenei war ihnen ein Pilz. Ueber die Irrwurzeln lachten sie und sagten: „Ihr lieben Leute steigt Euer ganzes Leben auf Irrwurzeln herum." Herr Doctor Willibald hingegen behauptete kurz und entschieden: es gebe gar keine Irrwurzeln; das, was der Aberglaube so nenne, sei bloß die Wurzel des Weiderich. — Uebrigens kümmert sich der junge Mann weder um den Weiderich, noch um seine Genossen, noch um die paar Jägersleute, die ein todtes Reh vorbeischleppen, welches sie einem Wildschützen abgejagt hatten. Während die Anderen draußen lustig essen und trinken, sitzt er am Herde bei der Schwaigerin und schwätzt.

„Agatl," sagte er, konnte aber den Namen nicht mundgerecht aussprechen, weil er von den Gegenden der Mitternacht kam, in welchen die Zunge schon ein wenig anders gewachsen ist, als in dem saugreichen Himmelsstriche der Alpen, „Agatl, Sie sind ein prächtiges Mädchen!"

„Eh', Du Tollpatsch!" rief die junge Schwaigerin aus, „wird der Herr noch eine Weil' Sie zu mir sagen! Bin ja kein Stadtfräulein nicht."

Hierauf sind sie Du und Du zusammen geworden.

Als das Agatl mit seinem Korbe hinab in die Matten ging, um den Kühen grünes Futter für den Abend zu holen, begleitete sie der junge Doctor und sah ihr zu, wie sie all die schönen Pflanzen und Blumen, die der Botaniker so sorgsam hegt, so genau studirt, so haarklein beschreibt in den Büchern; die der Dichter so rührend besingt und die das Rind so gern frißt — mit der Sense niedermähte. Noch versuchte der junge Gelehrte dem Mädchen einige Blumen zu erklären; sie ließ ihm aber nichts gelten, sie hatte ihre eigene Naturgeschichte.

„Ja," sagte sie, „jetzt, das sind die Liebfrauen=schühlein, die ziehen die verstorbenen Jungfrauen an, wenn sie ins Himmelreich eingehen. Und das ist der Herzensschlüssel, den man den hübschen Buben auf den Hut stecken muß, dann schauen sie um, auf dem Kirchweg, wenn Eins hinten drein geht. Und das ist die brennende Lieb', die alle sieben Jahr' nur einmal treibt. Und das — kennst Du das auch nicht? — das ist die blühende Untreu."

„Das trifft man auch unten an," bemerkte der Naturforscher.

„Ja," sagte sie, „das wächst überall."

„Bei Dir kann man ja allerhand lernen," versetzte der Gelehrte.

„Oh, wegen deswegen," antwortete das Mädchen, „ich weiß schon noch mehr; aber mir fällt's jetzt nicht ein."

Die Herren dort drüben auf der Au richteten sich an zum Abzuge. — Die Agatl merkte es und sagte leise und vertrauensvoll zum jungen

Doctor: „Wollt' gern, Du bliebst bei mir bis zum Abend!"

Groß und innig war das Auge, mit dem sie ihn jetzt anblickte, und ein Hauch der Schwermuth lag in dem Worte: „Ich wollt', Du bliebst bei mir!"

„Du herziges Kind!" lispelte Willibald, meine Kameraden mögen ziehen, wohin sie wollen, ich bleibe bei Dir!" Er drückte ihr wieder die Hand — die Hand, die rechte und die linke, und preßte sie und walkte sie eine Weile in der seinen. Sie sah ihm dankend in das Angesicht.

Die übrigen Herren hatten mit ihren funkelnden Instrumenten noch allerlei Beobachtungen angestellt; sie hatten das Wasser der Quellen geprüft — es roch aber nach gar nichts. Sie hatten herumgehämmert an den Steinen und nichts gefunden, als daß sie Funken gaben, wenn man in sie dreinhieb. Und endlich hatten sich die Forscher zwischen die Zerben und Schwaighütten hin verloren.

Herr Doctor Willibald blieb zurück. Er sah in stiller Glückseligkeit dem flinken, heiteren und blühenden Mädchen bei dessen Arbeiten zu. Sein Auge ergötzte sich an ihrem glatten, schlanken Halse, an welchem auch nicht die mindeste Spur von einem Kropfe war, wie solche doch der Naturbeschreibung nach in Steiermark gut gedeihen sollten. Er ergötzte sich an ihren Flachshaaren und trillerte sogar das Liedchen, er wolle wegen „dem Dirndl seinem Flachs=

haar ein Spinnrabel werden." Er ergötzte sich an ihrem rothen Lippenpaar, zwischen welches sie ein Steinnelkchen gelegt hatte. Er ergötzte sich an ihren runden Armen, über welche die weißen Aermel zurückgeschlagen waren bis über das Grübchen des Ellbogens hinein. Er ergötzte sich an der jugendlichen milden Hebung des Busens, an der ganzen anmuthsreichen geschmeidigen Gestalt. Mit einem Wort, er ergötzte sich an der Almerin.

Als es draußen endlich zu dunkeln begann und der Gelehrte noch immer in seine Naturstudien versunken war, kam der Hirte mit den Kühen von der Weide und leitete sie in die Ställe; kam auch ein junger Bursche mit einer Gemse auf dem Rücken den Berg heran und fragte unseren Willibald, ob er in der Hütte übernachten wolle. Dieser brummte ein unverständliches Wort; der Bursche schritt fürbaß und begab sich rückwärts in den Stallboden. Agatl stand an dem flackernden Herdfeuer und ihre Wangen waren doppelt roth und ihre Augen leuchteten doppelt — sie war doppelt schön.

Schier ein bißchen schämig hatte sie ihren Gast aus den fernen Mitternachtsgegenden gefragt, was sie ihm aus ihrer kleinen Vorrathskammer für den Abend vorsetzen dürfe. „Agatl," hatte der Herr geantwortet, „ich esse mit Dir aus Einer Schüssel."

Darauf war der Abend immer dunkler und die Schwaigerin immer verlegener geworden. Sie hatte ein vielgroßes Anliegen. — Aber es ist halt schwer, mit so einem weltfremden Herrn. — Freilich ein großer Gelehrter! Wissen thät' er sicher, was gegen die böse Sach' ....

Endlich schlich sie vom Herde gegen den Tisch, fuhr über denselben mit der Schürze und es lag doch kein Staub darauf. Dann ging sie zum Fenster und sah hinaus; 's war all stockfinster. Dann ging sie zur Wanduhr und wollte dieselbe aufziehen, war aber ohnehin das Gewicht ganz oben, weil sie es erst vor zehn Minuten aufgerollt hatte. Endlich ging sie zum Butterkübel und blieb davor eine Weile stehen und lugte verstohlen gegen Willibald hin Und schließlich that sie ein Paar Schritte zu demselben und flüsterte: „Jetzt, Herr, wenn ich rechtschaffen bitten dürft', daß Du ein bissel mit mir gingest — lang' thäten wir uns nicht aufhalten."

Der junge Mann ging mit ihr — leisen Schrittes und im Herzen Erwartung. Sie führte ihn in den Stall. Sie leitete ihn an der Hand zwischen den Streuschichten und Futterhaufen hin. Und als sie im Finstern waren, hauchte das Mädchen dem Fremden zu, er möge doch recht achtgeben, daß er nicht falle. Hierbei zündete sie die Laterne an und sie standen vor den Kühen.

„Die da," sagte nun die Agatl mit einem schweren Athem, und deutete auf ein braunes Rind mit großem Euter, „die da wär's halt. Was hab' ich sie nicht mit Weihwasser angesprengt über und über Jeden Tag drei Palmkatzeln geb' ich ihr in den nüchternen Magen, 's schlägt nicht an und 's will nicht schlaunen. Dreidoppelt muß es verhext sein das arme Vieh, ich kann's anders nicht glauben. Seit Bartelmei her giebt sie schon die blutrothe Milch. Jetzt, was ist zu machen?"

Der Doctor war verstimmt, er schüttelte das Haupt. Da setzte sich die Schwaigerin auf den einfüßigen Stuhl und molk das braune Rind. Und in der That, die Milch war ganz röthlich.

Kurz sprach der Naturforscher seine Meinung aus, der Zustand hätte nicht viel zu bedeuten; es gebe ein Kraut, das, von den Kühen genossen, die rothe Farbe in die Milch bringe. Auch könne eine kleine Ueberfütterung daran schuld sein. Er nehme sich für die Auskunft ein Küßchen. Sie wendete nichts dagegen ein; als sich Willibald aber anschickte, sein Honorar zu holen, da rief die Agatl hell: „Hansel!"

Sogleich guckte ein Blondkopf durch eine Wandlücke von der Scheune heraus. Es war der Bursche, den Willibald Tags zuvor als Jäger mit der Gemse gesehen hatte. Jetzt sagte der Hansel: „Soll ich Dir was, Agatl?"

„Daß ich Dir's sag', morgen kommen die Küh' auf die Oberweid'," rief das Mädchen.

„Das weiß ich ja eh'," brummte der Bursche und zog sich wieder zurück.

Einen Augenblick war's still und der Erzähler vermuthet, es habe sich im ganzen Stalle nachgerade gar nichts geregt. Doch nahmen die Dinge allmählich eine solche Gestalt an, daß die Agatl abermals mit scharfer Stimme den Namen „Hansel" rief.

Als der Hansel da war, sagte mißmuthig der Herr Doctor Willibald: „Ja, wie bemerkt, von einer Zersetzung durch die Hitze wird sie kommen, die rothe Milch. Adieu!"

Und er ging nachdenklich davon. Unterwegs nach Rabau hinab murmelte er mehrmals zu sich selber: „Ich habe heute behauptet, daß es keine Irrwurzeln gebe, und bin an diesem Tage selbst auf eine solche getreten."

Der Liebſte iſt mein Glaube!

Das ewige Leiden von Lieben und Meiden.

Im Zeilhofe ſprang raſch ein Mann zur Thür heraus. Und wie hinter ihm die Thür ins Schloß fiel, da zitterte das ganze Gebäude. Am letzten Ausfahrtsthor blieb der Mann ſtehen, wandte ſich um und knirſchte: „Zeilhofer, das wird Dir Reu' thun, ſo lang' Du ein Haar auf dem Kopf haſt!"

Dann ging er hinaus auf die Straße.

Es war ein ſtramm gewachſener Burſche in einer halb bäuerlichen, halb ſtädtiſchen Kleidung mit einer blauen Soldatenmütze auf dem Haupte.

Unter der Linde im Schatten ſaßen drei Knechte in reitender Stellung auf drei Bänklein, die voran einen Holzbock mit einem kleinen Amboß hatten. Auf dieſem Amboß hatte Jeder eine Futterſenſe wagrecht liegen und Jeder klopfte mit einem Hammer die Schneide aus. Als ſie den Burſchen vom Hauſe ſpringen ſahen, hielten ſie in ihrem Dengeln ein und der Eine sagte: „Schau Du, der Hauptmann! Was mag's denn 'geben haben?"

„Ueber den muß heut' ein viel Stärkerer gekommen sein," sagte der zweite Knecht, „der lauft sonst nicht davon."

„Der Ochsenziemer wird über ihn gekommen sein."

„Ist einer im Haus?"

„Ich hab' noch keinen gesehen, aber wenn unserem Bauer einmal die Gall aufsteigt, nachher kann ich mir's denken, daß er leicht einen findet."

Sie dengelten weiter und in den weitläufigen Gebäuden des Hofes hallte das Geklopfe nach, als wenn hinter allen Wänden und unter allen Giebeln emsige Dengler säßen.

Bald wieder setzte der zweite Knecht ab und sagte: „Möcht' nur wissen, wie er mit dem Hauptmann sollt' über Weg's gekommen sein?"

„Weißt," antwortete der eine Knecht, „heut' ist Samstag und da kehrt man gern einmal den Hof aus."

Sie dengelten wieder und nach einer Weile fragte der andere Knecht: „Wie meinst Du das?"

„Der Lump schleicht neuzeit viel um den Hof herum."

„Wird uns beim Heu helfen wollen."

„Ja, liegen d'rauf vielleicht und alle Viere hinausrecken. Das ist dem sein Heuen. Arbeit sucht der keine im Hof, das weiß ich."

„Kunnt mir's nit denken, was er sonst bei uns wollt' suchen."

„Kannst Dir's nit denken, so frag' bei den Weiberleuten an."

So der Knecht und klopfte mit Eifer auf die Sense d'rein.

„Möcht' nur wissen, warum sie den Urlauber Nikodem alleweil den Hauptmann heißen," bemerkte jetzt der dritte Knecht, der noch nicht lange in der Gegend war, „ist ja kein Hauptmann."

„Kunnt aber einer sein!" rief der erste Knecht zu ihm herüber. „Und lieber wirst leicht doch Herr Hauptmann heißen, als wie Schinder-Demi."

Und dengelte weiter.

„Weißt, Toni," sagte der Altknecht, der hinzugetreten war, „jetzt sind die Sensen scharf, jetzt gehen wir auf die Wiesen."

„Laß' Zeit, Toni, bis zum Feierabend," rief der zweite Knecht. „Wirst schon was hören vom schönen Demi."

Noch ein paar Klopfer und fein war's, gut war's.

Im Stalle, wo in zwei langen Reihen die semmelfalben, gut genährten und gut gepflegten Kühe an den Ketten standen, saßen unter den Bäuchen von zweien, auf einfüßigen Stühlen, zwei Mägde und molken.

Als die Eine der Mägde durch die offene Stallthür den Burschen mit der Soldatenmütze aus dem

Hause springen sah, verfehlte der Milchbrunnen einen Augenblick den Zuber und sprang auf die Streu hin.

„Jesses, Sandl, Deine Milch!" rief die Andere, „wo hast benn Deine Augen?"

„Ich schau' halt die sauberen Leut' so viel gern an," gestand die Sandl. „Der Demi ist vorbeigegangen."

„So, der ist vorbeigegangen?" entgegnete die Andere gleichgiltigen Tones und molk emsig in ihren Behälter.

„Brauchst Dich nit so zu verstellen, Kathrin," sagte die Sandl, „müßt's schon vergessen haben, daß Du mich vornächst' Nacht im Schlaf schier erstickt hast vor lauter Halsen."

„Weil ich Dich gern hab'," antwortete die Kathrin.

„Ja Du, mich wird's nicht angegangen sein; hab' gehört, daß Du dabei alleweil einen ganz anderen Namen gesagt hast."

„Geh', im Schlaf hätt' ich was g'redet? — Kunnt mir's nit denken. — Ist's wahr auch?" Und sie war über und über roth geworden im Gesicht, molk aber emsig weiter.

„Wie's schon ist, wenn Einem närrisches Zeug zusammenträumt," meinte die Sandl schalkhaft, „der Nikodemi muß Dir untergekommen sein."

„Ja Du," versetzte die Andere rasch, „der ist mir auch untergekommen; und daß er so viel schlecht wär'. In gar keine Kirchen wollt' er mehr gehen, hat mir träumt, und so viel schelten und fluchen thät' er, hat mir träumt, und hoffärtig wär' er mit seiner Schönheit und Kräftigkeit und halt so viel sündhaft, hat mir träumt."

„Thust Du die sündhaften Leut' halsen?"

„Just hast es selber gesagt, daß ich Dich hab' g'halst. Und daß ich von ihm träumt hab', wie er halt so gar nit wollt' in die Kirchen gehen, lieber alleweil im Wald im Schatten liegen, wo er Unsereinen gar nit vorbeilaßt — dafür kann ich nit."

„Mußt in die Lotterie setzen," rieth die Sandl.

„Wenn er nit in die Kirchen gehen will, gewinnst nichts mit ihm," rief die alte Großmagd von der Futterkammer heraus. Sie hatte es doppelsinnig gemeint, aber die Kathrin sagte: „Wart', ich probir's; auf den setz' ich was. — Nau, Braune, ist's heut' schon gar?"

Mit Schweifgewedel winkte die Kuh: es wäre heute eben schon gar. —

In seiner Stube saß der Zeilhofer. Nicht auf dem gepolsterten Lehnsessel saß er, sondern am äußersten Ende der Holzbank, mit einem Fuß fast auf dem Boden knieend, als wäre er im Vorübergehen an dieser Stelle zusammengebrochen.

Mit geballten Fäusten und eingeknickter Gestalt sah er jetzt noch kleiner aus, als er sonst war. Er war noch nicht alt, war glatt rasirt und hatte schwarze Haare, die vorn über die Stirne herab=

gekämmt und einen Zoll hoch über den scharf=
gezeichneten Augenbrauen gleichgestutzt waren. Dem
Gesichte sah man's wohl an, daß vor Kurzem erst
ein wildes Zornwetter darüber hingefahren war.
Es waren auf der Stirne noch die Gräben gerissen
und es wetterleuchtete noch stark.

Plötzlich sprang der Mann auf und schritt mit
Hast durch mehrere Stuben und Gänge, riß eine
kleine Thür auf und stand in dem Gemache seiner
Tochter.

Das war schneeweiß übertüncht, hatte weiße
Fenstervorhänge mit blauen Quasten. An den
Wänden hingen mehrere in Goldrahmen gefaßte
Kupferstiche religiösen Inhaltes und ein in Silber=
rahmen gefaßtes Glaskästchen, in welchem ein ge=
flochtener, brauner Lockenkranz war, der eine auf
weißer Seide gestickte Jahreszahl umgab. Die
Fenster waren mit einem zellenförmigen, schön ge=
wundenen Gitter versehen, hinter welchem das dichte
Laubwerk einer Linde wogte, so daß im Zimmer
eine mattgrünliche Dämmerung lag. Eines der
Fenster war offen und durch dasselbe flatterte ein
bunter Falter herein. Er tanzte im Zimmer herum,
flog zum Fenster hinaus und kam bald wieder
zurück. Es war ihm lieber hier, als draußen. Ein
weiß überhülltes Bett und mehrere braun polirte
Möbelstücke, darunter ein Tischchen mit einem thauig=
frischen Blumenstrauße vervollständigten das freund=

liche Bild. Es war keine Bauernstube, es war kein Herrengemach; es war wie ein treu verwahrtes, heilig gehaltenes Schatzkästchen des Hauses.

Mitten im Zimmer vor einer ausgebreiteten Tafel, auf welcher Stöße von schneeweißen Linnen lagen, stand eine schöne Mädchengestalt im lichtblauen Kleide. Das Kleid schmiegte sich zart an die Gestalt und ging von der weißen Krese des Halses züchtig über den leichten Busen und dann in mäßigen Falten bis hinab zu dem reingescheuerten Boden. Das Gesichtchen schien — wohl von dem grünen Schatten der Linde — etwas blaß; aber die Lippen waren roth, wie das Nelkchen im Blumenstrauß, und die Augen waren lichtblau, wie das Vergißmein= nicht. Die nußbraunen Locken ihres Hauptes waren ähnlich geflochten, wie jene im kleinen Glaskasten.

Das Mädchen glättete die Leinwand.

Es sah fast träumerisch d'rein. Vor einigen Mi= nuten noch, während das Glätteisen im Feuer ge= wesen war, hatte sie ein halbwelkes Kleeblatt und einen Kümmelstengel betrachtet. Sie hatte diese Pflänzchen gestern Abends von Jemandem zum Geschenk er= halten. Da that sie nun aus einem Schranke ein weit im Hintergrunde verstecktes Büchelchen hervor und blätterte darin. Es war das Brevier so mancher schönen Mädchen, der Dolmetsch so mancher Liebes= leute, so lange sich dieselben noch durch die Blume lieben — es war die „Blumensprache". Sie suchte im Büchlein den Kümmel und den Klee. Bei ersterem standen die Worte: „Noch soll es Niemand wissen, daß ich und Du uns küssen." Beim Kleeblatt: „Ich liebe Dich immer, ich liebe Dich heut', und werde Dich lieben in Ewigkeit." — Sie drückte das Sträußchen an ihr Herz.

Und das Eisen war heiß.

Nun trat ihr Vater, der Zeilhofer, zur Thür herein. Einen Augenblick stand er still, als wäre er selbst überrascht von der Lieblichkeit des Bildes. Dann sagte er: „Bist immer fleißig, Helene. Eine ganze Hausfrau. Bin zufrieden mit Dir."

Der Ton dieser Worte war so bitter, daß das Mädchen zum Vater aufblickte, dann aber freilich das Auge sogleich niederschlug und heftig erröthete.

„Bist noch nicht siebzehn Jahr' und hast mir schon einen Freier in's Haus geschickt," fuhr der Mann fort.

„Vater," hauchte Helene, „ich versteh's nicht."

„Nachher weißt es nicht, wie gescheit Du bist. Du verstehst es recht gut. Hast ihm's ja selber gerathen, daß er Dich zum Weib nehmen soll."

Das Mädchen zuckte mit der Hand gegen den Mund und biß sich in den Finger.

„Kind," rief der Bauer schmerzlich, „von Dir hätt' ich das nicht gedacht — von Dir nicht. — Und wenn jetzt der Beste und Bravste kommt und um Dich anhält, so muß ich sagen: Es gefreut mich, Vetter, aber meine Helene kann ich jetzt nicht von mir geben. Die Mutter, die ist verstorben vor drei Jahren, das Mädel ist mein einziges Kind, das mir das Haus muß besorgen und an das ich zu viel gewohnt bin, allzuviel gewohnt — als daß ich's lassen kunnt. — So müßt' ich zum Bravsten sagen. Und wie soll ich erst diesen — diesen — Du geh' mir weg mit Deinem Liebsten! Wenn Du keinen Besseren kriegst, als den da, hernachen —"

Jetzt konnte sich das Mädchen nicht mehr halten. Nach solchen Worten gab's kein Verleugnen mehr. „Vater," sagte sie, „ich weiß, was die Leut' über ihn reden; sie mögen ihn auswendig schlecht machen; aber inwendig, da kunnt wohl Mancher froh sein, wenn er so rechtschaffen wär', wie der Nikodem."

„Du junges Ding, willst ihn besser kennen als wie ich? Weißt Du was vom Schinder-Wenz? Hast das saubere Söhnlein von ihm als Kind gekannt? Ich will Dir's nicht sagen, was ich weiß. Schlau ist er, das muß man ihm lassen — nichtsnutzige Leut' sind's immer."

„Der Kaiser hat ihn doch mögen," wagte das Mädchen einzuwenden.

„Ja, der ist gerad' so, wie ihr Weiberleut', wenn Einer nur schön gewachsen ist, auf's Weitere schaut er nicht. Für Manchen ist's ja recht gut, wenn er zum Militär kommt, aber nichtsnutzige Leut' werden beim Soldatenleben nur noch nichtsnutziger."

Helene war sonst gewohnt, sich unter den Worten des Vaters zu beugen; aber jetzt, da plötzlich ihre Fraulichkeit in all' ihren Tiefen aufgerüttelt war, fühlte sie sich kein Kind mehr — und mannbar wollte sie einstehen für den arg Verleumdeten, den sie wie ein Ideal im Herzen trug.

„Von Euch selber, Vater, hab' ich's ja gelernt," sagte sie, „daß man über Leut', die Einem nichts Böses gethan haben, nicht lieblos urtheilen soll."

„Den heutigen Tag verzeih' ich ihm nimmer," rief der Bauer. „Ich halt's für einen Schimpf, der mir angethan worden, daß dieser Mensch mit solcher Absicht in mein Haus gekommen ist."

„Ist es denn so schlecht, daß wir heimlich keine Liebschaft haben wollen? Ist's denn so schlecht, daß er mich gern hat?"

Der Zeilhofer starrte dem Mädchen ins Gesicht. — „Dirn," sagte er, „Du bist eine Hitzige. — Wann ist's gewesen? Vor etlichen Monaten erst, da hast noch ins Kloster zu den Elisabethinerinnen gewollt. Wie hat's der Strolch denn angestellt — —? — Schau' mir in die Augen, Kind!"

Seine Stimme zitterte, sein Athem starrte; Helene blickte ihm ruhig in das Gesicht.

„Ich leugne es ja nicht, daß wir seit fünf Wochen im Gartenhaus oder unter der Linde sitzen."

„Und sag' mir einmal, mein Töchterlein, wie hat denn die ehrenwerthe Bekanntschaft angehebt?"

Und in ihrer Herzenseinfalt antwortete Helene: „Er hat mir nichts Gutes gethan und ich hab' ihm nichts Gutes gethan. Wir haben uns gesehen und haben uns gern gehabt. Einen Bruder, wenn ich hätt', kunnt ich gar nicht lieber haben."

„O, Gott, o Gott!" rief der Zeilhofer, „was ist es ein Unglück, wenn das Weib stirbt! Die Kinder haben keine Zucht und werden leichtsinnig. — Ist wahrscheinlich schon am ersten Tag vom Heiraten gesprochen worden!"

„Erst am zweiten," sagte das Mädchen.

„Daß er Dich leiden mag, glaub' ich gern; daß er Dich heiraten will, glaub' ich noch lieber. Da säß' der Thunichts, der Habnichts warm im Nest — ja, das glaub' ich! — Mit seinem Soldatenrock hat er sich brüsten wollen, der Lüderlich. Da hab' ich ihm's gesagt, was die Leut' von ihm reden. D'rauf schwatzt er was vom Gericht und dort wollten wir's miteinander ausmachen. Auf das kommt mir der Zorn und mit dem Stecken jag' ich ihn zur Thür hinaus. — So, jetzt hast sie gehört, die Freiergeschicht' von Deinem Liebsten."

Das Mädchen war auf einen Stuhl hingesunken und schluchzte bitterlich in den Aermling ihres Kleides.

„Du bist eine mißrath'ne Dirn!" schrie ihr der Bauer zu und verließ wüthend das Zimmer.

Helene hatte bei den letzten Worten laut aufgestöhnt, dann war das Weinen gebrochen, die Thräne

versiegt. Fast wirr starrte sie umher in dem freund=
lichen Gemache, in welchem, seit sie es bewohnte,
kein böser Gedanke gedacht, kein böses Wort laut
geworden war. In diesem Zimmer hatte man ihr
den grünen Kranz ins Haar geflochten, als sie zur
ersten Communion ging. In diesem Zimmer war
sie einmal schwer krank gelegen und die Eltern hatten
sie bewacht und der Vater hatte kein Auge gewendet
von dem blassen Angesichte seines einzigen, heiß=
geliebten Kindes. In diesem Zimmer war ihre
Mutter gestorben . . . .

Das stille, das süße und wehmuthsreiche Heilig=
thum war nun zerstört. Helene erhob sich, ihr war,
als müsse sie zur Stunde fort aus diesem — frem=
den Hause.

Das kleine Sträußchen mit dem Kleeblatt und
dem Kümmelstamm hob sie vom Tische, sah es an und
ließ es zu Boden fallen.

Dieses Gemach war der Jungfrau so wonnig
durchhaucht gewesen von der Liebe zum Vater, von
der Ahnung des Glückes.

In diesem Gemach war, bethaut und durchwärmt
von dem steten Gedenken an den einzigen Mann,
die Liebe gereift bis zu jener Größe und Gluth, in
der sie sich derselben mit Entzücken und Schauern
selbst bewußt wurde. Und nun auf einmal war mit
unbarmherziger Hand ein Riß geschehen in den zar=
testen Saiten ihres jungen Herzens.

Helene verließ das Zimmer, ging langsam auf dem Gange dahin, an der Stube ihres Vaters vorbei, hinaus in den heißen Sommertag.

Der Liebe Regenbogenfarben im Mühlbachthau.

Der Zeilhofer hielt sich eingeschlossen und war gepeinigt vor Wuth und Schmerz. Ihm war, als habe er dem verhaßten Freier zu wenig gethan und seiner Tochter zu viel. Er mußte sich wohl gestehen, daß dieser Mensch dazu angethan war, junge Mädchen zu bethören. Seine Gestalt war schlank und glatt, seine Worte klangen herzlich, offen, wie die reinste Wahrheit. Es waren Viele in der Gegend, die dem Nikodemi auf Treu' und Glauben Geld geborgt hatten und die heute, nach Jahr und Tag, noch sagen: er lebt ja und wird zahlen. Gleichwohl sie heute nicht mehr Lust hätten, ihm weitere Geldschulden aufzubürden. Einige sagten gar: der Demi stünde ganz anders da, wenn er nicht der Sohn des Schinder-Wenz wäre, der sich so verhaßt gemacht, weil er den Leuten die Hunde und Katzen von den Häusern wegstibizt habe. Aber Andere behaupteten immer wieder, der Apfel fiele nicht weit vom Stamm, und zählten Beispiele auf, so viel man wollte.

Zu diesen Leuten gehörte der Zeilhofer.

Gegen die Tochter nun waren heute seine Worte allerdings härter gewesen als seine Meinung.

Das arme Mädchen liebt wie ein Kind — so einfältig und offen. Sie weiß es kaum, daß erste Liebe ein Geheimniß ist. — Um so nachdrücklicher muß sie gewarnt werden.

Der Mann dachte und sann; und Eines ahnte er nicht. Er ahnte nicht die unendliche Verwüstung, die sein letztes Wort im Gemüthe des Mädchens angerichtet hatte.

Gegen Abend suchte er Helene — und fand sie nicht. —

Das Mädchen war planlos herumgeirrt.

Es hatte sich nie an Jugendfreundinnen geschlossen, so hatte es jetzt Niemand, um das Leid zu klagen. Hätte vielleicht auch keine Worte dazu gefunden. Helene war seit der Mutter Tod zumeist mit sich allein gewesen, so hatte sich ein inneres Leben und Träumen in ihr entwickelt, das mit ihrer Umgebung nicht vereinbar war. Man hieß sie daher gern die Verschlossene und die Stolze. Sie löste sich immer mehr von den Nachbarinnen los, die sie oft neckten und ihrer Klösterlichkeit wegen bespöttelten. Die kecken Blicke der jungen Burschen hatte ihre kalte Entschiedenheit und Ernsthaftigkeit stets zurückzudämmen gewußt. Ihr inneres Glück bestand in dem Bewußtsein, die Liebe und Zufriedenheit ihres Vaters zu besitzen.

Dieser Halt war nun gebrochen; der Vater nannte sie ein mißrathenes Kind.

Und sie war es vielleicht, gleichwohl sie nicht wußte, warum....

Träumend war sie durch den Wald gegangen und war endlich hinabgekommen in die Thalschlucht, wo das Wasser der Zeilhofmühle rauschte.

Ueber der Schlucht lagen schon die Schatten des Abends. Unter dem Dache der einsamen Mühle wollte sie ruhen. Schläft man nur erst, dann ist Alles gut.

Sie war doch nicht allein. Als sie den Blick wendete, sah sie mitten im Mühlbache einen Mann stehen, der sich eben eine Pistole an die Brust setzte. — Helene that einen wilden Schrei — denn der Mann war Nikodem. — Der Hahn knackte, sie stürzte hin und riß ihm die Waffe aus der Hand.

Der Mann blickte sie traurig an. — „Warum?" fragte er tonlos, „warum, Helene, willst Du mich nicht sterben lassen? Weißt Du denn nicht, daß ich nicht mehr leben kann?"

Sie zog ihn mit sich zur Bank, die an der Wand der Mühle war. Dort erhob sie ihre Stimme und rief ihm zornig zu: „Jetzt weiß ich, daß Du schlecht bist!"

„Das weiß ich auch," entgegnete er und starrte mit blassem Antlitze auf den Sandboden.

Sie schwiegen lange. Helene bereute das Wort. War doch auch sie selbst gekommen mit der Sehnsucht, zu sterben. Das war ein Selbstmord in Gedanken,

weil sie vielleicht zu einem Selbstmorde in der That
zu feige ist. Wenn er mannhafter ist und sein Leben
kurz enden will, das ihm und Anderen Unglück
bringt — zu Gott im Himmel frägt sie, ob das schlecht
sein kann.

Sie sieht den Burschen an. Sein Gesicht ist so
kummervoll, sein dunkles, tiefes Auge so betrübt, die
feuchten Locken hängen ihm wirr über die Stirne.
Die blassen Lippen beben unter dem Schatten seines
Schnurrbartes wie im Todesschauern. — Da konnte
sich das Mädchen nicht mehr fassen. Denselben Mann,
der ihr heute fast verhaßt geworden war, den für
alle Zeit zu fliehen sie sich vor einer Stunde noch
vorgenommen hatte, nahm sie bei der feinen, weichen
Hand. Und in demselben Augenblicke, als sie ihn
berührte, brach sein Haupt nieder auf ihren Schoß.

„So schwer hab' ich zu tragen," stöhnte er;
weiter konnte er nicht reden.

Der Thau des Wassers, das vom Floß über
das Mühlrad hinab goß, wehte heran und die rothen
Abendwolken, die über den Bergen standen, legten
einen feurigen Schein in die Fluth.

Helene strich dem Burschen die Haare aus der
weißen, schöngewölbten Stirne. Ihr war, als hätte
sie das Leid nun erst ewig mit ihm verbunden.
Dann schrak sie wieder zusammen.

„Nikodem," sagte sie mild, „auf das mußt Du
nicht mehr denken!"

„Auf das, meinst?" versetzte er und stieß mit der Fußspitze an die Pistole, die auf dem Boden lag. „Wenn ich mir was Besseres weiß, gewiß nicht. — Du siehst jo, wie ich d'ran bin. Ueberall auf der Welt bin ich fremd, und in der Heimat wollen sie mich gar verderben. Wenn ich mich umbring', so kommt der Mord auf Diejenigen, die meinen ehrlichen Namen haben umgebracht. Was kann ich dafür, daß mein Vater ein verachtetes Gewerbe hat führen müssen? Was kann ich dafür, daß sie mich als Knaben wegen Diebstahls eingesperrt haben? Kein Mensch hat mir gesagt, daß es Unrecht ist, seinen Lebensbedarf zu nehmen, wo man ihn findet. Meine Mutter war krank, wir hatten kein Brot; mein Vater und ich gingen in der Nacht zum Nachbar und zogen ihm ein Lamm aus dem Stall. — Als sie mich aus dem Arrest ließen, sagte der Richter zu mir: Deinen Fehltritt hast Du erkannt und ge=büßt, den darf Dir kein Mensch mehr vorhalten. — Was hat's geholfen? Die Leute haben mich ver=achtet, und als ich erwachsen war, gefürchtet, und haben sich beeilt, mich unter die Soldaten zu bringen. Freilich ist das mein Glück gewesen. Beim Militär habe ich die Gelegenheit gehabt, Schulen zu be=suchen und auch sonst Vieles zu lernen. Zweimal bin ich in der Feldschlacht gestanden. Daß ich jetzt etwa Verdienste aufzählen wollt'? — Ich sag' nur, daß ich avancirt bin. Ich bekomme Urlaub, freue

mich nach der Heimat und denke, jetzt werden mir
die Leut' wohl wieder ehrlich ins Gesicht schauen
mögen. Was wird denn? Lächerlich machen sie mich,
als Heuchler und Prahlhans und als verlogener
Mensch steh' ich da — ist weiß nicht wie. — Nur
ein Einziges ist geworden, das mich alles Andere
vergessen gemacht hat, das mir wieder das Ver=
trauen zu mir selber gegeben hat und das mich so
muthig gemacht hat, daß ich gemeint, ich kunnt
mir mein Glück mit Einem Ruck vom Himmel
reißen. — Daß Du mich gern haft gehabt, Helene!"

Er wandte sich von ihr weg, stand endlich auf
in seiner ganzen stolzen und doch schmiegsamen Ge=
stalt. Seitwärts hin murmelte er: „Ja freilich hab'
ich's mit Einem Ruck vom Himmel gerissen. Aber
das gefehlt' Trumm hab' ich erwischt."

Das Mädchen suchte ihn zu besänftigen.

„Ich weiß wohl, daß man vornehm und reich
sein muß," fuhr er fort, „wenn man den Zeilhofer
um die Tochter angehen will. Aber, weil Du mich
närrisch gemacht hast, Mädel, so bin ich doch hin=
gegangen und hab' mich aus dem Hause werfen
lassen. — Jetzt bist da und schaust mich an. Willst
mich nicht, so wärest lieber ausgeblieben."

„Ich bin Deinetwegen nicht herabgekommen,"
sagte das Mädchen.

„So hätteft Dich nicht mehr eingemischt! Wollt'
im Mühlbach ruhig liegen."

Da fiel sie ihm an die Brust und schluchzte: "Peinige mich nicht, Nikodem — Du bist mein Leben und mein Verderben!"

Er riß ihr Haupt empor und preßte einen stürmischen Kuß auf ihren Mund. Sie wand sich los und floh davon.

———

Grüß' Dich, Bachwirthin! Ei schau, Du wirst ja alleweil jünger!

Die Knechte lagen in ihren Betten, jeder in einer anderen Ecke des Stallbodens. Der Eine rauchte vor dem Einschlafen noch eine Pfeife Tabak; der Andere kaute an einem Mehlkloß, den er vom Nachtmahle mit sich gerettet hatte; der Dritte war kein Raucher und kein Esser — wollte aber doch auch seinen Genuß haben und sog an einem Rispenhalm.

Und der Vierte, der weder schmauchte, noch kaute, noch sog, that den Mund auf und sagte: "Wo der Hauptmann heut' wieder schlafen wird?"

Der Esser gab eine Antwort, aber diese verstrickte sich so sehr im Kloß, der gerade in den Backen war, daß sie unverstanden blieb.

"Jetzt möcht' ich doch einmal wissen, warum sie diesen Urlauber den Hauptmann heißen?" fragte der neue Knecht wieder, dem Mittags beim Dengeln der Bescheid verweigert worden war.

Der Raucher, es war der Altknecht, nahm die Pfeife aus dem Munde und meinte: „Suchst ihn auf und fragst ihn selber."

„Für den guten Rath brauch ich Dich nicht," gab der Andere zurück.

Der Kloß war vertilgt, so sagte der Esser: „Bereits ein Jahr wird's her sein, daß der Brief kommen ist. Dem Schuster=Peter hat er zugeschrieben — der ist fort sein Kamerad gewesen, wenn's ein Spitzbubenstückel gesetzt hat. Sonst hat sich mit ihm Keiner gern. abgegeben. Halt zugeschrieben, daß er Hauptmann worden wär'. Daß er Corporal ist, haben wir schon gewußt; und es ist auch gar keine Kunst, daß Du Corporal wirst, wenn Du die Kame= raden verschergst und vor dem Obersten recht ge= schmiert thun kannst. — Aber Hauptmann! da haben wir gleich einen Pfiff gethan, daß es nit wahr ist. In etlichen Monaten d'rauf kommt er heim und hat richtig seine drei Sterne am Kragen. — Wie er aber gesehen hat, die Leut' wollten auch mit dem Hauptmann nichts zu thun haben, wenn er in der Haut vom Schinderbuben steckt, ist er gleich abgefahren mit seinem falschen Kragen — und das ist hohe Zeit gewesen, sonst wär' ihm wer Anderer an den Kragen gegangen. Aber wir Ober=Eschendorfer, wir sind schon so höfliche Leut' und lassen den Hauptmann nicht mehr ab= kommen."

„Was liegt denn d'ran," sagte jetzt Der mit der Pfeife, „Hauptmann ist jeder Mensch, der einen Kopf hat. Und weil der Demi um zehnmal gescheiter ist, als wie andere Leut', so machen ihn die anderen Leut' um zehnmal schlechter, als sie glauben, daß sie selber sind. Ich sag' nur das: Die ganz' Hauptmanngeschicht ist vom Schuster=Peter angespielt, und jetzt will ich Ruh'!"

„G'red't ist's und aus ist's!" spottete der Kloß=vertilger, „und uuser Altknecht strengt sich schauder=haft an, daß er auch ein Hauptmann kunnt sein."

Da ging es in der Futterkammer, wo die Mägde schliefen, doch friedlicher zu. Auch dort naschten sie an Mehlklößchen, die sie heimlich aus der Küche be=zogen hatten, damit sie beim Nachtmahle vor den Knechten enthaltsamer hatten sein können — weil ja das Sprichwort geht, daß schöne Leute wenig essen. Und als sie sich nun in der Futterkammer gesättigt hatten, bat die Sandl ihre Bettgenossin Kathrin, diese möchte doch nicht allzu viel vom Demi träumen; die Kathrin versprach es und so sanken sie bald in den Schlummer.

Alles war im Frieden, nur der Herr des Hauses nicht. Er schritt die halbe Nacht in seiner Stube auf und ab, öffnete die Fenster und schloß sie wieder zu.

„Mutter!" rief er aus.

Er meinte die Hausfrau, die er verloren hatte, nach der er sich heute so sehr sehnte — daß er nicht allein und nicht beistandslos sei.

Helene war wohl noch spät in sein Zimmer getreten und hatte ihm eine gute Nacht gesagt. Aber vor diesem „Gute Nacht" hatte er sich entsetzt. Es war eine ganz fremde Stimme gewesen.

Und als die Hälfte der Nacht vorbei war und über den Bergen der Halbmond aufging, da zog der Bauer sein Feiertagsgewand an, nahm einen Stock und verließ das Haus. — Er ging durch das Thal hinein, ging über das Gebirge, und als die Sonne hoch am Himmel stand, war er drüben im Murboden.

Dort wußte er ein Wirthshaus, in welchem er manchmal, wenn er in Geschäften aus war, zugesprochen hatte. Auch heute kehrte er daselbst wieder ein. Die Wirthin war eine stattliche, behendige und schneidige Frau.

„Der Zeilhofer!" rief sie ihm entgegen, „wenn, Du heut' schon von Eschendorf herüber kommst, so bist auch noch nicht auf Deinen letzten Füßen."

„Das noch lang' nicht," antwortete er und gab ihr die Hand: „Grüß Dich, Bachwirthin! Ei schau, Du wirst ja alleweil jünger!"

„Thät' mich gefreuen. Was magst, Zeilhofer?"

„Dieweilen gieb mir ein Glas Wein. Nachher werden wir's schon sehen."

Sie eilte selber in den Keller und brachte ihm den Wein im Trinkglase ihres seligen Mannes. — Sie setzten sich in's Extrastübel hinein und plauderten lange und über allerlei.

Zu Mittag wurde für den Zeilhofer ein Huhn geschlachtet. Zwei Stunden nach dem Essen wurden draußen im Hofe die Pferde an den zweisitzigen Wagen gespannt.

Helene war im Garten und begoß die Blumen, als der Wagen in den Zeilhof einfuhr. Sie sah im Wagen ihren Vater sitzen und eine fremde Frau, die, als sie ausstiegen, fast größer dastand, als der kleine Zeilhofer. Sie gingen nebeneinander her und besahen sich den Hof. Sie kamen am Garten vorüber; der Vater blickte über den Zaun auf seine Tochter und sagte nichts. Die Frau rief herein: „Nur brav gießen! Die Blumen werden schon genug haben, aber der junge Kohl wird was brauchen."

Und gingen fürbaß.

Helene blickte ihnen nach. In welchem Tone hatte nur diese fremde Person mit ihr gesprochen? Sie stellte die Wasserkanne auf den Boden und begoß weder die Blumen, noch den Kohl. — Eine alte Magd kam mit Wasser, diese fragte Helene, wer denn das fremde Weib sei, welches mit dem Vater gekommen wäre.

Die Alte legte die Hand an den Mund und flüsterte über das Rettigbeet herüber: „Deine Stiefmutter."

Als das Mädchen ins Haus zurückkehrte, trat ihr der Vater entgegen. Er hatte sich vorgenommen, recht liebreich mit seinem Kinde zu sprechen. Doch als er jetzt ihren kalten Blick sah, mit welchem sie ihn anschaute, der halb vorwurfsvoll und halb trotzig war, fand er den warmen Ton nicht.

„Helene," sagte er, „Du wirst heut' schon in der Kreuzkammer schlafen müssen. Die Frau, welche mit mir gekommen ist, wird bei uns über Nacht bleiben und ich will ihr Dein Zimmer anweisen."

„Mir ist es recht," antwortete Helene und es war ihr, als solle sie sich bedanken, daß man ihr überhaupt noch einen Platz in diesem Hause ein= räume. Aber sie ging still die Stiege hinauf.

Ihr Bett in der hölzernen Kammer war fein und weiß hergerichtet worden; der Zeilhofer selbst war hinaufgestiegen, um zu sehen, ob das Geräthe wohl in jenem Stande wäre, wie Helene es gewohnt. Die Unfreundlichkeit der Kammer ließ sich freilich für diese Nacht nicht mehr ändern. Es war eine Art Dachzimmer, das von den anderen Wohnungen getrennt lag. Das einzige Fenster ging an die steile Berglehne hinaus. An der Wand hing ein großes, aus Holz geschnitztes Crucifix, unter welchem eine lange Bank stand. Helene schauerte, als sie diese Bank sah; es war der Leichnam ihrer Mutter darauf gelegen, es waren alle Todten darauf ge= legen, die in dem Zeilhofe verstorben.

Daß sie von der fremden Frau verdrängt worden war, that ihr unsäglich weh. Daß ihr mit Bestimmtheit gerade dieses Zimmer angewiesen worden war, glaubte sie sich erklären zu können. Sie war ja das mißrathene Kind, das in die Bußkammer gehörte. Vor diesem Crucifix sollte sie etwa knieen mit aufgelösten Haaren, wie Maria Magdalena. — Ihre Natur bäumte sich dagegen auf — sie hatte nichts zu büßen. Der Vater konnte sie wohl hinausstoßen von seinem Hause, wenn er glaubte, daß sie entartet war; aber die Sühne der Schuld war ihre Sache. Welcher Schuld? Daß sie den armen Burschen lieb hatte, da sich doch die Leute das Wort gegeben hatten, ihn zu verachten. — Helene bebte vor Aufregung. In später Nacht noch verließ sie die Kreuzkammer und suchte die kleine Laube im Garten auf, um sich dort auf der Lehnbank auszuruhen.

Die Stimme aus der neuen Welt.

Die Frau Bachwirthin hatte aber auch nicht gut geschlafen im Zimmer Helenens. Das Gemach gefiel ihr. Nur der Lockenkranz im Glaskasten that ihr unangenehm. Der ist sicherlich von der ersten Frau. Den kann der Zeilhofer ganz dem Mädel schenken, als Gedenken an ihre Mutter. Der Bauer, meinte sie, bedürfe eines solchen Gedenkens nicht mehr. Das könne sie nicht brauchen, wie es in manchem Hause zugehe, daß der Mann mit der zweiten Frau verheiratet sei, mit der ersten, todten, aber noch die Liebschaft fortführe.

Als sie das Licht ausgelöscht hatte und einschlafen wollte, erschreckte sie ein Klopfen am Fenster. Sie richtete sich auf, und da das Klopfen mit einem Stäbchen sich wiederholte, stieg sie aus dem Bette, um zu sehen, was es wäre. Da sah sie trotz der Dunkelheit, daß vor dem Fenster draußen auf einem Ast des Lindenbaumes eine männliche Gestalt saß.

Ei so, denkt sie, da giebt es gleich eine saubere Arbeit — reißt den Fensterflügel auf und zetert einen Schock Schmachworte hinaus, ausgesuchte Lästerungen, wie sie in dieser Stube gewiß schon lange nicht mehr erklungen waren.

Der Mann stieg ziemlich sachte vom Baume hinab und schritt über den Anger davon.

Wie ein Gelddieb sieht er nicht aus. Das reimt sich mit dem, was der Zeilhofer hat gesagt, 's wird derselbe Strolch sein. Da muß ein strengeres Regiment sein, das seh' ich schon! Und das ist kein Zimmer für junge Mädchen! — So war das Denken der wackeren Frau, dann zog sie sich die Decke bis über die Ohren — und ist hoffentlich bald eingeschlafen.

Der Mann, welcher auf der Linde saß, war der Nikodem. Er war nicht eben erschrocken über die so ungeahnte Abfertigung; aber ärgerlich war er, gerade heute, da er so Wichtiges zu besprechen gehabt hätte, das Mädchen nicht zu finden. Als er an dem Garten vorbeiging und das Thor halb offen fand, fiel ihm ein, daß in der Laube eine bequeme Bank zum Ruhen wäre. Es war eine so warme, wohlige Sommernacht; die Heimchen sangen und die Johanniswürmchen schwammen in der milden Luft.

Nikodem trat in den Garten, in die Laube und erschrak nun anfangs, als er einen Menschen liegen fand auf der Lattenbank. Und als er sich vorsichtig hinbeugte und gewahrte, wer es war, der heute hier schlief, da hätte man bei Licht wohl sehen mögen, wie er blaß wurde im Angesicht, und wieder glühend roth, und wie sein Athem fast still stand.

Helene hatte den rechten Arm als Kissen gelegt unter ihr Haupt und das Antlitz halb in den Arm verborgen, so schlummerte sie. Die andere Hand ruhte über ihrem Busen; das Kleid ergoß sich hin über die Lehnbank. — Jetzt tauchte ein Leuchtkäferchen auf und flog in einem Bogen über die Mädchengestalt und kreiste über ihrem Haupte.

Nikodem hatte sich niedergelassen aufs Knie und beugte sein Gesicht so tief, daß er in demselben ihren Athem fühlte — plötzlich durchzuckte es das Mädchen und es fuhr empor.

"Helene!" lispelte der Urlauber.

Sie sprang von der Bank und wollte davoneilen; er erfaßte ihren Arm: „Kennst Du mich nicht? Der Nikodem!"

„Laß' mich los!" rief sie, „das leid' ich nicht, daß Du mir nachstellst auf solche Weis'. Geh' weg."

„Helene, Du thust mir Unrecht. Es kann ein Glück sein, daß wir uns hier treffen. Ich hab' Dich lang' gesucht, ich hab Dir was zu sagen."

„Da nicht," versetzte sie abwehrend, „kein einziges Wort red' ich mit Dir — um solche Zeit . . . ."

„Du bist noch im Schlaf, Helene. Wir sind ja öfter so beisammen gesessen."

„Beim lichten Tag. So nicht ein einzigmal."

„Ich hab' Dich nur erschreckt; und im Schreck schaut alles ganz anders aus. Besinn' Dich."

„Da brauch' ich kein Besinnen. Du kannst mir der liebste Mensch sein auf der Welt, aber so bleib ich keinen Augenblick mit Dir allein. Hast mir was zu sagen, so geh' auf die Gassen, und sag's mir über den Zaun herein. Auf die Weis' will ich Dir Red' steh'n."

„Daß auch Du mir nicht vertraust, Helene," sagte er betrübt, „das thut mir weh'. Wollt' ich's nicht redlich mit Dir meinen, ich wär' Deinetweg gewiß nicht zum Zeilhofer gegangen, daß er mich konnt' schmähen und treten, wie einen Hund. Und daß Du's noch einmal siehst, ich bin Dir aufrichtig, so geh' ich Dir zu Lieb' jetzt auf die Gassen."

Aber nicht erst zum Thore machte er den Umweg; mit einem einzigen, flinken Satze war er über den Zaun gesprungen.

Jetzt faßten sie sich an der Hand, und die Bretterschranke war dazwischen, mit ihren Dornenhecken und ihren Rosenknospen.

"Für's Erste, mein Mädchen," flüsterte Nikodem, "mußt Du mir sagen, warum Du heut' Deine Schlafkammer verwechselt hast."

Helene schwieg ein Weilchen, die Antwort war schwer. "Man kann ja bis spät Abends im Garten arbeiten, die Pflanzen gießen — ein wenig rasten in der Laube und unversehens einschlafen."

"Das kann man freilich," sagte er, "aber es kann auch anders sein; es kann eine Stiefmutter ins Haus kommen und die Tochter aus ihrem Schlafstübel vertreiben."

"Wie kannst denn Du das wissen?" fragte das Mädchen.

"Helene", fuhr er fort, "Du bist eines reichen Bauers Kind, aber Dir geht's nicht besser, wie mir, Du bist auch verlassen, wie der Stein auf der Straßen."

"Es ist nicht wahr!" rief sie rasch, "mein Vater . . ."

"Dein Vater thut Dir das größte Uebel an, das er vermag; er giebt Dir eine Stiefmutter. Wärest Du die unterste Magd im Haus, Du kämest besser

weg. Aber Du bist die Tochter von seinem ersten
Weib — das verzeiht sie Dir nicht. Mit lauter
Red' wird sie Dich lieber haben, als wie ihre eigenen
Kinder; im Stillen wird sie Dich verfolgen und
peinigen auf alle Art. — Deinem Vater bist gewiß
ein liebes Kind, aber sie wird's so wenden, daß Du
ihm ein unliebes wirst."

„Was hast denn davon, Demi, daß Du mir
das alles sagst," antwortete das Mädchen, „wenn's
so kommt, so werd' ich's schon früh genug er=
fahren."

„Dem weich'st aus, Helene," sagte er mit Nach=
druck. „Auch ich hab' mir vorgenommen, daß ich
meinen Feinden aus dem Weg geh' und mich dort
niederlaß, wo ich ein gutes Leben weiß. Helene,
Du hast mir vor zwei Tagen das Leben gerettet;
heut' möcht' ich nimmer im Mühlbach liegen. Und
weil es von Dir ist, so werf' ich's mein Lebtag
nimmer leichtsinnig weg. Das versprech' ich Dir.
Und das hab' ich mir auch vorgenommen: Aus
Deinem Geschenk will ich jetzt was machen. Du, ich
sag' Dir's, Helene, ich erleb' den Tag, wo alle
Eschenbacher die Hüt' vom Kopfe reißen werden,
wenn wir durch die Gassen fahren."

„Das müßten andere Eschendorfer sein," meinte
das Mädchen.

„Das werden dieselben sein," sagte er, „aber wir
zwei werden Andere sein, als wir heute sind,

Der Liebste ist mein Glaube!

wenn wir mit Gut und Ehr' zurückkommen aus Amerika."

Er schwieg.

Das Mädchen schwieg auch, weil es ihn nicht verstanden hatte.

Der Zaun krachte zwischen Beiden, denn der Nikodem beugte sich zu weit herüber, als er ihr sagte: „Helene, wir wandern aus."

„Auswandern? Wer?"

„Du und ich. Wir sind einmal beisammen und verbleiben beisammen. Du hast mir mein Leben zurückgegeben und ich will Dich damit glücklich machen auf dieser Welt. Aber weil Freund und Feind dagegen sein werden, aus Neid und aus Vorurtheil, daß wir nicht sollten Ein's werden — Helene, so vertrauen wir auf uns selber, nehmen uns bei der Hand und gehen nach Amerika."

Sein Puls war heiß, seine Stimme zitterte vor Bewegung, als er dieses sprach.

Das Mädchen war verzagt und hauchte: „Mein Gott, Nikodem, wie kommst Du auf einmal zu diesem Gedanken?"

„Der Gedanke ist schon lange in mir gesteckt, ich hab' ihn gehabt seit Jahr und Tag. Die neue Welt ist für solche Leut', die in der alten keinen Platz mehr haben. Ich bin heimatlos — aber dennoch muß die Auswanderung tausendmal überlegt werden. — Sie wäre vielleicht nicht zu Stande gekommen; da ist Dir gestern auf einmal ein Brief da — der ruft mich hinüber."

Das Mädchen legte die Hand an die Stirne: „Mir wird gar der Kopf schwindlig von dem, was Du jetzt redest."

„Da ist der Brief," sagte er und legte ein zusammengelegtes Papier in ihre Hand, in der es liegen blieb, so wie es hingegeben war.

„Mein Vater ist aus Böhmen hier eingewandert," sagte der Nikodem, „und daß er dort einen Bruder hinterlassen hat, der nachher in Verlust ging, das wirst Du wissen?"

„— Weiß es nicht," antwortete Helene.

„Nun, so hab' ich Dir's jetzt gesagt. Er ist in Verlust gegangen und die Leute — die glauben überall das schlechteste am liebsten — haben gemeint, es hätt' ihn der Teufel mitgenommen. Meines Vaters Bruder haben sie für einen Zauberer gehalten, weil er Brunnen finden und Wetter vorhersagen hat können. In seiner Jugend hat er studirt, ist aber kein Geistlicher worden, hat sich mit seinen Wissenschaften Geld verdient. Er ist gerade so verachtet gewesen, wie mein Vater, und man hat ihm auch nachgesagt, daß er den Leuten die Feldgrenzen so verrückt hätt', daß für ihn Grund herausgekommen wäre, und daß er die Nachbarn so verblendet, daß sie es nicht gemerkt hätten. — Du siehst wohl, Helene, wie dumm die Leute denken und reden können, wenn sie Einen nicht leiden wollen. Nun, so ist der Mann auf einmal verschwunden gewesen, und in seiner Heimat — ja, Du wirst lachen — in seiner Heimat zeigen die Leut' noch jetzt ein Stück von seiner Haut, die gefunden worden, nachdem ihn der Teufel zerrissen hätte."

„Jetzt laß' mich aus," bat das Mädchen und suchte ihre Hand der seinigen zu entringen, „ich geh', Du red'st mir heut' schon zu wunderlich."

„Nicht ich, die Leut', mußt Du wissen!" versetzte der Bursche, „die Leut', die den ehrlichen Namen von meinem Vetter zugrunde gerichtet haben, wie sie den von meinem Vater und den von mir noch heute umbringen. Meinen Vetter hat nicht der Teufel geholt, sonst könnte er mir jetzt diesen Brief kaum schreiben, den ich nicht um zehntausend Gulden hergeb'."

Da wurde dem Mädchen die Neugierde rege; sie ließ ihre Hand wieder ruhig in der seinen und fragte, was denn hernach in dem Briefe Schönes stunde.

„Der kommt aus Amerika, Helene, aus dem Lande, wo der Zucker und das Gold wächst. Mein Vetter ist vor zwanzig Jahren dort hingegangen und hat sich mit der Zuckerwirthschaft und mit der Goldgräberei so viel Geld gemacht, daß er selber nicht weiß, wie reich er ist, und daß es ihn traurig macht — weil er keinen Erben hat, der mit und nach ihm den Reichthum genießen könnte. So hat er nachgeforscht, ob nicht von seinem Bruder wer da wäre, und ist auf mich gekommen. Jetzt fordert er mich auf, daß ich zu ihm hinüberkommen soll. Und wenn's Dir dort auch gut geht, Neffe, heißt's in dem Briefe, gehe doch zu mir, denn hier wird es Dir noch besser gehen. Komm bald, komm mit Weib und Kind, wenn Du hast, und wähle Dir hier den Aufenthalt in einem meiner Stadthäuser oder auf einem meiner Landgüter. Das Land ist hier so fruchtbar und so herrlich, die Menschen leben nicht in jenem Wahn, wie drüben in der alten Welt, wo sie mit den Vorurtheilen einander peinigen und zugrunde richten. Schiffe Dich in Hamburg ein; ich werde Dir bei dem Hamburger Kaufmannshause Mengold's Erben das Reisegeld anweisen, weil ich Deinen jetzigen Aufenthalt nicht so bestimmt weiß, als daß ich Dir die Summe schicken wollte."

„Und das kannst Du alles schon so auswendig?" fragte das Mädchen.

„Daß ich dieses Schreiben schon hundertmal gelesen hab', das kannst Du Dir wohl denken. Morgen wirst es auch Du so oft lesen. Denn es ist ebenso für Dich geschrieben. — Helene, so ändern sich die Tage. Vorgestern haben wir noch gemeint, es gäbe keinen Ausweg mehr für uns — und heute ist uns ein Leben offen, wie wir es so glücklich nimmer hätten denken können. — Wir reisen bald, Helene."

„Wer? ich? ich und Du?" stieß das Mädchen hastig hervor — man wußte nicht, war das Angst oder Entzücken.

Er beugte sich noch mehr über den Zaun und hob Helene fast empor und flüsterte: „Wir reisen bald."

„O Gott," sagte sie, „das ist ja unmöglich — ich kenne meinen Vater!"

„Den kenne ich auch. Der wird nicht einverstanden sein. Leicht, daß er sagt: was brauchst Du einen Mann, wenn Du eine Stiefmutter kriegst! Daß das Weib Vater und Mutter verlassen soll, um dem Manne zu folgen — auf das zu denken, so christlich ist der Zeilhofer freilich nicht. Darum — ich habe mir das alles zu Deinem und zu seinem Wohle genau überlegt — ist es am besten, Helene, Du fragst gar nicht, hältst Dich an mich und thust, wie es sein muß."

„Nikodem," flüsterte sie und schloß sich einen Augenblick fast krampfhaft an ihn, „ich bitte Dich, laß' mich fort, mein Kopf kann ein solches Reden nicht vertragen."

„— Und schreibst ihm erst von Amerika aus, daß Du ihn um Verzeihung bittest, daß Du glücklich wärest — und schickst ihm Gold — Gold, Helene, ich weiß es, das söhnt ihn aus."

Da schrie das Mädchen, daß es gellte in der Nacht: „Du bist schlecht, Nikodem!" und riß sich los und lief dem Hause zu.

Er blieb eine Weile noch lehnen am Gartenzaun und zupfte in Gedanken versunken Flechten von den Brettern. Dann ging der Mond auf. Nikodem hob den zu Boden gefallenen Brief auf und schritt die Gassen dahin; und sein langer Schatten schwankte über den Hecken.

———

Liebster, Du bist mein Glaube!

Am anderen Morgen saßen sie in der Stube des Bauers beim Frühstück der Zeilhofer und die Bachwirthin vom Murboden. Auch Helene war beigezogen worden. Die Bachwirthin war recht sauber zusammengeputzt und ihre Haare lagen glatt und glänzend gekämmt, sie theilten sich in der Mitte des Hauptes und gingen an beiden Schläfen zierlich in kleinen Bogen herab, um sich dann hinter das Ohr zu schlingen und dort in einer dreifach geflochtenen Krone mit einem fein durchbrochenen Kamme befestigt zu sein. Dieser Krone wegen war sie ziemlich spät zum Frühstück gekommen, hingegen war sie nun um so aufgeräumter. Sie schenkte den Kaffee in die Schalen; in die Helenens goß sie viel Milch und warf ein Stück Zucker hinein; den Bauer fragte sie, wie er den Kaffee liebe: schwarz oder licht, süß oder stark.

Der Zeilhofer hatte auch heute sein Feiertagsgewand an; that sehr heiter und als er der Bach=

wirthin den Semmelkorb über den Tisch hielt, schob er mit dem Ellbogen wie unversehens das Zucker=kästchen etwas gegen die Schale seiner Tochter hin.

„Ja, und was ich sagen wollte," unterbrach die Bachwirthin plötzlich das Gespräch, welches sich um gleichgiltige Dinge gedreht hatte, „wenn ich in diesem Hause einmal ein Recht habe, der Lindenbaum muß mir weg, der im weißen Stübel vor dem Fenster steht."

Der Bauer wurde etwas verlegen, denn er hatte Helenen noch gar nicht mitgetheilt, daß diese Frau einmal ein Recht im Hause haben würde.

„Oder das Mädel muß in eine andere Schlaf=kammer," fuhr sie fort. „Mußt es nicht wissen, Zeil=hofer, was Deine Linde vor dem Mädchenzimmer für schöne Blüthen treibt."

Er sah sie fragend an.

„Saubere Männerleut' wachsen auf dem Linden=ast!" sagte die Bachwirthin beißend und ihr Auge zuckte gegen das Mädchen hin, „solchen ist es unge=legen, Zeilhofer, daß Du mich ins weiße Stübel einquartierst."

Ohne noch einen Bissen angerührt zu haben, er=hob sich Helene und ging hinaus.

Auch die Bachwirthin sprang auf, eilte ihr nach und rief: „Schau Du, verübelhafte (empfindsame) Jungfrau! Geh' nur her zu uns und trink' Deinen Kaffee. Das muß ich Dir gleich sagen, wenn Du mit mir trutzen willst, so wie mit Deinem Vater, da kommst an die Unrechte! Ich will Dir die Lieb' und Ehr' zu Deinen Eltern schon lehren."

Jetzt richtete sich das Mädchen auf und mit jenem unheimlich kalten Blick, der seit einigen Tagen in ihrem Auge lag, wie eine trübe Eisdecke über einem See, der sonst so tief und klar und mild gewesen war — mit diesem Blicke sah sie auf die Bachwirthin hin und sagte die Worte: „Was habt denn Ihr mit mir zu schaffen?"

Nun stand auch der Bauer vom Tische auf und die eingetunkte Semmelschnitte noch zwischen den Fingern, sprach er streng: „Schweig' Helen'! Diese Frau wirst Du in Ehren halten! Sie wird Deine Mutter sein. Und jetzt setze Dich zu Deinem Frühstück'!"

Sie setzte sich hin, genoß aber nichts. Und als die beiden Verlobten — sie schienen es doch schon zu sein — aufstanden, erhob auch sie sich und ging in den Garten zu ihrer Arbeit. Die Beschäftigung mit Salat und Bohnen wollte aber nicht recht vorwärts gehen. Ein Stämmchen Thymian riß sie ab und ein Sträußchen Reseda. Das eine sagte nach der „Blumensprache": „Was ich that, verzeihe, denn mich brennt die Reue." Das Resedchen hieß: „Ich glaube Dir, Du meinst es gut mit mir." Die „Blumensprache" hatte ihr Nikodem gekauft, sowie er, da sie zuweilen gern las, sie auch mit anderen

Büchern versah. Eines dieser Bücher enthielt die Geschichte von einem jungen Mann, der von den Leuten gemieden, vieler Laster und Verbrechen angeschuldigt war, und doch das beste, treueste Herz im Busen trug. Nur allein sein Liebchen glaubte an seine Unschuld, folgte ihm durch Elend und Noth bis zum Hochgerichte hin, wo durch einen glücklichen Zufall noch im rechten Momente seine Schuldlosigkeit offenbar wurde! — Wie Helene davon bewegt war!

Das war ja zuhalb die Geschichte ihres Nikodem. Und darum hatten heute auch ihre Blümchen von Thymian und der Reseda so tiefe Bedeutung. Sie steckte das Sträußchen an den Gartenzaun bei jener Stelle, wo sie ihm in der Nacht das harte Wort gesagt hatte.

Bis Mittag war das Sträußchen welk und legte seine Köpfchen auf das spröde Moosgeflechte, das an den alten Brettern wucherte. Am Abende, als Helene wieder an der Stelle vorüberging, waren Thymian und Reseda verschwunden.

Der Zeilhofer und die Bachwirthin aus dem Murboden waren an demselben Tage wieder fortgefahren, und im Hofe ging es an solchen Tagen, da der Bauer nicht zu Hause war, lockerer und heiterer zu als sonst. Die Knechte trieben allerlei Allodria und die Mädchen sangen Schelmenliedchen, wo sie gingen und standen. Sonst war es die Gegenwart der Tochter des Hauses gewesen, welche das

allzufreie Treiben stets etwas mäßigte; heute war
Helene nicht zu sehen. Bis spät in die Nacht hinein
saß sie einsam auf der Gartenbank unter einem
Hollunderstrauch und träumte. Das Blitzen und
halberstickte Donnern eines nahenden Gewitters
schien sie nicht zu sehen und nicht zu hören. Erst
etliche schwere Tropfen, die durch das Laubwerk
schlugen, schreckten sie auf, daß sie in das Haus
ging. Durch die stillen, nächtigen Gänge tastete sie
sich langsam fort, bis sie hinauf kam in die Kreuz=
kammer, wo ihr Bett auch heute noch aufgerichtet
war. Die Thür der Kammer war nur angelehnt
doch schien es, als würde sie von innen zugehalten,
denn durch das gegenüberliegende offene Fenster
ging der Wind herein und drückte auf die Thür.

Helene schloß Pförtlein und Fensterglas und
wollte sich eben anschicken, zur Ruhe zu gehen, als
ein scharfer Blitz die Kammer grell beleuchtete. Das
Mädchen that einen Angstschrei. Aber nicht vor dem
Blitz hatte es sich entsetzt, sondern vor dem, was
der Blitz gezeigt hatte. In einer Ecke der Kammer
stand ein Mann — stand der Nikodem.

Bevor das Mädchen die Flucht ergreifen konnte,
trat er hervor und sagte: „Helene, vorhin hast Du mich
um Verzeihung gebeten, jetzt bitte ich Dich darum."

Sie zündete rasch ein Licht an.

„Demi," flüsterte sie fiebernd, „wie kommst Du
da herein? Wenn Du mich lieb hast, so geh'."

Der Liebste ist mein Glaube!

„Du denkst nicht daran," entgegnete er, „daß vor diesem Fenster kein Lindenbaum steht, von dem aus ich mit Dir sprechen könnte."

„Um Gotteswillen, Nikodem, geh' fort!" befahl sie. Draußen rauschte der Sturm und dichter Regen schlug ans Fenster; so sagte der Nikodem: „Jetzt willst mich hinausstoßen? jetzt?"

„Bleib' im Vorgang', bis das Wetter vorbei ist — nur aus diesem Zimmer geh'!"

„— daß ich entdeckt würde im Hause und miß= handelt, als wie ein Einschleicher und Dieb. Ja, ja, ich gehe, Helene, und weiß, wie es steht mit Deiner Lieb' zu mir, und daß Du mich verderben willst."

Sie schwieg.

„Das erste Zeichen einer treuen Lieb' ist das Vertrauen," sagte er bitter, „Du hast kein's zu mir."

Helene hatte sich auf einen Stuhl gesetzt, hielt die Hände gefaltet und hauchte: „Wenn Du wüßtest, Nikodem, wie mir ist!"

Er legte die Hand langsam an die Thürklinke und blickte mit seinen schönen, aber jetzt so betrübten Augen auf das Mädchen. Dieses rang mit sich selber. Ihre Hände bebten, ihr Busen wogte, ihr Haupt und ihre ganze Gestalt neigte sich vor, bis sie auf den Knieen lag vor Nikodem und in die Worte ausbrach: „Du bist ja der einzige Mensch jetzt, auf den ich vertrau'! Liebster! Du bist mein Glaube!"

Sie fiel mit den Ellbogen auf den Fußboden hin und weinte.

Er hob sie auf. Dann setzte er sich ihr gegenüber ans Tischchen auf die Bank, so daß gerade über seinem Haupte das Crucifix hing. Und nun sagte er es noch einmal mit Entschiedenheit, ja mit der Feierlichkeit eines Schwures, daß er mit ihr nach Amerika auswandern werde.

Als sie darauf nichts erwidert hatte, begann er den Plan näher auseinander zulegen. In dieser nächsten Zeit wird der Zeilhofer tagelang nicht zu Hause sein, denn das Heiraten macht viele Fahrten in verschiedene Gegenden und viele Gänge zu Befreundeten und Verwandten nöthig. In dieser Zeit muß alles geschehen sein, auf daß die neue Hausfrau ihr Haus geleert findet und kein Stiefkind mehr da ist, das sie peinigen kann. Helene verläßt am bestimmten Tage Morgens das Haus mit dem Anscheine, als ginge sie nach Eschendorf in die Kirche. Auf der Förenhöhe schlägt sie aber, anstatt rechts nach Eschendorf hinabzugehen, den Weg links gegen Kürberg ein. Hinter Kürberg beginnt der Kürwald, in welchem die Ruperti=Capelle steht. Durch diesen Wald führt der Weg, den Helene zu gehen hat; bei der Capelle wird sie Nikodem erwarten. Dann werden sie mitsammen über Oberschachen und Lewald der Eisenbahn zu trachten. Das ist aber nicht die nächste Straße zur nächsten Eisenbahnstation, sondern ein weiter Umweg. Am Orte der Eisenbahnstation Sillthal hat Helene eine Muhme, bei der sie an ihren Vater einen liebevollen Brief schreiben kann, um ihn und sich selbst zu beruhigen. Ja, von dort aus kann sie noch umkehren, wenn die Sehnsucht nach Vater und Mutter zu groß, die Liebe zum Manne aber zu klein werden sollte. Von Sillthal sind sie nach zwei Tagen in Hamburg und nach zwei Wochen in New-York, wo für die Weiterreise ins Land hinein der Vetter sorgen wird. Für die kirchliche Trauung kann nach Wunsch des Mädchens in New-York oder schon in Hamburg gesorgt werden.

Helene hatte diese Auseinandersetzungen gehört und wendete dagegen kein einziges Wort ein. Voll Bewunderung blickte sie auf den Geliebten, welcher mit männlicher Umsicht und Entschlossenheit den großen Schritt plante, der sie und ihn befreien und zum Glücke führen soll. Und sie blickte auf das Crucifix über seinem Haupte, das wie zum Schutze die Arme ausbreitete über ihn und das Unternehmen.

Er hielt ihr bittend die Hand über den Tisch, daß sie einschlage. Sie erhob ihren Arm nicht, sondern sagte: „Ich sehe wohl, daß es so gut ist und daß es nicht anders sein kann. Aber ob ich's übers Herz bring', das weiß ich nicht."

„Wir denken nicht daran," fuhr Nikodem fort, „die Heimat auf immer zu verlassen. So bitter sie mir Unrecht thut, aber beim Gewissen gesprochen, ich hänge doch an ihr, an jedem Baum, an jedem Stein. Nach wenigen Jahren werden wir wieder zurückkehren und hier unser Haus aufschlagen, um in demselben zu leben und zu sterben. Und Du wirst Wunder sehen, meine Helene, wie unser Reichthum die Feinde zu Freunden verwandeln wird; wie das Gold die Härte Deines Vaters brechen wird und wie er sich hernach freuen wird darüber, daß wir mit eigener Kraft die Hindernisse überwunden und unser Glück aufgebaut haben. Ja, wir werden schon nach etlichen Wochen zeigen können, wie treu wir zu ihm gesinnt sind; ich habe vor, ihm aus Amerika eine Geldsumme zu schicken, mit der Bitte, daß er dieselbe irgendwie zu seinem Besten verwende, oder, wenn er das nicht will, sie für uns aufbewahre. Du glaubst es nicht, Helene, wie glückselig ich sein werde, wenn ich Deinen Vater werde überzeugen können, wie aufrichtig ich ihm bin, wie gut ich es mit Dir meine!"

Mit großer Bewegung hatte er gesprochen; seine Wangen hatten sich geröthet, sein Auge leuchtete, seine Lippen schienen zu zittern.

Jetzt erst erhob Helene ihre Hand, legte sie in die seine und sagte mit feuchten Augen: „Wie Du gut bist, Nikodem! Aber meinst, daß es denn gar nicht möglich wäre, meinen Vater anders zu stimmen, wenn Du ihm den Brief aus Amerika zeigen wolltest, und daß das heimliche Abreisen nicht sein müßte?"

„Meinst Du es, daß es möglich wäre?" fragte Nikodem. Nach einem längeren Schweigen und Nach=
denken antwortete sie: „Wenn er nicht gar so gegen Dich wäre, und wenn er nicht so jähzornig wäre! Wie ich meinen Vater kenne, große Hoffnung ist nicht."

„Siehst Du. Dann ist für uns aber auch alles verdorben. Weiß er unsere Absicht einmal, so wird er Dir jeden Weg abschneiden, bei mir zu sein. Er wird Dich ins Kloster stecken; Du kannst Dich nicht wehren, bist noch nicht alt genug und ich muß allein nach Amerika hinüber. Wir sind auseinander gerissen und Gott weiß, ob wir uns jemals wieder sehen."

Sie hatte seinen Arm mit beiden Händen erfaßt, als wollte sie ihn halten und an sich ziehen. — Ein Windstoß riß das Fenster auf und verlöschte die Lampe. Nikodem hatte bald ein Streichhölzchen zur Hand und zündete das Licht wieder an. Sie gab ihm einen dankenden Blick.

Nikodem saß nachdenklich da und sagte lange kein Wort.

„Wenn ich nur Einen Freund hier hätte!" mur=
melte er schließlich, „nur einen einzigen!"

„So blieben wir?" fragte das Mädchen.

„— Und wenn's ein Jude wäre, der zweihundert Percent verlangte — oder tausend, oder einen Finger von meiner rechten Hand!"

„Nikodem, Du redest wie närrisch," flüsterte sie. „Du hast noch ein Anliegen."

„Laß' Du das gut sein, Helene, das ist Sache des Mannes."

„Nicht aus Neugierd' ist's, Nikodem, nur daß ich Dich bitte, daß Du Alles, was Dich drückt und kränkt, mit mir theilst. Ich will Dir treulich tragen helfen."

Er sprang auf und ging über das Zimmer auf und ab.

„Der armseligen paar Gulden wegen!" stieß er heraus. „Nicht einmal telegraphiren kann ich dem Vetter, daß er uns das Reisegeld hier anweisen ließe. Und im Grunde —" setzte er gelassener bei, „wäre das nicht gut. Da wäre gleich Verdacht. Es ist besser in Hamburg. Aber wie nach Hamburg kommen! Ich besitze keinen Groschen Geld."

Sie fragte, wie viel denn nöthig wäre. Er antwortete, daß zweihundert Gulden nicht überflüssig sein dürften.

Nun hielten sie Rath. Helene meinte, wenn sie nur schon großjährig wäre, daß sie über ihr von der Mutter fälliges Gut verfügen könnte.

Nikodem sagte, wenn sie auch großjährig wäre, die Stiefmutter würde es schon zu verhindern wissen, daß ihr die Erbschaft in die Hand käme. Ja, vielleicht wäre die Stiefmutter für ihre eigenen Kinder so sorgsam, daß es schließlich hieße, für das Kind aus erster Ehe sei von Mutters Seite nicht viel da gewesen, und das wenige hätte die Erziehung aufgezehrt.

Ueber Helenens Angesicht flog eine Zornröthe. Sie sah das Weib vor sich, von welchem sie schon so tiefe Demüthigung erlitten hatte.

„Am besten wäre es," meinte Nikodem „man wisse seinen Antheil genau —"

„Den weiß ich. Mir fallen von der Mutter zwölfhundert Gulden zu."

„— und brächte ihn bei Zeiten in Sicherheit, bevor noch die neue Hausfrau das Regiment antrete."

Helene versetzte: „Wie könnt' man das nur anfangen?"

„Ich in diesem Falle würde mein Eigenthum ruhig nehmen, wo ich es fände," sagte Nikodem.

„Das wäre auch am besten," versetzte das Mädchen.

„Damit wäre die Sache geschlichtet und aller spätere Zwist hätte ein Ende. Ja siehe, wie bei diesem Plaudern mit Dir die Zeit vergeht. Es schlägt zwölf Uhr. Mein liebstes Herz —" er legte seinen Arm um ihren Nacken, „leb' wohl, schlaf' süß!" Er küßte sie auf die Stirne, auf die Augen, „Halt' mich lieb, Helene, bis wir zusammen sein verbunden!" Er küßte sie auf den Mund. — Gute Nacht! — Gute Nacht!"

Er verließ die Kammer. Sie flüsterte ihm noch nach: „Nur rechts halten, der Stiege zu. Der Hausthorschlüssel liegt unter dem Pfosten." —

Und schloß sich ein und weinte vor Glück.

———

Du liebes Hans, jetzt behüt' Dich Gott!

Am nächsten Tage kam der Zeilhofer allein nach Hause, aber mit Roß und Wagen der Bachwirthin. Am übernächsten Tage ließ er sich das Frühstück von seiner Tochter auf die Stube bringen.

Nachdem er einen Blick auf die Thür geworfen hatte, ob sie wohl gut in den Fugen wäre, räusperte er sich und sagte in einem gutmüthigen Tone: „Helen'! daß ich ein paar Wörtlein mit Dir red'. Setz' Dich nieder und trink' mit mir den Kaffee."

„Heute gern," flüsterte das Mädchen.

„Schau Kind," fuhr der Bauer fort, „Du bist brav und Du bist gescheit und ich weiß es, die Sach' mit dem Demi hast Dir lang' wieder aus dem Kopf geschlagen. Nachher ist alles wieder gut. So Narrheiten gehen vorbei; oft ein anderes Mädl hat sie auch und laßt's vorbeigehen und ist wieder brav. Es wäre ja eine Unmöglichkeit, Du und dieser Mensch — eine Unmöglichkeit, Helen'. — Er wird ohnehin nicht lang' mehr da sein, wird nicht mehr oft nach Eschendorf kommen — und wir reden nicht weiter davon. — Geh' Helene, nimm Dir Brot, streich' Butter d'rauf."

Das Mädchen dankte und trank den Kaffee ohne Brot.

„Bei uns daheim," sagte der Bauer hierauf und wischte mit der hohlen Hand die Brosamen auf ein Häufchen, „bei uns daheim wird's jetzt wieder besser werden. Du hast es erfahren, wie traurig es ist, wenn die Mutter fehlt. — Ist eine gute Frau, die Bachwirthin".

„S' ist noch nicht drei Jahr' vorbei, daß meine Mutter gestorben," sagte das Mädchen und wendete sich ab, um das Gesicht in ihr Tuch zu verbergen. Der Zeilhofer sagte nichts darauf; er mochte sich erinnern an den Ausspruch, den er an der Bahre seines ersten Weibes gethan hatte: Dir bleib' ich all' meiner Tag, und für mich ist keine Andere mehr auf der Welt!

Die Worte seiner Tochter waren ihm nun wie ein Vorwurf gewesen und er sagte endlich: „Ja, reden ist leicht, aber leben! Kinder ersetzen Einem das Weib nie; gar im Gegentheil, Kinder machen Einem das Weib erst nöthig. Und meine Wirth=schaft ist nicht aufwärts gegangen in den letzten drei Jahren. Es ist kein Ernst und kein Zusammenhalten im Haus, wenn das Weib fehlt. Wer's nie erfahren hat, der glaubt's nicht. Und Unsereiner steht da, und lauft herum wie ein herrenloser Hund, wird hier angelockt, dort mit dem Fuß zurückgestoßen — und weiß nicht, wem man zugehört."

Helene sagte: „Ihr habt ja recht, Vater."

„Die Bachwirthin hat ihren Mann vor einem halben Jahr verloren. Sie hat ihn allzu gern gehabt, als daß sie jetzt fort allein leben wollt'; denn das mußt bedenken: nur Eins, das unglücklich ist verheiratet gewesen, wird auf eine zweite Ehe nicht so leicht mehr denken. — Die Bachwirthin ist ein braves Weib, und ich will hoffen, Helene, daß Du sie allfort wie Deine rechte Mutter wirst betrachten. An mir hast Deinen Vater, wie bisher; aber wenn ich und die Mutter in Allem zusammenhalten werden, so darf Dich das nicht wundern. In der Ehe muß es so sein. Bist noch gar jung und wirst Dich darnach richten. — Das hab' ich Dir sagen wollen."

„Thut, wie es Euer Willen ist," entgegnete das Mädchen, „auf mich habt Ihr nicht zu denken, mir ist schon alles recht."

„Schau, Helen', das freut mich von Dir," versetzte er und hielt ihr die Hand hin, „es wird alles wieder recht werden. — Wart' ein weni ich hab' Dir noch auftragen wollen, von wegen —. Weißt, ich bin jetzt die längste Zeit nicht daheim, hab' viel herumzufahren, bis alles in Richtigkeit kommt. Hüben und drüben beim Pfarrer müssen wir's dieser Tage auch ausmachen. Uebermorgen wollen wir ins Mürzthal hinausfahren, wo die — Mutter Ver=

wandte hat. Es ist mir d'rum, daß ich mich für daheim nicht zu sorgen brauche. Die Wirthschaft führt der Altknecht; in der Küche ist die Hanne. Schau Du im Ganzen ein wenig nach, daß immer alles zugesperrt wird. In mein Zimmer da laß' gar Niemanden herein — ist mir am liebsten. In dem Kasten, in der untersten Lad', das weißt, ist das Geld d'rin. Sind etliche Schuhlederfleck d'rüber. Den Schlüssel halt' fleißig abgezogen, er gehört auf den Nagel hinter der Kastenwand. So." Er brachte den Schlüssel selbst an die angedeutete Stelle. Helene fühlte ein inneres Beben.

„So, Mädel," schloß der Bauer, „in vierzehn Tagen haben wir alles in der Ordnung."

Nach einer Stunde fuhr er wieder davon.

Er hat es gut, dachte ihm Helene nach, er geht hin und sucht sich den Gespons aus, der ihm gefällt und kein Mensch hat was dagegen. Er sagt es selber: man ist wie ein herrenloser Hund, wird hier ange= lockt und dort mit dem Fuß zurückgestoßen. Wenn das beim Witwer schon wahr ist, beim Stiefkind ist es noch wahrer.

Ein kleines, blasses Mädchen kam ins Haus, das trug in einem Körbchen Himbeeren und fragte der Helene nach.

Diese langte alsobald in den Sack, als sie das Bettelkind sah; aber die Kleine reichte ihr das Körb= chen mit den Früchten und sagte: „Das gehört Dein. Das mußt Du essen."

Helene sah ein Leinstämmchen auf den Himbeeren liegen und las in Gedanken: Du warst stets beständig, nichts mache Dich abwendig. Du wirst sein mein häusliches Glück. — Sie nahm das Körbchen und ging damit in ihre Kammer. Sie genoß einige der zarten, süßen Beeren; sie blickte jeder in das Innere und fand kein Würmchen, wie sich solche sonst so gern in dieser Frucht verstecken. Jetzt sah sie zwischen den rothen Beeren etwas Weißes schimmern; auf dem Grunde des Körbchens lag ein Brief. Der Brief trug keine Aufschrift, war aber mit einem Veilchen versiegelt. Das Mädchen wußte schon, das Veilchen hieß „Helene", und sie öffnete den Brief. Die Schrift war von seiner Hand und lautete:

„Jetzt will ich nicht viel Worte machen, ist die Zeit zum Handeln. Es ist wie eine Nothwehr für Dich und mich. Ich muß morgen fort, es ist kein Abwenden. Willst mir gut und willst mit mir leben auf der Welt und in Ewigkeit, so thu', was ich Dir jetzt sagen will. Lege morgen früh Deine stärkeren Kleider an, nimm' Dein mütterliches Erbgut alles und stell' Dich, als wolltest Du nach Eschendorf in die Kirche gehen. Morgen ist Margarethentag, da gehen manche Leut' in die Kirche. Auf der Föhrenhöhe gehst Du linker Hand und so, daß Du bis zu Mittag nach Kürberg kommst. Es wird Dich dort Niemand leicht mehr kennen. Ist wer, der Dich fragt, wohin, so sage, Du gehst nach Sillthal zu Deiner Muhme auf Besuch. Eine Viertelstunde hinter Kürberg, wo der Wald angeht, zweigen zwei Wege auseinander; auf einem wirst Du einen grünen Tannenzweig liegen sehen, und denselben wirst Du einschlagen. Und überall, wo Wege auseinandergehen, nimm den, wo der Tannenzweig liegt. Eine Stunde unter Kürberg im Wald steht an der Straße die Ruperti= Capelle, dort wirst mich finden. Ist ein Weggenosse mit Dir, so geh' an der Capelle vorbei und schau' nicht um, und bleib' weiter unten zurück; ich werde schon nachkommen. Weiter brauchst nimmer zu sorgen. Mache alles genau so wie ich Dir gesagt hab' und lasse Dein Geld nicht im Stich, das ist sehr wichtig, und mache den Abschied kurz, weil bald Wieder= sehen ist.

Mit tausend Grüßen und Küssen, treues Herz,
Dein . . ."

Weder sein Name, noch der ihre war im Schreiben genannt, und das fand Helene klug, weil man doch nicht wisse, in wessen Hände der Brief fallen konnte.

Aber wie sie jetzt vom Papiere weg in ihre Umgebung blickte, sah alles ganz anders aus. Es war ihr, als blicke sie aus der Ferne her auf Gegen= stände, die mit ihr nichts mehr gemein hatten. Und als sie hinabging in den Hof und die Leute sah, die bei ihren angewiesenen Arbeiten thätig waren, und wovon Dieser oder der Andere sie mit irgend einem heiteren Worte begrüßte, kamen sie ihr alle wie Feinde vor. Sie mußte ja vor ihnen ein großes Geheimniß hüten; sie wußte, daß Jeder, der dieses Geheimniß sähe, nach ihrem Lebensglücke einen vernichtenden Schlag thun würde. Sie wußte, daß dieselben Menschen, die hier so friedlich arbeiteten, sie so freundlich anlächelten, in zwei Tagen alle aus sein würden, um sie einzufangen wie ein wildes Thier; daß sie all' Verstand und Kraft aufbieten würden, ihren neuen Lebensweg zu zerstören. — Sie fühlte Bitterkeit.

Ein Bote aus dem Murboden kam in den Hof und brachte ein Briefchen an Helene. Ihr Vater schrieb, daß er erst nach drei Tagen heimkommen würde, da die Fahrt in das Mürzthal bestimmt worden sei; daß er für diese längere Abwesenheit zu wenig Geld bei sich habe und die Tochter ihm aus seinem Kasten fünfzig Gulden durch den Boten schicken möge.

Helene ließ dem Boten einige Erfrischungen vorsetzen, begab sich in die Stube ihres Vaters, nahm den Schlüssel des Kastens von dem bestimmten Platze, schloß auf, öffnete die unterste Lade, schob die alten Lederstücke bei Seite und auch ein Kästchen mit Schmuckgegenständen von ihrer Mutter und Großmutter und nahm eine Ledertasche hervor. Sie fand in derselben eine Tausendgulden-Note, mehrere Hunderter und kleinere Stücke.

Mit Hast, als ob sie jedes Papierblatt in die Finger brenne, hob sie einen Fünfzigguldenschein heraus, verwahrte dann alles wieder, wie es früher gewesen war und händigte dem Boten das Geld ein.

„Ich laß' den Vater grüßen," setzte sie bei, „und daß er . . . nur gesund bleibt."

„Wird wohl, wird wohl, der ist gut versorgt," lachte der Bote.

An demselben Abende bekamen sie Helene nicht mehr zu sehen. Sie schloß sich in ihre Stube; die Leute meinten, sie wäre unwohl, es ginge ihr die zweite Heirat ihres Vaters nahe.

Helene konnte nichts, als immer und immer wieder den Brief Nikodems lesen; er wirkte wie ein Bann auf sie, zum Theile tödtete er ihr Herz, zum Theile regte er es auf zu Empfindungen, die brennend und wild waren. Endlich sah und hörte sie sonst nichts mehr als ihn und seine Worte.

Die ganze Nacht schloß sie kein Auge. Und als der sanfte Schimmer der Morgenröthe ins Zimmer fiel, stand sie auf, kniete hin vor das Crucifix und betete. Sie betete zu dem Geiste ihrer Mutter, deren Leib auf diesem Brette geruht hatte, bevor man sie hinaustrug. Sie betete für ihren Vater, daß er glücklich sein möge an der Seite seines zweiten Weibes, wie er es an der Seite seines ersten gewesen war. Und endlich betete sie für Nikodem, der so schwer geprüft war durch das Vorurtheil der Leute, und der doch so männlich war und großherzig, wie von seinen Verleumdern keiner. Wie will sie's ihm lohnen mit ihrer Aufopferung und Treue! Nur Eines, Eines kann sie nicht, was er verlangt. Er wird ihr's verzeihen, wie er ja so gut ist und redlich. Wie will sie ihm's wünschen, daß er bald ein schöneres, sorgenloses Leben führen möge und die ungerechte Verachtung, unter welcher er so schwer und geduldig leidet, sich in große Ehren verwandle!

— Amerika! Sie hatte schon in ihrer Kindheit von dem Lande gehört. Die neue Welt! Wie da die Sonne heller scheinen wird, als in der alten! Wie die Blumen farbenvoller blühen und die Wasser klarer sein und die Menschen glücklicher leben werden, als in der alten! — Sie geht in eine andere Welt, ohne daß sie sterben muß, sie geht an der Seite des Liebsten dorthin — wie süß das ist! — Wenn sie heute auf dieser Bank läge, und morgen trügen sie vier Männer hinüber nach Eschendorf und legten sie in die Grube, die nur sechs Schuh tief ist — sie wäre weiter weg von ihrem Vater, als so, wenn sie in Amerika wird leben . . .

Sie zog sich an und nahm — wie er es gesagt hatte — die stärksten Kleider. Der Rock vom Hals bis zu Fuße war aus feiner, dunkelblau bedruckter Hausleinwand. Der Hut war schwarz, wollig und aus Hasenfilz, wie man solche in der Gegend trägt. Sie knüpfte ihn mit einem schwarzen Seidenbande unter dem Kinn fest. Sie packte ein Handbündel von den allernothwendigsten Dingen und konnte kaum aufhören einzupacken, weil ihr jedes Stück unentbehrlich schien. Da fiel es ihr erst ein, sie dürfe gar nichts mittragen, um keinen Verdacht zu erregen. Trotzdem band sie das Bündelchen.

Jetzt war schon die Sonne aufgegangen. Die Hanne brachte das Frühstück und rief, als sie das Mädchen im halben Feiertagsanzuge sah: „So, Du willst auch fort, Helen'? Wie man meint, jetzt thät' das Haus wieder voll werden, wird's erst recht leer."

Helene blickte die Köchin unsicher an, dann sagte sie: „Am Margarethentag ist aus unserem Hause immer wer in die Kirche gegangen."

„Ist ja so recht," meinte die Magd, „ich denk', Helen', wir mögen jetzt wohl um viel Gnad' Gottes beten; bei der neuen Bäuerin werden wir sie schon brauchen."

Helene hatte keine Neigung zum Essen, aber sie verzehrte doch ihr Frühstück. Sie hatte ja einen weiten Weg vor sich. Wenn sie wiederkehrt und in diesem Hause essen wird — das soll eine andere Zeit sein.

Als sie nun fertig geworden war, und im Stübchen noch einmal rund herumgeblickt hatte, verließ sie es und ging in das Zimmer ihres Vaters. Sie that innen den Riegel vor die Thür' und öffnete hastig den Kasten. Sie zog die unterste Lade hervor, schob das Leder bei Seite, hob die Tasche und das Schmuck= kästchen heraus und nahm von dem Schmucke ein kleines goldenes Kreuz.

Im Kasten, unter den Kleidern des Vaters hing auch der goldbesäumte Brustfleck, den einst ihre Mutter dem Vater gestickt hatte. Als Helene dieses Kleidungsstück sah, brach sie plötzlich in bitteres Weinen aus.

Die glückselige Zeit stand vor ihr mit den Eltern, und wie die Mutter den Vater so unendlich lieb gehabt, und wie sie mild war und aufopferungsvoll, und wie sie alles, alles auf Erden hätte erduldet und hingegeben, nur ihrem Gatten zu Lieb'. — Der Zeilhofer war nicht immer der Zeilhofer, sondern in seiner Jugend ein armer Holzschläger gewesen, der im Kärntnerischen, Salzburgischen und Tirolischen herumziehen mußte, um Arbeit zu finden. In Tirol hatte er eine schöne Bauerstochter kennen gelernt. Sie hatten sich gern. Das Losreißen von den Ihren und von ihrem Land war auch nicht leicht gewesen und überall hat's geheißen, eine solche Ehe zwischen dem Holzhauer und der Bauerntochter wäre nicht in der Ordnung. Aber sie hat ihn nicht verlassen, ist mit ihm gezogen ins Steierische her und hat ihm in seiner Heimat einen Bauernhof gekauft. Es ist ein gar schöner Ehestand gewesen. — Daß es die Tochter der Mutter nur nachmache! — Und der Vater, wenn er zurückdenkt auf seine eigene Jugend, und wie er froh gewesen sein wird, daß sein Gespons ihm treu gefolgt — er muß verzeihen . . . . .

Sie küßte sein Gewand und netzte es mit Thränen. Endlich verschloß sie den Kasten. Dann stand sie in der Stube still und sagte: „Du liebes Haus, jetzt behüt' Dich Gott!"

Dann schloß sie die Stube ab, verwahrte den Schlüssel und eilte rasch davon. Vor dem Hause, wo aus der Standröhre der ewige Wasserquell sprudelt, hielt sie die hohle Hand unter den Brunnen und trank daraus und fuhr hernach mit der nassen Hand über die Stirne. Aus den Stallungen gackerte das ganze Hühnervolk herbei mitsammt den watschelnden Küchlein, sie umkreisten das Mädchen, so daß es kaum einen Schritt vor sich zu machen im Stande war. Mit einigen scharfen „Pscht!" mußte sie sich Bahn brechen; aber die Hühner flatterten ihr noch eine Weile nach. Sie kannten ihre Gönnerin, hatten aber heute das Futter noch nicht erhalten, das sie des Morgens von ihr gewohnt waren.

Der Weg ins Amerika.

So hatte Helene, die Tochter des Zeilhofers, das Haus verlassen.

Die Wege über die Nachbarsfelder hin schritt mancher Kirchengänger. Auf den Wiesen arbeiteten die Mähder und die Sonne schimmerte in den Sensen und in den Thautropfen der Gräser.

Die Zeilhofer Mähder waren heute just nicht die fleißigsten, hingegen aber die lustigsten. Wenn Hochzeit so nah' ist! Da mußten sie sich doch einüben im Gesangelsingen und das thaten sie redlich.
Da sang der Eine, freilich scheinbar betrübt:

„Im heurigen Johr
Geht OlIs vor und vor,
Nur ih bin alloan,
Wir a Stäudl af'n Roan!

Zweg sul ih nit trauri sein,
Wann's mir a so geht;
Trau'rt 's Stoandl af'n Roandl,
Wann's gor alloan steht."

Und ein Anderer:

„Schau her, Dirndl, wia's Bacherl
Von Berg owa rinnt,
Und schau her af mei Herzerl,
Wiea d' Liab' außa brinnt!"

Und ein Anderer:

„Hiaz mecht ih doch wiss'n,
Sul ih bleib'n, sul ih geh'n,
Mei Dirndl is so liab
Und die Welt is so schen.

Is d' Welt noh so schen,
Geh' ih doh wieda z' Haus,
Ohni dih, mei liab' Dirndl,
Holt ih's länga nit aus."

Auch die Mädchen ließen sich hören und sangen Liedchen, die nicht minder unzweideutig waren, so daß sich Helene dachte: Sie sind alle verliebt.

Mit diesem Gedanken schied sie aus der Heimat. Weiter oben auf der Föhrenhöhe wendete sie sich noch einmal um und sah zu den Häusern von Ober-Eschendorf zurück.

Sie waren alle in den Silberrauch der Morgensonne gehüllt, so daß einzelne Hausdächer kaum von den Gebüschen zu unterscheiden waren. Nur an dem funkelnden Dachknopfe, der wie ein Sternchen herauf leuchtete, erkannte sie den Zeilhof.

Auf einer alten Schwarzkiefer der Föhrenhöhe hing unter einem Dachschilde das halbverwaschene und verwitterte Bild der heiligen Dreifaltigkeit. Vor demselben gingen drei Wege auseinander. Auf diesem Platze setzten die Ober-Eschendorfer ihre Leichen zu Boden, gleichsam, daß diese noch einmal ins schöne Thal von Ober-Eschendorf zurücksehen konnten, bevor man sie hinabtrug auf den Kirchhof zu Eschendorf. Helene dachte daran. Auch ihrer Mutter Sarg war auf diese braunen Baumwurzeln niedergelassen worden. Sie stand nun genau auf derselben Stelle.

Den steilen Eschendorferweg stieg mit glitzerndem Bajonnet auf dem Gewehre ein Gendarm heran. Als dieser die Wegzweigung sah und das Mädchen, that er die Frage: „Mit Erlaub, schöne Jungfrau, welcher Weg führt nach Ober-Eschendorf?"

Sie wies mit der Hand die Richtung und der Wachmann schritt fürbaß.

Sie sah ihm nach, so lange sein Bajonnet noch durch den Wald funkelte, dann schlug sie die Richtung gegen Kürberg ein. Der Weg zieht sich lange über eine Höhe hinaus, die mit viel Moos und Heide= kraut, aber wenigen, und das noch verkrüppelten Bäumchen bewachsen ist. Nach beiden Seiten hin sieht man die Gegend: links weites Waldland mit fruchtbaren Thälern; rechts über grünen Almen die blauende Zackenmauer des Hochgebirges.

Aber Helene hatte kein Auge für die Schönheiten ihres Vaterlandes, das sie nun verließ; sie blickte stets vor sich auf den Sandweg hin — sie suchte nach den Spuren der Schritte dessen, welcher ihr heute auf diesem Wege vorangegangen war.

Es war sehr heiß, und hinter den Kämmen des Hochgebirges stiegen weiße Wolkenballen auf. Als Helene über weite Felder hinabschritt gegen Kürberg, läutete auf dem weißen Kirchthurm die Mittags= glocke. Im großen „Gasthaus und Fleischhauerei", das an der Straße stand, kehrte sie zu, setzte sich ermüdet und betrübt im Gastzimmer an das Ofen= tischchen, wo es kühl und dunkel war, und ließ sich eine Schale Suppe und ein halbes Seidel Wein geben.

Wie sie so dasaß und bei sich sann, kam es ihr vor, als gehe sie im Traume herum und wisse eigent=

lich nicht, wozu und wohin. — Es war hier schon alles so fremd ... Wie, wenn sie jetzt umkehrte? Gegen Abend wäre sie wieder daheim, und kein Mensch hätte eine Ahnung, was da hätte werden sollen.

An anderen Tischen saßen mehrere Gäste, die ein sehr lebhaftes Gespräch führten. Die dicke Wirthin mit den aufgestreckten Hembärmeln und den silbernen Halsketten saß auch bei ihnen und war nicht die letzte beim lauten Discurs.

Neben ihr noch eine andere Frau, die gerade nicht das kleinste Glas vor sich stehen hatte, und welche jetzt rief: „Nein, die mag der Pfarrer siebenmal von der Kanzel rufen, so glaub' ich's doch nicht. Die müßt' ich erst mit diesen meinen leiblichen Augen vor dem Altar stehen sehen."

„Wenn die Nachbarin Montag über acht Tag' nach Eschendorf fährt, so kann sie das sehen," sagte die Frau Wirthin, „es ist ja nichts Neues mehr, sie reden schon überall davon. Wie er ihm das erstemal ins Haus kommen ist, soll ihn der Bauer zwar bei der vorderen Thür hinausgeworfen haben, aber bei der hinteren Thür ist der Fuchs halt allemal wieder hineingeschlichen."

„Sie sagen," wußte ein Anderer zu erzählen, „er wär' immer auf den großen Lindenbaum gestiegen und von demselben durch's Fenster in die Tochterkammer."

Und wieder ein Anderer: „Wie der Will, b'rin gewesen ist er, das weist sich. Und der Zeilhofer hat keine große Wahl mehr."

„Ist doch ein Erzschelm, dieser Schinder=Demi!" sagte die Wirthin und lugte vertraulich in den Kreis ihrer Gäste. „Aber das sag' ich, wenn ich der Zeilhofer bin, es mag schon sein, was will, dem geb' ich meine Tochter nicht! — Dem nicht! — Wenn ein Mensch einmal so schwarz ist, wie dieser Demi, und verschandirt, daß kein Hund mehr einen Bissen Brot von ihm nimmt! So Einer wird mein Schwiegersohn nicht!" Und klatsch lag die flache Hand auf dem Tisch, daß die Aussprach' auch gestempelt und gesiegelt war.

Helene hatte gemeint, sie wäre hier schon fremd. Nun sah sie, daß die Leute mit dem Zeilhofe so bekannt thaten, als stünde er in der nächsten Nachbarschaft. Nun erfuhr sie aber auch, und zwar an ihr selber, was das ist: Verleumdung, wie das entsteht und wie es eigentlich aussieht. Aber das Unrecht, das ihr geschah, that ihr nicht einmal weh, es zeigte ihr nur wieder klar, wie man Leute schwarz macht, die inwendig weiß sind, und wie man ihren Nikodem schwarz gemacht hat, der doch so gut ist. — Und sie konnte einen Augenblick an die Umkehr denken? Ihn, den ja alles schon verlassen hat, sollt' auch sie verlassen, auf die er liebevoll glaubt und vertraut! Und zurückkehren ins Haus, wo ihre

Ehre zerrissen und vernichtet worden war! — Mit neuem Muthe trank sie ihren Wein zur Stärkung für die weitere Reise.

Einer der Gäste hatte während der Worte der Wirthin mit den Fingern auf dem Tische getrommelt, hernach eine zappelnde Fliege aus seinem Bierglase gefischt und darauf folgendes gesagt: „Ihr seid's närrische Leut', allmiteinander. Jetzt möchte ich wissen, warum der Nikodem die Zeilhofer-Tochter nicht sollt' haben dürfen. Er ist jung, gesund und ein bildschöner Bursch', und ist Unterofficier bei den Jägern. Ein gescheiter Kopf ist er auch, und wenn's d'rauf ankommt, daß er zuletzt Zeilhofer soll't werden, so bringt er's so gut zuweg, wie ein Anderer."

Helene an ihrem Ofentischchen hatte gemeint, sie müsse aufspringen und dem Lobredner ihres Nikodem um den Hals fallen. Indes sprach schon wieder die Wirthin: „Sagst, was wahr ist, Waldjackl, aber die Bravheit hast vergessen; warum führst denn die nicht an?"

„Wer kann ihm was Schlechtes beweisen?"

Da lachten die Anderen.

Der Wirth trat ein und fragte, was es gebe.

„Herr, Du wirst es auch nicht glauben," rief ihm die Wirthin zu, „beim Zeilhofer z' Ober-Eschendorf ist nächst' Wochen Hochzeit."

„Eine alte Geschichte," sagte der Wirth wegwerfend, „sind die Brautleut' vor etlichen Tagen schon vorbeigefahren."

„Der Demi mit der Zeilhofer-Tochter? So möcht' ich doch bei meiner Treu' das Brautpaar gern gesehen haben. Er ist ja so sauber und sie soll, sagt man, auch ein schönes Mädel sein."

„Na, na, das ist ja nicht so," versetzte der Wirth, „der alte Zeilhofer heiratet eine Witwe vom Mur=boden herüber."

Noch ein Schlag auf den Tisch von der Wirthin, und dann rief sie entrüstet: „Aber das ist doch auf der Welt ungleich, was heutzutag alles zusammen=gelogen wird! Und der Alte heiratet noch einmal? Na, der hat's auch noth, daß er seiner Tochter die eigene Hausthür verriegelt. Einem Mädel, das schon selber die schönsten Partien hätt'!"

Das Mädchen am Ofen verlangte zu zahlen.

„Bist gewiß von weit zu unserem Doctor her=gekommen?" fragte die Wirthin; „nicht? Ich hab' nur gemeint, weil zu unserem Doctor so viele fremde Arztgeherinnen kommen, und weil Du so still und traurig dasitzest, daß Du daheim ein Krankes kunnt'st haben."

Helene stand auf und ging. Als sie auf die schneeweiße und heiße Straße hinaustrat, schlug es ihr fast die Augen zu. Sie mußte sich mitten in den Häusern erst besinnen, welchen Weg sie einzuschlagen hatte; da sah sie zu ihren Füßen plötzlich ein Tannenreis, das mit einem Steinchen beschwert im Staube lag. Ein Zeichen von ihm; sie wandelte den

Weg muthig weiter. Schulkinder begegneten ihr, die fragte sie, ob es da recht wäre nach Oberschachen. Einige antworteten mit ja, andere mit nein und lachend trippelten sie davon. Nur ein einziges Mädchen blieb stehen und sagte: „Nach Oberschachen ist es da schon recht, aber da müßt ihr durch einen Wald gehen, der fünf Stunden lang ist, und in welchem sie den Viehtreiber erstochen haben."

„Ich danke Dir schön und da hast zwei Kreuzer!"

Das kleine Mädchen sah fragend auf und säumte anzugreifen.

„Nimm nur, und bet' dafür einmal ein Vaterunser."

Die Kleine nahm und eilte gegen das Dorf hin.

Als Helene zum Rande des Waldes kam und noch einmal umschaute zu den Häusern von Kürberg, sah sie vor dem Wegkreuze, welches am Ende des Dorfes stand, das Schulmädchen knien. Das betete wohl schon sein Vaterunser für die Reisende.

Am Waldrande zweigte sich die Straße; die eine ging rechts über Hochwiesen hin, entfernten Häusergruppen zu; die andere ging sanft aufsteigend in den Wald hinein. Mitten auf dieser letzteren lagen drei Tannenzweige; und an einem dieser Zweige lag eine Wegewarte und eine wilde Hyacinthe. Helene zog ihr Büchelchen hervor. Wegewarte: „Die Liebe soll Dich leiten." Hyacinthe: „Laß' den Muth nicht sinken."

Fröhlich ging sie in den Wald hinein.

Zuerst war an beiden Seiten der Straße ein Dickicht von jungen Lärchen, über das herein die Sonne noch auf den Weg schien. Bald kamen hohe Fichten- und Tannenbäume mit ihrem Schatten. Mancher Baumast streckte sich weit über die Straße, wie ein drohender oder warnender Arm. Manches Gestämme war knorrig und umflochten von langem, fahlem, nadel- und rindenlosem Geäste. Andere Bäume waren schlank und glatt bis hoch hinauf und zwischen ihren röthlichen Stämmen gähnte die endlose Dunkelheit des Waldes durch. Helene hatte hier für alles Augen, weil sie sich ängstigte. Sie hielt die Hand an ihren Busen, als gälte es schon, ein Gut zu schützen, welches sie vielleicht vom Hause ihres Vaters mit sich trug. Sie war noch nie durch einen so wilden Wald gegangen. Aus einem niedergebrochenen Baumast brach sie sich einen Stock, den hielt sie fest in der Hand.

Als sie eine Weile gegangen war, hörte sie aus dem Waldesdunkel her plötzlich einen Schrei. Sie stand nicht still, um zu horchen, sondern beschleunigte ihre Schritte, trat aber so leise auf, daß sie die Wiederholung der Stimme vernehmen konnte, und dieselbe endlich als den Ruf eines Habichts erkannte. Auch hörte sie bisweilen das Girren von Wildtauben. Die Straße ging immer sachte hinan; mehrmals zweigten sich Seitenwege ab und

immer lag auf der breiteren Straße der Tannen=
zweig.

Da machte sie sich Vorwürfe über ihre Angst.
Er war ja bei ihr, er begleitete sie so sorgsam und
treu, und bald soll sie an seinem Arme wandeln.
Aber der Wald blieb immer finster und die
Straße blieb immer einsam. Früher war das Mäd=
chen ermüdet gewesen; aber jetzt fühlte sie sich neu
erfrischt, hastig und hastiger wurde ihr Gang —
sie ahnte die Nähe des Geliebten.

Endlich schien die Straße die Höhe des Berges
zu erreichen, um sich jenseits so gemach abwärts zu
senken, als sie diesseits emporgestiegen war. Durch
das Geäste schimmerte ein Rothes. Es war das
Dach der Capelle. Helene meinte, sie müsse hin=
stürzen wie ein gehetztes Reh, aber sie ging langsam.
Ihr Auge sank zu Boden, und vor der Capelle stand
sie unbeweglich still und blickte nicht seitwärts.

Sie hörte keinen einzigen Laut. Auf der Straße
lagen zackige Tafeln der Sonne, die sich durch das
hohe Gewipfel gebrochen hatten. Ameisen liefen ge=
schäftig über die lichten Flächen; Mücken kreisten in
den Strahlen.

Endlich blickte Helene gegen die Capelle hin.
Diese war mit einem eisernen Gitter verschlossen.
D'rinnen in der Mauernische stand Sanct Rupertus
vor einem Hirschkopfe, zwischen dessen Geweihen ein
Christuskreuz ragte. Sonst war nichts in der Capelle

und die platten Steine vor derselben waren in ihren Fugen mit Gras bewachsen. Neben der Capelle war ein Anger mit kurzem Grase, ganz beschattet von den umstehenden Tannen. Auf diesem Grase ruhte Nikodem und schlief.

Helene trat leise hinzu und blickte auf ihn nieder. Die Sorgen und Anstrengungen der letzten Tage mochten ihn erschöpft haben, sein Gesicht war blaß. Eine Ameise lief über seine Stirne; Helene wollte schon die Hand ausstrecken, um das Thier zu verscheuchen, da fiel es ihr ein, sie wolle ihn schlafen lassen und bei ihm Wache halten. — Er war in seinen gewöhnlichen Kleidern, deren Taschen gefüllt erschienen und den Wandersack ersetzen mochten. Nur anstatt der blauen Mütze lag ein brauner Hut neben ihm. Und sein in das Gras niedergehender Arm hielt noch leicht den Wanderstab umfaßt.

Seine Lippen zuckten zuweilen, als habe er einen lebhaften Traum und müsse in demselben reden. — Er vertheidigt sich vielleicht im Geiste gegen die schweren Anschuldigungen, Verleumdungen. Oder er spricht mit dem Oheim in Amerika und empfiehlt ihm seine Braut. Oder er flüstert zu ihr selber, wie er jetzt ja den Arm an sein Herz legt. — Liebster Mann! Du weißt es gar nicht, wie ganz und einzig ich Dein bin . . . .

Eine geraume Weile war sie so vor dem Schlummernden gestanden, da war es ihr plötzlich, als habe sie donnern gehört, als wäre ein Gewitter im Anzuge. So beugte sie sich, legte ihre Hand auf die seine und lispelte: „Nikodem!"

Er regte sich und schlug die Augen auf. Er schien befremdet, daß er sich im Walde fand; als er das Mädchen vor sich sah, lächelte er.

„Nun bist Du da," sagte er, „nun sollst Du ein wenig ausruhen."

„Ich bin nicht mehr müde und ich glaube, es ist ein Gewitter nicht weit."

„So wollen wir gehen."

Er erhob sich und faßte sie an der Hand: „Helene jetzt glaub' ich es, daß Du mich lieb hast."

Sie antwortete nicht, und er fragte nicht weiter, wie der Abschied von Daheim war und was ihr unterwegs etwa wohl begegnet sei. Sie gingen Hand in Hand fürbaß die Straße, immer etwas abwärts, immer durch Wald, der hier hoch und finster war, dort eine Lichtung bildete, daß man hinaus sehen konnte in die fernen blauen Berge, über welchen sich höher und dunkler das Wolkengebilde ausdehnte.

„Dieses Amerika muß wohl weit weg sein," bemerkte das Mädchen einmal.

Er gab keine Antwort.

Helene wollte nicht verrathen, wie sehr sie die Füße schmerzten, aber er merkte es an ihrem Gange, und wie sie sich auf seinen Arm stützte. Er schlug vor, zu rasten; sie fürchtete sich vor dem Gewitter und sagte, sie wolle gehen.

Die Sonne war ziemlich tief hinter die Wipfel hinabgesunken.

„Wir haben noch drei Stunden bis nach Oberschachen," sagte Nikodem.

Helene blieb stehen und sprach die Hoffnung aus, daß gewiß ein Wagen des Weges fahren würde, der sie mitnähme.

„Das ist unwahrscheinlich," meinte der Bursche, „um diese Zeit wird nicht viel durch den Kürwald gefahren; die Post geht in der Woche nur zweimal und heute ist kein Posttag. Ich finde es aber nicht nöthig, daß wir uns so quälen, um heute noch nach Oberschachen zu kommen. Das Gewitter würde uns doch überraschen. Wir wollen früher ein Dach und eine Unterkunft über Nacht leicht finden, daß wir morgen wieder frisch und heiter wandern können."

Bald darauf kamen sie an eine Stelle, wo sich links quer durch das Gestämme ein Waldweg abzog. Auf diesem Wege lag nun zwar kein grüner Tannenzweig, wohl aber dürres Lärchengestrünke und rothes Genadel — doch Nikodem schlug ihn ein und Helene ging lautlos mit ihm. Hoch in den alten Lärchen hüpften Eichkätzchen auf und nieder, daß es knisterte, und manches aufgeschreckte Wildhuhn rauschte durch, daß das Mädchen erschrocken zusammenzuckte. Der Weg wurde schlechter, der Hang steiler, und da sich über den Himmel bereits das dunkle Gewölbe gezogen hatte, der Wald immer finsterer.

„Das ist jetzt schon bald zum Fürchten," bemerkte das Mädchen.

„Warum?" fragte er und blickte sie lebhaft an, „an das wirst Du Dich gewöhnen. In Amerika giebt es noch ganz andere Urwälder."

— Sollen wir denn in die Urwälder gehen? dachte Helene, schwieg aber still.

In den hohen Wipfeln begann der Wind zu rauschen, während am Fuße der Bäume, wo das Paar langsam und mühsam dahinschritt, nicht das leiseste Lüftchen zog. Sie kamen zu einer Quelle, wo das Mädchen auf einem Steine rasten und zur Kräftigung einige Blätter Waldkresse essen wollte. Da fielen schon die ersten Tropfen und der Mann zog Helene hastig mit sich fort, bis sie in einer von Hasel= und Himbeerbüschen dicht bewachsenen Schlucht vor einem hölzernen Häuschen standen.

Dieses Häuschen war, aus der nahen Meiler= spur zu schließen, einst wohl die Wohnung eines Kohlenbrenners gewesen; jetzt wuchsen an seinen Thürpfosten die Brennesseln und aus seinen scheiben= losen Fenstern starrte die schwärzeste Finsterniß hervor. Das Häuschen schien schier versunken ins Buschwerk, so daß Nikodem sich erst den Pfad bahnen mußte hin zur Wandbank, über welcher ein Vorsprung des Bretterdaches Schutz bot.

Nikodem zog das Mädchen zu sich auf diese Bank und sagte mit der Miene des Behagens: „Jetzt mögen die Wolken bersten, wie sie wollen, wir sind im Trocknen."

Das Mädchen athmete auf, wie nach der Ueberwindung einer großen Last. „Hast Dich wacker gehalten, mein Schatz!" sagte er und legte seine Hand auf ihre Achsel. „Und nun will ich aber sehen, ob meine kleine Hausfrau auch für eine Jause gesorgt hat. Dein Alter, mußt Du wissen, hat heute einen starken Appetit."

Helene erschrak.

„Ei!" lachte er, „wir wollen es ja so machen, wie die Anderen, der Mann bringt die Mittel ins Haus und das Weib bereitet sie zum Genuß." Damit zog er einen Ballen aus dem Sacke, in dessen Umhüllung sich ein frisches, rohes Stück Fleisch befand.

Ein anderer Sack barg einen Blechbehälter, in welchem Wein war. Verschiedenes Zugehör fand sich auch vor.

Das Mädchen aber stand auf und sagte sehr ernsthaft: „Du mußt mir keinen Vorwurf machen, Nikodem, daß ich jetzt auf der Reise noch nicht für das Essen sorge. Mußt Dir merken, daß ich noch nicht Deine Hausfrau bin."

„Wirst es aber schier sein müssen, wenn uns sonst Niemand das Wildpret kocht."

„Ich bin gar nicht mehr müde," fuhr sie fort, „das Wetter wird auch nicht viel bringen, und mir ist es am liebsten, wir gehen gleich wieder weiter. Hier können wir doch nicht bleiben."

Lachend rief er: „Ja, mein liebstes Herz, auf der Reise muß man sich in alles fügen. Nach Oberschachen können wir heute nicht mehr gehen; und wie Du weißt, daß wir Flüchtlinge sind, ist es weit rathsamer, wir rasten die Nacht in einer abgelegenen Hütte. Morgen um diese Zeit sind wir vollständig sicher und fahren schon auf der Eisenbahn."

„Ich kann nichts dagegen sagen," meinte sie, „Du wirst es am besten wissen — aber, daß wir da beisammen bleiben, ist nicht mein Wille."

„Raum ist in der kleinsten Hütte," rief Nikodem, und stieß fast übermüthig die Thür des Häuschens mit dem Fuße auf. Im Innern sah es nicht ganz so elend aus, als man vermuthet hätte.

Es war eine gut erhaltene Feuerstelle, ein Tischchen, eine Lagerstatt mit Stroh, ein Schrank da, und sogar einige Kochgeräthe hingen an der Wand. Auch Glasschuber standen an den Fenstern, die aber zurückgeschoben waren. Ein Kienspanbuschen, der am Herde lehnte, etliche verrußte Heiligenbilder, die als Hausaltar prangten, vollendeten die Einrichtung; das Schlechteste an der ganzen Wohnung war nun das zerbrochene Holzschloß an der Thür, welches Nikodem eben selbst zerstört hatte.

„Wir können sehr zufrieden sein," sagte dieser, die Stube durchforschend, „der Himmel meint es uns gut gleich am ersten Tage."
„Also ist es Dir recht, Nikodem?" fragte das Mädchen.
„Gar nichts Besseres zu wünschen!"
„Nachher ist es mir auch recht."
Nun huben sie an und richteten sich ein. Helene trug Holz ins Haus, machte Feuer an und ließ sich's angelegen sein, aus dem mitgebrachten Wild=fleisch einen Naturbraten zu Stande zu bringen. Da das Gewitter sich nur in vielem Blitzen und Donnern erging, ohne sich des Weiteren in Regen zu ergießen, so huschte Nikodem draußen in den Büschen herum, auf daß er Heidelbeeren und Himbeeren sammle. Auch Erdbeeren, die zwischen Steinen wuchsen, ließ er nicht ungepflückt. So kam er mit einer köstlichen Ernte zurück und fand im Hause den Tisch schon gedeckt, in Ermanglung eines anderen Stoffes mit dem licht=blauen Vortuche Helenens. Das Mädchen hatte die Oberkleider abgelegt; es erschien in einem leichten, häuslichen Anzug. Sie hatte in der Stube auch schon hübsch aufgeräumt. Herd, Bett, Bank und Tisch so gut bestellt, als mit den wenigen Mitteln nur immer möglich war.

Auf einem reingescheuerten Brettchen zerschnitt sie nun den prächtig duftenden Braten und er ent=korkte den Wein. Sie fragte ihn, wie er denn zum

Wildpret gekommen sei; er antwortete, er hätte heute früh einem Wildschützen einen erschossenen Hirschen abgejagt und aus dem Thiere das Stück Fleisch herausgeschnitten.

„Ich hab' gemeint, Du hättest den Hirschen selber geschossen," sagte sie.

„Schmeckt er Dir nachher besser, so denk' halt, ich hätte ihn selber geschossen."

Sie waren heiter, lachten und scherzten und die Mahlzeit ging vor sich, als hätten sie schon seit Jahren in diesem Hause gewohnt. Daß sie Beide den Braten mit den Fingern in den Mund führen und den Wein aus Einem Halse trinken mußten, das focht sie nicht an; Adam und Eva im Paradiese hätten, wie Nikodem bemerkte, nicht einmal das gehabt.

Und dann kamen auf den grünen Tellern der Sauerampferblätter die Früchte: die Heidelbeeren, die Himbeeren, die Erdbeeren. Nikodem fragte Helene, ob sie wisse, wie verliebte Leute Erdbeeren pflückten.

Sie antwortete, daß sie das nicht wisse.

„So will ich Dir's lehren. Jedes von uns nimmt ein Erdbeersträußlein in den Mund, aber so, daß die Beeren von den Lippen niederhängen. Nun muß Eines mit den Lippen die Erdbeeren des Anderen pflücken und dabei Acht haben, daß das eigene Sträußlein nicht aus dem Munde fällt. Ich

verwett' alle Himbeeren, das bringst Du nicht zu=
wege."

„Das wird keine Kunst sein," sagte Helene, nahm ein Sträußchen zwischen die Zähne und der Bursche that auch so. Sie pflückten sich gegenseitig mit den Lippen die Beeren herab, ohne daß auch nur eine einzige zu Boden fiel; und die Sträußchen blieben festgeklemmt zwischen den Zähnen; daß schließlich die rothen Lippen selbst für Erdbeeren gehalten wurden, versteht sich von selbst.

Als dann endlich abgespeist war, und als das knisternde Herdfeuer seinen freundlichen Schein an die Wand der Stube warf, weil es draußen schon dunkelte, und als an die Nachtruhe gedacht wurde, bat Helene den Burschen, er möge mit der leeren Blechflasche zur Quelle hinauf gehen und frisches Wasser holen; es verlange sie in der Nacht, wenn sie erwache, bisweilen nach einem Trunk.

„Mein lieb' Dirndl, den sollst Du haben!" sagte Nikodem zärtlich, nahm die Flasche und ging hinan gegen die Stelle, wo sie beim Herabsteigen die Quelle gesehen hatten. Es war eben das Rinnsal schon zerstört, welches einst dieses frische Wasser zum Häuschen hinabgeleitet hatte. Die Quelle war ziem= lich entfernt, der Abend schon sehr dunkel, aber Nikodem stieg fröhlich hinan und fröhlich herab — wie freute er sich, daß er endlich seiner Allerliebsten den Trunk Wasser reichen konnte!

Als er zurückkam, war die Hütte leer. Das Feuer brannte wie früher auf dem Herde, alles Andere war wie früher da, aber Helene fehlte, und kein einziges Stück von ihrer Kleidung, und keine einzige Spur von ihr war da.

Nikodem stand zuerst rathlos und blickte umher. Dann sah er nach in den Winkeln, ob sie ihn nicht neckte; dann ging er vor das Haus und horchte, und rief ihren Namen; dann strich er in den Büschen herum und ging voll von Liebe und von Zorn die Schlucht aus und ein, und kehrte wieder in das Haus zurück — und fand sie nicht.

Es war spät, die Herdflamme war verloschen. Nikodem zog seinen Rock aus, hob aus demselben ein Pistole hervor, untersuchte den guten Stand ihrer Ladung und legte sie auf den Tisch, der an der Bettstätte stand. Und sich selbst streckte er mit einem Fluche aufs Stroh.

———

Sie ließen mich sinken — und hielten Gericht ....

Am anderen Morgen, um die Zeit des Sonnenaufganges wurde er durch einen leichten Schlag auf die Wange geweckt. Helene stand vor ihm, frisch und munter und reisefertig.

„Wo bist Du gewesen?!" Das war sein erstes Wort. Strenge, Zärtlichkeit und Neugierde lag darin.

„Ueber dem Ziegenstall, der da hinterhalb angebaut ist, auf dem guten Heu hab' ich geschlafen. Ich denke wohl, daß auch Du eine friedsame Nacht wirst gehabt haben."

„Helene, wie hast Du mir das anthun können?" sagte er vorwurfsvoll und setzte bei: „daß Du mir so ganz heimlich fortgegangen bist! Hast Dir's nicht denken können, daß mir das weh thun muß?"

„Das wohl, aber ich hab' mir auch denken können, daß Du heut' früh wieder ausgesöhnt sein wirst. Und jetzt steh' auf, Bärenhäuter, daß wir bei Zeiten ins Amerika kommen."

Sie war so unbegreiflich, wie es die Liebe selbst ist.

Er stand auf, sie verzehrten den Rest des gestrigen Nachtmahls und verließen das Haus.

Helene schrie noch in die Thür hinein zurück: „Dank' Dir Gott, Haus, für's Dach, aber dableiben möcht' ich nicht bei Dir!"

Frisch ausgerastet, war sie auch frisch aufgeräumt im hellen, klaren Morgen. — Vielleicht freute sie sich auch über ihre List und den Sieg. Die Männer sind leichtsinnig, so heißt's ja allerwege. Ist ihnen vielleicht angeboren und steht Manchem gut; nur muß man sich von ihnen nicht auch selbst leichtsinnig machen lassen. —

Sie waren nach langem Waldwege endlich wieder zur Straße gekommen. Es wurde aber beschlossen,

dem Orte Oberschachen durch einen Umweg auszu=
weichen. Nikodem setzte fest, daß, im Falle sie von
irgend Jemandem um Name und Charakter befragt
würden, sie das Ehepaar Namens Bruckner wären
— Teichgräberleut' aus Böhmen. Er habe einen
Schein bei sich, der darauf laute.

„Ja, hörst," meinte das Mädchen bedenklich,
„wir kommen aber recht ins Lügen hinein."

Seine Antwort war: „Wer a sagt, der muß
auch b sagen, da hilft kein Mittel."

„Das kannst Du thun, wenn's schon sein muß.
Ich red' einmal, was wahr ist, oder laß' die Leut'
fragen und bin ganz still."

„Und — was ich weiters sagen wollte," versetzte
er fast zögernd, „es wird gut sein, wenn wir, Du
oder ich, das Geld sorgfältig verwahren oder gar
ins Kleid einnähen."

Dabei sah er so schief d'rein, als ob er auf eine
Antwort lauere.

Ihre Antwort war: „Ja, das wird gut sein."

Er war recht heiter geworden. Er trillerte zum
Schritte den Takt, er ahmte den Gesang der Vögel
nach, er sang Liebesliedchen auf Helene.

Die Gegend war freundlich und licht geworden
und hatte ein almenartiges Aussehen.

Zu Mittag kehrten unsere Wanderer in Lewald
ein und ließen sich ein gutes Mahl bereiten. Die
Leute im Gasthause machten sich über dieses Paar

so ihre Gedanken. — Sie thun miteinander wie
Verheiratete, sind's aber nicht. Geschwister sind sie
noch weniger. Brautleute? Das mag sein, aber auf
ihre Hochzeit werden die nicht viele Gäste laden.
Mein Gott, was heutzutage doch für Leute auf der
Straße sind!

„Darf ich nachschenken?" fragte der Wirth und
nahm die leergewordene Weinflasche beim Kragen.
Nikodem gestattete es. Und als es dann zum Zahlen
kam, sagte er leise: „Jetzt sei so gut, Helene . . ."

Sie blickte ihn an, zog dann ihr Geldtäschchen
hervor und beglich die Zeche.

„Sind halt doch Eheleute gewesen," sagte später
der Wirth zu den Seinen. „Er ist's Simandl, sie
hat's Geld im Sack."

Als sie wieder unterwegs waren, sagte Nikodem:
„Wie ich mir's bedenk', geht's nicht, daß wir in
Sillthal in den Eisenbahnzug steigen. Wir müssen,
daß wir rasch weiter kommen, mit dem Eilzug
reisen; der hält in Sillthal aber nicht an. Wir gehen
nach Neuhofen hinab, ist um eine halbe Stunde
näher und kommen dort noch zurecht zum Eilzug."

„Und daß ich bei der Muhme in Sillthal den
Brief an meinen Vater schreib'?"

„Herz, das geht nicht. Wir haben es so bestimmt,
es ist wahr, aber man muß handeln nach den Um=
ständen. Du wirst dem Vater ja von Hamburg aus
schreiben."

Das Mädchen hatte keine Entgegnung. Sie dachte an den armen Vater, welcher heute auf den Zeil=
hof heimkehren und sein Kind nicht finden wird. Nikodem errieth ihre Gedanken und sagte: „Der mit seinem nagelnenen Weib wird jetzt nicht viel fragen nach Deinem Brief."

Nun schwieg sie erst recht und schwieg lange. Sein Ausspruch hatte ihr weh gethan. Sie gab ihm auf mehrere Bemerkungen keine Antwort, so daß Nikodem lachend rief: „Jetzt ist unsere Lieb' schon gar fest, jetzt bricht sie nimmer, denn wir sind schon bös' aufeinander."

„Bist 'leicht auch Du bös' auf mich?"

„Helene, Du sollst mir die Schwierigkeiten, die ich ohnehin nur mit Noth überwinden kann, nicht noch größer machen."

„So will ich nichts mehr sagen. Thue Du, wie Du willst, mir wird alles recht sein."

Sie wanderten weiter und kamen endlich in das Thal hinaus, in welchem der Markt und die Station Neuhofen liegt. Sie gingen geradeswegs dem Bahn=
hof zu. Das Signal verkündete schon den Eilzug.

Nikodem leitete das Mädchen in einen Winkel des Wartsaales und flüsterte: „Helene, jetzt gieb her."

„Was denn?"

„Das Geld, ich muß die Karten lösen."

„Ich hab' ja kein's, um Gotteswillen! hauchte sie angstvoll.

Nikodem wurde blaß, seine Augen traten hervor und füllten sich mit Blut. — „Das wäre verflucht!" murmelte er, „nein, Helene, mach' jetzt keine Späße, es ist nicht mehr viel Zeit! Dein Geld, das Du von Heim mitgenommen hast!"

„Du, Nikodem!" entgegnete sie und blickte ihm scharf ins Gesicht, „ich hab' mein Taschengeld mitgenommen und ich hab' zum Andenken von meiner Mutter ein Kreuzel mitgenommen. Sonst hab' ich nichts."

„Dein Erbgut! — Helene!"

„Das wird doch nicht Dein Ernst gewesen sein, daß ich an meinem Vater einen Diebstahl sollt' begehen! Und was wär's denn anders gewesen?"

„Dein Erbgut, Helene!"

„Das Geld, welches im Kasten meines Vaters liegt, ist nicht mein Erbgut."

„Und hast kein Geld bei Dir? — Und wie hast denn gemeint, daß wir fortkommen sollten?!" fragte er hastig, aber tonlos. —

„Da hab' ich gar nichts gemeint, weil es Deine Sache ist."

„Jetzt sind wir fertig."

Der Bahnbeamte hatte gleich bei dem Eintritt des Paares mit besonderem Interesse durch den Glasschuber auf dasselbe hingelugt. Er durchflog wiederholt eine Depesche und schickte dann eilig einen Boten in den Markt an das Gendarmerie=Commando.

„Verfluchtes Weibervolk!" murmelte Nikodem in den Winkel hin, „wer mit den Weibern was anhebt, der ist hin. Den Männern nachlaufen, da sind sie nicht faul, aber wenn man ihnen was Anderes aufträgt, da sind sie dumm und blöd, und falsch vor lauter Ehrlichkeit."

„Meinst mich?" fragte Helene.

„Hast Deinen Vater betrogen um das Seine, und bist zu tugendhaft, als daß Du ihm das Deinige wolltest nehmen. Mich hast verblendet und umgarnt daß Du mich kannst zu Grund' richten. Was ist denn an Dir, was hab' ich denn von Dir? Der Teufel hat Dich mir an den Hals gehetzt!"

Helene stand da wie eine Bildsäule, keine Aufregung war an ihr zu bemerken. Ihr Blick, der noch immer auf dem innerlich wüthenden Burschen lag, war nicht mehr streng, nicht zornig, und war nicht bittend — er war gleichgiltig und kalt.

Jetzt schlug die Glocke an und der Zug brauste in den Bahnhof.

„Eine Minute!"

Nikodem stand einen Augenblick vor dem Mädchen, preßte die Hand auf die Brust: „Um tausend Gotteswillen, Helene, verzeih' mir!" stürzte hinaus auf den Perron und mischte sich in das Gedränge der Ein- und Aussteigenden — es waren deren Viele, denn Neuhofen ist eine Touristenstation. In demselben Augenblicke schritten zwei Gendarmen durch die Halle

des Bahnhofes. Nikodem sprang in ein noch offenes
Coupé des sich schon wieder bewegenden Zuges und
schlug hinter sich rasch die Thür zu.

„Anhalten! Anhalten!"
Der Bahnwächter winkte mit den Fähnchen, der
Zug hielt wieder still; die Gendarmen eilten zum
Coupé, in das Nikodem gesprungen war, rissen den
Schlag auf — da knallte ein Schuß . . .

Der Eilzug hatte in Neuhofen fünf Minuten
Aufenthalt. Die Gendarmen schleppten einen Todten
aus einem Coupé erster Classe.

Der Deserteur hatte sich vor ihren Augen eine
Pistolenkugel durchs Herz gejagt.

Helene drängte sich zwischen den Leuten durch,
den Todten zu sehen. Dann taumelte sie seitwärts
und fiel zu Boden.

Sie mußten Beide vors Gericht. Helene gab
offene Antwort auf alle Fragen und gestand, sie
hätte den Burschen geliebt und nicht geglaubt, daß
er schlecht wäre. Aber in der letzten Stunde hätte
er sie davon überzeugt und sie wäre nun zufrieden.
Sie kehre zum Vater heim, sage aber das: eine
Jede, die einen Mann so lieb' habe, wie sie den
Nikodem, die folge demselben auch nach Amerika.

Dem todten Burschen aber, der nicht mehr reden
konnte und dem man vielleicht auch nicht geglaubt
hätte, selbst wenn er geredet haben würde, dem

öffnete man den Schädel und die Brust mit dem
Secirmesser, um in sein Inneres zu sehen.
Sein Fleisch und Blut war, wie das anderer
Menschen. — Jene Ursache, die des Weiteren den
Menschen bewegt, zu sein wie er ist, wird dem Secir=
messer unfaßbar bleiben. — Sie hüllten ihn in ein
Tuch und senkten ihn hart an der Kirchhofsmauer
in ein enges, tiefes Grab.

———

Der Kastanienzweig in der Blumensprache.

Der Zeilhofer war wie wahnsinnig. Das Erste,
als er nach Hause gekommen und die Suche nach
dem Mädchen anging, war, daß er die Thür in
seine Stube aufsprengen ließ. Sie war aber nicht
im Zimmer. Im Kasten war Unordnung, aus der
Geldlade waren die Lederstücke geworfen, des Weiteren
fand sich alles in Richtigkeit. — Alle Räume des
Hauses waren wiederholt durchsucht, alle Nachbar=
schaften durchforscht worden, bis man endlich glauben
konnte, daß Helene fort wäre. Aus Eschendorf war
sie am Margarethentag nicht zurückgekehrt. Aber in
Eschendorf war sie an jenem Tage gar nicht gesehen
worden. Der Zeilhofer wußte nicht was anfangen.
Zweimal ließ er einspannen, um dem vermißten
Kinde nachzufahren, aber er wußte nicht, nach welcher
Richtung hin die Pferde zu lenken und blieb zu

Hause. Sie mußte ja doch von selber kommen, sie m u ß t e kommen. So nachhaltig kann der Verführungsteufel nicht wirken, daß er das ganze Herz eines von Natur aus so gut gearteten Kindes für immer verwüstete. Wohl, dieser Mensch ist im Stande zu hexen — das hat er von seiner Mutter. Aber im Himmel lebt ein Gott, der das junge, unerfahrene Wesen nicht verläßt!

Seit zwei Tagen ist sie abwesend; seit zwei Tagen ist der Urlauber in Ober-Eschendorf nicht mehr gesehen worden. Urlauber? Es war ja ein Deserteur; war — wie es jetzt herauskam — vor fünfzehn Tagen einberufen worden und nicht erschienen. Als der Gendarm im Dorfe nach ihm stöberte, war er davon — mit dem Mädchen davon. Steckbriefe flogen nach allen Seiten aus. Der Zeilhofer hatte am zweiten Tage graue Fäden in seinem Haar.

Das wollte aber die Bachwirthin nicht, daß ihr Bräutigam grau sollte werden noch vor der Hochzeit. Sie sagte daher: „Was wirst Dich da so viel scheren, Franz! Wenn sie schon so weit ist, daß sie diesem Vagabunden nachläuft, so ist es ein kleiner Schad' und nicht der Müh' werth, daß man sich ihretwegen grämt. — Und," setzte sie lachend bei, „das Elend wird sie schon wieder heimtreiben!"

Von dieser Rede an hatte der Zeilhofer auch keine Braut mehr.

„So bist Du, Bachwirthin?" gab er ihr zur Antwort. „Wenn das Deine ehefrauliche Theilnahme ist und Deine Mütterlichkeit — hernach spann' ein und fahr' hinüber in Deinen Murboden. Wir Zwei sind fremd!"

Ging zornig davon und war zweiter Witwer, bevor er zweiter Ehemann gewesen.

Mit einer zeternden Insassin fuhr der Wagen davon; aber mit einer weinenden fuhr zur nächsten Stunde ein anderer in den Hof. Der Bauer sah ihn kaum, so stürzte er schon zu ihm hin. Helene sank ihm in die Arme.

Er führte sie in ein Stübchen, in das weiße, freundliche, wo die Bilder waren und im Glaskästchen das Haargeflecht von der Mutter.

Hier kniete Helene nieder vor dem Vater und bat ihn um Verzeihung.

„Steh' auf, Mädel, steh' nur auf. Ich seh' schon, Dir muß es schlecht ergangen sein."

„Ich hab' ihm mehr geglaubt als Euch," schluchzte Helene, „und jetzt hab' ich's sehen müssen, wie er sich erschossen hat." — Sie erzählte dann ihre Flucht und das Geschehniß auf dem Bahnhofe zu Neuhofen, hatte aber kaum genug Fassung, es thun zu können. Der Bauer nannte den Nikodem einen Gauner — das sei noch zu wenig gesagt. Und daß der einen Oheim in Amerika gehabt hätte, wäre so wenig wahr, als wie alles Andere, was er je gesagt hätte.

„Ich bitt' Euch, Vater," rief Helene, „von Natur aus kann er nicht schlecht gewesen sein. Aber die Verachtung, die er hat leiden müssen! Was die kann anrichten in einem Menschen, das hätt' ich schier selber erfahren. — So tief hat er Niemanden gekränkt auf der ganzen Welt, als wie mich. Ich will Gott bitten, daß ich's kann vergessen. Er hat's blutig gebüßt."

„Und Du — ?" Der Bauer wendete sich weg, „ich getrau' mich nicht recht zu fragen — was Du zu büßen hast."

„Daß ich Euch hab' verlassen können, Vater, daß ich's so hab' verlohnt, wie Ihr's doch heilig recht mit mir habt vermeint. Das will ich Euch abbitten, all' mein Lebtag lang."

„Und — sonst nichts? — Nein, Mädel, gieb mir keine Antwort; ich möcht' Dir nicht glauben wollen, Du kunnt'st von ihm das Lügen haben gelernt!"

„Ihr stoßt mich zurück — und es geschieht mir Recht," sagte sie voll des Schmerzes; „aber, ich nehm' dieses Kreuz in die Hand, es ist von meiner seligen Mutter."

„Gieb Acht, daß Du Dich nicht versündigst!"

„Ich weiß nichts Besseres, bei dem ich Euch kunnt schwören, daß ich bei Eurer Hochzeit vor Gott und Euch noch einen grünen Kranz darf tragen."

„So ist ja alles gut!" rief er laut und hell und riß das Mädchen an seine Brust: „So bist ja wieder

mein Kind, mein süßes, gutes, mein liebes Lenerl!"
Und er wollte sie schier ersticken mit seinen Umarmungen und Küssen. „Gott Lob und Dank! Jetzt hab' ich's wieder gefunden, mein Herz! mein Kind — Dein Kind, Du mein liebes, einziges Weib — Gott Lob und Dank!"

Mit den Aermeln fuhr er sich über das Gesicht — all' umsonst, es waren immer wieder die hellen Thränen da.

„Helene!" brach er noch einmal aus, „schlecht hat's ausgeschaut mit Dir, schauderlich schlecht. Aber Unrecht hab' ich Dir doch gethan. Dein grüner Kranz, der freut mich. Zu meiner Hochzeit," das sagte er leiser, „wirst ihn aber nicht tragen. 's wird so gut sein. Die Sache hat sich wieder zerschlagen. Wir wollen fortleben, wie wir bisher gelebt haben. Du bist bei mir und schaust auf mich und auf's Haus, und soll schon einmal eine Veränderung sein, so schickt sich's besser, es kommt ein neuer Bauer auf den Hof, als wie eine neue Bäuerin. — Wird sich der Rechte schon finden, Helene, mußt nicht verzagen, und 'leicht kommt Dir das, was Du jetzt hast erfahren, noch recht gut zu statten."

An demselbigen Abend — es war im heißen Juli — machte Helene im Ofen ihres Zimmerchens ein Feuer an. In diesem Feuer verbrannte sie welke und dürre Blumen und Pflanzen, und endlich auch das Büchlein, genannt die „Blumensprache", unter deren Rosen sich die Schlange verborgen hatte. Als aber das Feuer verglommen war, lag noch fast unversehrt auf der Asche der Blüthenzweig einer wilden Kastanie. — Der Spruch, der dazu gehörte, war verbrannt mit dem Büchlein.

Aber im Gedächtnisse Helenen's wurde er noch einmal wach. Der Kastanienzweig sagt:

„Ich strebte, wie alle, nach süßem Glück,
Sie stießen mich hart in den Staub zurück.
Sie ließen mich sinken und hielten Gericht,
Und ahnten den Streit meines Herzens nicht."

Eine mit Geld.

Der Junge, der Samuel, trieb's — er trieb die Ziegen auf die Weide und hütete sie.

Er suchte sich Himbeeren auf und Brombeeren, und aß, und war er satt, so pflückte er sie in einen Korb, und war der Korb voll, so aß er wieder, und war er das anderemal satt, so legte er sich in den Schatten und schlief. Schlief und träumte von Roß und Reiter, oder von der Marianka, oder von seinem Vater mit den Silberlingen.

Diese Silberlinge!

Diese sollen noch von dem dreißigjährigen Krieg herrühren haben — vielleicht eines braven oder schlimmen Söldners Sold; den Besitzer wechselt das Geld, aber es ist ihm niemals anzusehen, in wessen Händen es gewesen ist; und so weiß man auch von der Geschichte der Silberlinge nichts Rechtes. So viel steht fest: aus jener kriegerischen Zeit stammend, waren sie gewohnt, vergraben zu sein. Und so hielt sie der Sammel — der alte — denn begraben, nicht in einem ehernen Sarge, sondern in einer eisernen Wiege, denn nicht todt waren sie, sondern im Schlafe lagen sie und einer glorreichen Urständ schlummerten sie entgegen. Doch sollten sie — wie Kaiser Rothbart — so lange als möglich schlummern und nur zur Zeit der größten Noth geweckt werden. Das war der für den alten Graben-Sammel alleinseligmachende Glaube und diese Religion lehrte er auch seinem Sohn.

Und als der Alte starb, sagte er zum Jungen: „Mich — thust am besten — grabst ein, aber den Schatz — wenn Du einmal auf ihn anstehst — grabst aus. Er liegt oben unter der Söllertann' vom Stamm gegen Sonnenaufgang fünf Schuh tief vergraben. Thu' ihn grüßen!"

Der junge Sammel that's, legte den Vater in die Kühle und sah sich nach dem Schatz um. Es war in der Richtigkeit, in einem eisernen Topf wohl verwahrt, verdeckt mit Stein, verklebt mit Harz, ruhten friedlich neben einander und über einander die lieben Silberlinge, die Bildnisse jener Fürsten und Feldherren, die voreinst so mörderisch gegen einander Krieg geführt hatten. Der junge Erbe dachte nicht sowohl daran, wer sie waren, sondern weit mehr daran, wie viele ihrer sein mochten im Topfe. Er zählte die Silberhäupter, so ehrwürdig alt und wieder so jugendlich glatt und klingend. Es war eine große Heerschaar; der junge Sammel hätte damit ohne Blutvergießen einen siegreichen Feldzug halten können. Aber er beschloß, den schweren Eisentopf wieder in die fünf Schuh tiefe Rast zu legen, und nach des Vaters Wort die Recken erst zu rufen zur Zeit der Noth.

Er konnte demnach fröhlich die Ziegen weiden und sorglos unter dem Schatten ruhen — zuweilen sogar bei den Seinen in der Nähe der Söllertanne. Unter ihr selbst aber nie — schon um keinen Verdacht zu erregen. Die Tanne stand nicht auf seinem, sondern auf des Söllerbauers Grund. Der Graben=Sammel hatte keine Scholle zu eigen. Doch war der Schatz unter der Tanne gut geschirmt, selbst wenn der Baum zusammenbrechen sollte, selbst wenn — kurz in allen Fällen. Der Boden war steinig und unfruchtbar und nur von wilden Büschen bewachsen; da konnte es Niemandem einfallen, zu pflanzen, zu ackern — und selbst in diesem Falle lag die eiserne Wiege so tief, daß sie nicht entdeckt werden konnte.

Es hätte sich alles fein geschlichtet — wäre nur die Marianka nicht gewesen.

In den ersten Jahren ging's ja noch. Da gesellte sich der Sammel — wollte er sich überhaupt gesellen — gern zum Förster, der oft durch den Wald kam und Verschiedenerlei zu erzählen wußte von Hirschen,

Rehen und Raubvögeln. Je größer der Sammel wurde, desto reizender beschrieb der Förster das Pürschen und desto nachdrücklicher warnte er den Jungen vor dem Wildern. Das verdroß den Sammel, und er ging dem Jäger nicht mehr zu, er lag im Waldschatten und dachte an die Marianka.

„Was lobt er mir denn die Jägerei, wenn sie mir verboten ist! Bei der Marianka hat er nichts zu loben und nichts zu verbieten. Die Marianka das ist mein Revier."

Die Marianka war die Tochter des rothen Fok, eines Einwanderers aus dem Böhmerlande, der seit etlichen Jahren beim Söllerbauer wohnte, das Teich=graben, Pechsammeln und Branntweinbrennen betrieb, rothe Haare, einen rothen Bart, ein rothes Gesicht, einen rothen Namen und eben auch die blühende Tochter Marianka hatte.

Die Marianka war beim Söllerbauer als Schaf=halterin, und kam schon die Zeit heran, wo die Hirtin weniger sicher ging vor den Burschen, als die Schafe vor den Wölfen.

's war kein Wunder — bei meiner Treue! Wenn sie stand auf dem Hügel und Schelmenliedchen sang, oder wenn sie saß, gelehnt an einen Stein und sann und im Sinnen einschlummern wollte, da war sie werth, daß man sie lieb hatte, da war sie werth, daß man sie herzte, und da war sie im Stande, daß sie Einem eine kecke Ohrfeige gab.

Das war's ja! Wem's paffirt ift, der denkt nicht gern daran, wem's nicht paffirt ift, wie etwa dem Sammel, der denkt ans Mädchen im Walde, an sein Weilen bei ihr — aber spricht nicht gern davon. Der Sammel und Marianka — nun, Ihr mögt Euch's ja denken. Am liebften hätte der Graben=burfch auch diefen Schatz vergraben — so eifer=füchtig war er. Ihr erging es nicht beffer, und wären wir jetzt mitten in der Liebesgeschichte.

Da sagte der rothe Fok eines Tages zum Graben=Sammel: „Na, junger Kerl, willft sie nehmen, die Marianka?"

„Was giebft d'rauf?" fragte der Burfche.

„Was ich d'rauf geb'? So groß ist Deine Lieb'?" begehrte der Fok auf. „Was ich d'rauf geb'? Nicht einen Knopf. Erstens hab' ich nichts, und hätt' ich was, so thät' ich's zweitens selber brauchen. Mein Alles ist die Marianka, und was sie koftet, das muß sie werth sein."

Schlich der Sammel davon. Aber nach etlichen Tagen erhielt der Fok durch den Schulbuben des Söllerbauers folgenden Brief:

„Lieber Fok!

Ich liebe die Marianka von Herzen und mit Schmerzen, und sie heiraten ist mein ernstlicher Willen, aber umsonst thue ich's nicht. Ein Weib, das Geld hat, bleibt lang' schön, hat mein Vater

gesagt. Ich weiß Keine, aber ich such' Eine mit
Geld; denn ich habe auch nichts. So lang', bis
ich eine Rechte finde, werde ich die Marianka noch
lieb haben. Dein aufrichtiger   Sammel."

So ein Brief da!
Aber der Jok war nicht einmal sehr überrascht.
Er gewann Achtung vor dem Burschen. Was der
Sammel wollte — war es nicht ganz ehrenwerth?
Die reichsten Leute thun's, Vernunftheirat nennen
sie's. — Die Armen haben um so mehr Grund
dazu. Eine mit Geld!
Anders ging's dem Liebhaber. Der war dem
Schulbuben eine lange Strecke nachgelaufen, um
ihm den Brief wieder abzunehmen. Der Knabe aber
meinte, der Sammel wolle den Botenlohn wieder
zurück haben; er lief daher, was er konnte, um sich
und den Botengroschen in Sicherheit und das
Schreiben an den rechten Mann zu bringen. Der
Grabenbursche war nun in Verzweiflung; denn
plötzlich war ihm jetzt das — was man Herz nennt
— rebellisch geworden und rief: Jetzt hast alles
verdorben. Ist mir die Marianka hin, so lauf' ich
Dir auch davon, häng' Du an meinerstatt den
Geldbeutel in die Brust!
Den Geldbeutel? Die Silberlinge!
In einer Mondnacht ging der Sammel hinauf
zur Söllertanne, grub den Topf aus, zählte die

Münzen, ob er's denn wagen dürfe, mit ihnen den kostspieligen Ehestand anzutreten. Jammerschade wär's wohl um dieses schöne Geld! — Er grub es noch tiefer ein und murmelte: „Wird's wie der Will', ihr bleibt da drin liegen. — Ich hab' zwei Hände, sie hat zwei Hände, sind deren vier, der Mägen bieweilen nur zwei. Mit Gotteshilf' dürft's gehen auch ohne Topf." —

Freilich hat er nicht bedacht, daß Tannenbäume Ohren haben können, insonderheit wenn Pechschaber sitzen im Geäste. Pechschaber, die in der Nacht schaben, weil es ihnen beim Tag nicht immer erlaubt ist.

Zur selbigen Zeit — er wurde gesehen — ging der Jok einmal wie gewöhnlich mit seinem Pechsack aus — und hatte auch eine großmächtige Kraue bei sich.

Und der Sammel ließ es nun ein Weilchen anstehen, spähte aber an Sonntagen nach den Mädchen der Gegend aus. Die Wohlhabenden waren meist schon versprochen, weil die Mehrzahl der Burschen so liebt, wie der Sammel. Die Reichen waren hochmüthig, weil die Mehrzahl der Mädchen so denkt, als wie die Burschen: Lieb' ohne Geld ist kein Schick auf der Welt. — Zudringlich und fügsam waren nur die Armen, die Häßlichen und die Alten. Die Marianka — die arme — wurde ganz blaß und tiefäugig vor Kränkung, und alle Gedankensünden, die sie am Osterfeste zu beichten hatte, betrafen den Grabenburschen.

Oft und oft ging sie hinaus in den finsteren Wald und hatte fromme Vorsätze und bekränzte das alte Muttergottesbild, welches an einer Eiche hing, auf die gute Meinung, daß ihr der liebe, verteufelte Sammel nicht sollte verloren gehen.

Der Sammel hütete stets seinen Schatz unter der Tanne. Nun eben ja, warum nicht?

Da sah er eines Tages im Frühling, wie der Söllerbauer auf seinen Feldern die ausgeackerten Steine sammeln und dieselben unter der Söllertanne zusammenführen ließ. — Da haben sie gut liegen, wenn sonst auch nichts will wachsen.

Bald war über den vergrabenen Silberlingen des Sammel ein breiter, hoher Steinhaufen geschichtet. Im ersten Augenblick entsetzte sich der junge Mann darüber, im zweiten dachte er: Was denn? Um so besser geschützt ist das Geld; und mir soll das ein Zeichen sein, daß ich einer Heirat wegen die schönen, alten Silbernen nicht heben werde.

Er litt Liebesnoth, schien aber an das Freien nicht mehr zu denken.

Da kam eines Tages der Fok zu ihm: „Na, Bärenhäuter, hast denn keine Schneid' mehr? Willst die Marianka?"

„Zahlst die Hochzeit? Zahlst die Kinderschuh'?"

„Die Hochzeit, bei meiner Seel', die zahl' ich. Und die Kinder verliebter Leut' gehen barfuß. Aberst — daß ich Dir's schon sag' — zubind' ich ihn nicht, den Geldbeutel, vor meiner Tochter! Ist auch nicht viel d'rin, etlich' Gulden des Jahr's — so lang mir der Herrgott die Gesundheit schenkt — etlich' Gulden fallen schon aus. Ein Hunderter zum Anfangen — was meinst?"

Ein Hunderter zum Anfangen, da kann man schon was meinen!

„Ist eine Red', Fok," sagte der Sammel, „ich pack' sie zusamm'!"

„Eine Red'!"

Ein Wort — ein Mann. Das Wort war für den Fok, der Mann für die Marianka.

Bald darauf wurde das Kirchenthor bekränzt. Das waren die Kränze, welche das Muttergottesbild im Walde der Marianka zurückerstattete — die Hochzeitskränze.

Am Tage nach der Hochzeit legte der Fok einen nagelneuen Hunderter auf den kleinen Tisch im Grabenhäuschen, dabei drückte er das eine Auge zu, so daß die Marianka sagte: „'s wird nicht der letzte sein, Sammel, so oft er ein Auge zuthut, ist allemal was dahinter."

Da hat der Mann das Weib in Freuden umfangen.

Mitunter ist die Liebe ein Feuer, das mit Geld genährt werden muß. Gar manche wärmende Herthaflamme in Stadt und Land würde ohne solche Nahrung verlöschen.

Um dieselbe Zeit war's, daß sich der Fok das unfruchtbare Stück Boden an der Söllertanne erwarb, sich hart am Steinhaufen eine Hütte aufrichtete und eine kleine Branntweinbrennerei anlegte. Auf den nahen Wildflächen wuchsen so viele Vogel-, Heidel- und andere Beeren und allerlei wilde Baumfrüchte, aus denen der gescheite Fok mit seiner Retorte den guten Geist hervorzubeschwören verstand, der in ihnen stak.

Der Schwiegersohn wußte wieder nicht, sollte er sich ärgern oder freuen darüber, daß der Alte seinen Silberschatz gewissermaßen in Belagerungszustand versetzt hatte, doch kam der Sammel auch hierin wieder folgendermaßen ins Reine: Der Schatz ist sicher unter dem Steinhaufen, aber er ist noch sicherer, wenn neben dem Steinhaufen wer wohnt. Nur zu wissen braucht er nichts davon, mein lieber Schwiegervater, der Branntweinbrenner. — Der Sammel fürchtete nur Eins: es könnte der Fok auf dem Steinhaufen einmal ein blaues Flämmlein sehen, oder ein geisterhaftes Winseln hören, wie derlei an Stellen, wo Geld vergraben liegt, gern vorkommt. Er fragte daher den Branntweinbrenner einmal: „Glaubt der Vater Fok an Geister?"

„Freilich," antwortete Jener, „ich leb' ja davon, und — nimmt man's recht, Du auch."

„Und was denkt Er über der Leut' Reden von vergrabenen Schätzen?"

„Narr!" rief der rothe Fok, „wer wird denn seinen Schatz vergraben! Vor Zeiten hat man's gethan; heutzutag braucht Jeder den seinen im Haus."
Der Sammel war beruhigt. — Der Alte weiß nichts von seinen Silbernen in der Erde. — Er, der Sammel, kam zwar auch nicht zu ihnen, denn der Fok ist fast immer zu Weg und der Steinhaufen läßt sich heimlich nicht so leicht abtragen. — So mag das Geld in Gottesnamen ruhen bis auf spätere Zeiten. Der Graben-Sammel braucht's jetzt ja nicht; er verdient sich, sie verdient sich und jedes Jahr kriegen sie ein Sümmchen vom Schwiegervater.

's ist eine prächtige Ehe. Ein paar Kindlein rücken an, sie brauchen nicht barfuß zu gehen. So lieb ist's, wenn sie mit ihrer Mutter aufs Feld trappeln, und sie weist ihnen die Frucht, die aus der Erde herauf steigt, wo sie vor Monaten begraben worden war. Das Vöglein pickt noch Korn auf. Die Marianka ahnt nichts von einem zu tief vergrabenen Korn, das ein schlauer Vogel ausgehoben und auf fruchtbares Erdreich gebracht hat. Des Sonntags, wenn das Ehepaar in die Kirche geht, sieht es ganz stattlich aus und der Pfarrer stellt es als Muster allen Eheleuten auf. Zu einem guten Theil war es wohl der jährliche Geldbetrag, der das Glück ins Grabenhäuschen brachte, indem er davon die Noth und den Kummer verbannt hielt. Die Leutchen arbeiteten und sparten, sowie es der Sammel gewohnt war und die Marianka gelernt hatte, und wäre das insoweit eine ganz moralische Erzählung.

Im neunten Jahre ihrer Ehe sagte der Sammel einmal zu seinem Weibe: „Was ich ein Narr war, daß ich Dich ohne Geld nicht hab' nehmen wollen! Du bist ein treues Weib, ein arbeitsames, ein häusliches Weib, eine rechtschaffene Mutter. Du bist mein Schatz und einmal will ich Dir noch eine rechte Freude machen. Marianka, ich habe ein Geheimniß — noch von meiner Junggesellenschaft her."

Die Marianka erschrak. Aus seiner Junggesellenschaft? Das kann was Sauberes sein. —

Der Fok war betagt geworden. Stundenlang saß er auf dem Steinhaufen und sein rothes Haar wurde fahl, und seine Wangen waren noch roth, wenn die Enkelkinder spielten am Steinhaufen zu seinen Füßen.

„Ihr Kinder," sagte er einmal, „was wird's sein, wenn Euer Aehndl (Großvater) nicht mehr dasitzt auf der Wacht, wenn Euer Vater die Steine auseinanderwirft?"

Einige Tage nachher war er gestorben, war todt gefunden worden draußen im Walde und auf der Bahre heimgetragen und begraben.

Gestorben, begraben — und von dieser Zeit an blieb das Jahrgeld aus. Der Fok hatte nichts hinterlassen, als die Bretterhütte, die armselige Schnapsbrennerstätte und ein paar alte Plutzer.

Da dachte der Sammel: Wie gut es ist, wenn man sein Erspartes hat! Jetzt will ich meinem braven Weibe die Freude machen.

Und eines Abends nahm er den Spaten und den Korb und sagte zu ihr: „Also jetzt geh' ich!"

„Wo willst denn heut' noch hin?"

Da war er schon davon. In der Vollmondnacht ging er zur Söllertann', warf den Steinhaufen auseinander, grub die Erde auf — sie lag nicht allzufest, doch gab's ein schweres Stück Arbeit. Schon klang der Finkenschlag auf der Tanne und der Sammel war noch immer nicht beim Topf. Er verdoppelte seine Hast, bohrte tiefer und tiefer — und wenn er durch die ganze Weltkugel ein Loch graben muß — der Sakermenter wußte, daß sie rund ist — er giebt's nicht auf, bis er den Schatz gefunden. Endlich, als über dem fernen Waldessaum das Morgenroth glühte, war der Schatz erreicht.

Dieser fand sich gut verwahrt und mit Harz verklebt, aber als ihn der Sammel hob, war er schreckhaft leicht. Mit zitternder Hand riß er den Deckel herab, und siehe — siehe — alles Silber war dahin.

Hingegen aber!

Hingegen lagen im Topfe nagelneue Banknoten — nagelneue, die erst vor wenigen Monaten in Umlauf gekommen waren. — Und als sie der Sammel in wirrer Aufregung zählte und wieder zählte, da gaben sie eine bedeutend höhere Summe, als jene des Silbers gewesen war. Und tief unten auf dem Boden des Topfes lag ein beschriebener Zettel:

„Mußt mir schon verzeihen, Schwiegersohn, daß ich von den Jahreszinsen Deines eigenen Geldes die Aussteuer meiner Tochter bestritten habe. Ich selbst bin arm wie eine Kirchenmaus, und Euch Zwei hätte ich doch gern glücklich gesehen. Ganz sind die Zinsen darauf nicht hingegangen, den Rest lege ich hier in den Topf zum Capital, das durch den Austausch des Silbers ums Papier selbst eine größere Ziffer bekommen hat. Der Topf ist neun Jahre lang leer gewesen. Ich hätte anstatt der Banknoten auch das Sparcassebüchel hineinlegen können, aber Du weißt etwan gar nicht, was das ist, und hättest es im Zorne können vertilgen. — Schwiegersohn, treib's fort, wie ich's getrieben habe, laß' das Geld wachsen, es arbeitet für Dich und Deine Kinder, und sei nicht übel auf den alten Fok, der es gut mit Euch gemeint hat."

„O, Du alter, siebendoppelter Fuchs! Hast Du mich aber was zum Narren gehalten!" brummte der Sammel, und in demselben Athem: „Na, vergelt' Dir's Gott, vergelt' Dir's Gott, vergelt' Dir's Gott!"

Das Loch warf er mit Steinen voll; die Banknoten trug er heim zu seinem Weibe: „Siehst Du, daß ich mein Erspartes hab'!"

„Jeses und Josef, wie so denn?!"

„Verliehen war's!"

Und hat sie in dem guten Glauben belassen, als wäre ihre Aussteuer die heilige Ersparniß ihres Vaters gewesen.

Wer heute freien mag, ich rathe ihm des Graben=Sammel's älteste Tochter an, eine Brave, Saubere — Eine mit Geld!

Die guldene Grethe.

„Es begeben sich in den Stand der heiligen Ehe: Der Bräutigam Michael Rehling, katholisch, großjährig, Besitzer des vulgo Seesteinerhofes in hiesiger Pfarre. Die Braut Maria Halbegger, katholisch, minderjährig, derzeit in Dienst beim Bauer an der Wand. Dieses Brautpaar wird heute zur Aufdeckung eines allfälligen Ehehindernisses öffentlich verkündet zum erstenmal."

So las es der Pfarrer von der Seeau auf der Kanzel aus einem großen Papierbogen der Gemeinde vor.

Es war das Fest der heiligen drei Könige.

Die Gemeinde war im Festkleid und in Festfreude versammelt, und vor dem mit frischen Tannenzweigen umgebenen „Krippel" — der bildlichen Darstellung von unseres Heilandes Geburt — brannten zwei Wachskerzen, die heute nicht, wie sonst gern, nach einer Seite hin abrannen, da es sehr kalt war, und das Wachs gefror ganz nahe an der Flamme.

Wenn plötzlich die Thür aufgegangen wäre in allen Angeln, und die heiligen drei Könige mitsammt ihren goldenen Kronen und Schätzen, und ihren Mohren und Kameelen und mit ihrem Stern hoch= feierlich durch die Kirche gezogen wären, und hin zum Krippel, es hätte kaum so viel Aufsehen gemacht unter den Leuten, als die Verkündigung der Heirat des jungen Seesteiners und der Maria Halbegger. Der Seesteiner, ein Bursche stramm und frisch, hoch und stolz wie ein junger Tannenbaum, dem der größte Hof gehörte jenseits des Sees. Sein Hof stand da wie ein Schloß, und seine Waldungen waren so groß und weit, daß, wenn neun Jäger in demselben zu gleicher Stunde ihre Gewehre abschossen, einer von dem anderen keinen Schuß hörte und keinen Hall. Vorwitzige Leute nannten den Seesteiner den Gaugrafen, weil ihm schier Alles unterthan war weit und breit. Wenn Dich in der Gegend ein böses Wetter überraschte, und Du stelltest Dich unter eine buschige Tanne, so standest Du unter einem Seesteiner'schen Schirmbaum; und wäre auf dem Seesteinergrunde keine Quelle aufgeronnen, die ganze Pfarre hätte verdursten müssen, und die hundert= tausend Forellen im See dazu.

Das Altarbild der Seeaner Kirche stellte den heiligen Erzengel Michael dar; aber gar viele Seeauer und Seeauerinnen, wenn sie davor ihre Andacht verrichteten, dachten dabei schier gottlos an den

Michael Rehling; der war es eigentlich, was das Altarbild vorstellte: der Schutzengel, der Erzengel, der Patron der Gemeinde.

Und Maria Halbegger war die blutarme Dienstmagd, im Sommer auf der Alm, wie hundert Andere, im Winter beim Bauer an der Wand, bei dem ein Festtag war, wenn sie sich einmal an der Haferbrotsuppe satt essen konnten. Kein Mensch, außer vielleicht ein armer, pechiger Waldteufel, hätte sich um die Maria Halbegger gekümmert, wenn im letzten Sommer mit ihr nicht etwas vorgefallen wäre, was eben nicht gar oft vorfällt.

Ein Prinz, der einen so klingenden Namen hat, daß sie ihn in der halben Welt hören, war auf der Jagd dagewesen, hatte die Maria Halbegger auf der Alm gesehen, hatte sich schauerlich in sie verliebt, und hatte ihr einen Ring geben wollen, der zweimal so viel werth war, wie das ganze Bauernhaus an der Wand. — Die Maria Halbegger aber hatte gesagt: „Nichts für ungut, Herr Prinz, ich bitt', aber für Guld und Geld und alle Herrlichkeit der Welt ist eine ehrliche Magd nicht zu kaufen. Wollt Ihr's aber redlich meinen, so fragt bei meinem Pathen an; ich kann nichts versprechen." Der Prinz hat sich zufrieden gegeben und die Maria Halbegger nur noch ersucht, daß sie ihm für mehrere Stunden möge Unterstand gewähren auf ihrem Heuboden, da schon die Nacht käme. Aber die junge Magd hat ihm's rundweg abgeschlagen, und der Prinz ist zornig davon gegangen bis zur nächsten Almhütte.

Zwei alte Seesteinerische Jäger, die hinter der Hütte gestanden, haben den Vorgang belauscht und haben ihn erzählt im Wirthshause der Seeau, und jenseits des Wassers, und überall, wo Schick war zum Erzählen. Da hat denn alles von der Maria Halbegger gesprochen, und der Bauer an der Wand hat nur so lächelnd mit dem Kopf genickt, wie seine wackere Magd im Herbst von der Alm zurückgekommen ist und Rechenschaft abgelegt hat über alles, was sie auf der Alm zu verwalten gehabt.

Es kam der kalte Winter, es fiel klaftertiefer Schnee, es fror der See. Es war stetiges Jagen im Wald, der junge Seesteiner ging oft mit der Flinte am Dorf vorüber, und ging gegen die kleinen Bauerngüter hinaus, und stieg die Holzleiter der Loserwand hinan gegen die Waldhöhen. Zu Weihnachten war großes Eisschießen auf dem See, und jetzt zu Heiligendreikönig wurde, unerwartet wie ein Blitz vom Himmel im Eismonat, die Neuigkeit von der Kanzel verkündet.

Das also war heute, und als hierauf das Hochamt abgehalten wurde mit dem festlichen Weihrauch und dem feierlichen Orgelklang, betete kein Mensch ein andächtig Vaterunser, und der Pfarrer selbst berechnete vielleicht, was bei der Trauung des Großbauers wohl für ihn abfallen könne.

Der Seesteiner saß heute im hintersten Stuhle des Chores; seine Braut war gar nicht in der Kirche. Noch bevor der letzte Segen und die Sprenge — das Bespritzen der Gemeinde mit Weihwasser durch den Priester — zu Ende war, verließ Michael die Kirche und eilte seines Weges.

Er ging nicht über den See seinem Gehöfte zu, er nahm die Richtung gegen die Wand. Als er nach dem tiefen Schneepfade durch die Halde schritt, kreischte ihm eine Stimme nach: „Laß' Zeit, Herr Bräutigam! Hast aber eilig."

Die „guldene Greth" war's, ein kaum vierundzwanzigjähriges Mädchen mit krausen, gelblichten Locken, falben Augenbrauen und stets gerötheten, zuweilen sommersprossigen Wangen. Sie war mehr klein als groß, hatte eine sehr geschmeidige Gestalt, hatte gern ein Lächeln um den scharfen Mund, konnte schmeicheln und spotten und näschenrümpfen und liebäugeln, wie gar Keine mehr sonst um den ganzen weiten See. Sie war die Tochter einer Häuslerin. Man kannte sie als ein leidenschaftliches Mädchen, zuweilen boshaft, zuweilen gar ein wenig bösartig, und dann doch wieder gutmüthig in hohem Grade. Man nannte sie die „guldene Greth", weil sie goldhaarig war, und weil sie das Gold wohl zu schätzen wußte, mehr wie manch' Andere auf der Alm, „die sich im Bettlerstolz aufbläst, daß eine halbe Welt von ihr spricht."

Die Greth ging zuweilen wurzelgraben und kräuterrupfen auf die Alm, aber ihr wollte ein Prinz nimmer begegnen. — Der junge Mann blieb nun auf den Ruf unwillkürlich stehen.

„Magst mich heut' nimmer über den See rudern, junger Herr Seesteiner?" sagte das Mädchen, ihm näher kommend.

„Der See ist gefroren," entgegnete Michael kurz.

„Aber ich bin's nicht," rief sie, „ich weiß noch recht gut eine warme Kirchweihnacht —"

„Wo ich Dich aus Gefälligkeit über den See geführt habe."

„Wo Du mich an Dich gezogen hast —"

„Weil Du mir sonst im Finstern leicht über den Rand gefallen wärest."

„Wo Du mir die Liebschaft mit dem Holzmeisterfranzl abgeredet hast —"

„Weil er leichtsinnig ist und sein Lebtag Weib und Kind nicht ernähren kann."

„Du hast damals gesagt, daß Du meine alte Mutter unterstützen wolltest."

„Das thue ich, weil sie eine arme Frau ist."

„Michael, Du hast gesagt, daß Du heiraten wollest, und daß Dir kein Mädchen zu arm und zu gering sei —"

„Das hab' ich nicht vonnöthen, ich schau nur auf die Bravheit."

„Und daß Du redlich seiest und Keine betrügen wollest!"

„Das hab' ich gesagt und gehalten."

„Aber Du hast mich an der Hand genommen, an Deine Brust gedrückt, und ich habe den Franzl fahren lassen, und hab' Keinen mehr angeschaut, und hab' gearbeitet im Taglohn, und bin brav gewesen, und nur an Dich hab' ich gedacht — Michael, Du bist ein Falscher, hast mich betrogen. Der Teufel soll in Deine Marie fahren!"

Die Greth lief davon, sie war wild anzusehen; sie ballte die Fäuste gegen den Bräutigam, und als sie hinauf kam zum Waldrande, warf sie sich in den Schnee und schlug mit den Händen um sich, daß der dichte, weiße Staub auseinanderstob nach allen Seiten.

Michael war aufgeregt, aber er schritt nun ruhig weiter, sein Gewissen warf ihm nichts vor. Er stieg über die Leiter die Loserwand hinan und ging über den Hochboden hinaus; dadurch schneidet man den halben Weg ab, der zum Bauer an der Wand führt.

* * *

Ein Windwehen hatte die dicken, schweren Schnee= mäntel von den Bäumen geschüttelt. Da war es wunderlich zu sehen; die Waldwipfel waren dunkel= schwarz und die Gründe waren lichtweiß. Aber da kam ein Nebel, der legte sich hin über das ganze

Walbland, nur die höchsten Berge ragten aus ihm hervor und standen in der Sonne, während unten alles versunken war in die feuchte Trübe und in die frostige Winterlichkeit. Darüber grämte sich der Wald, und er bekam einen grauen Bart, und allen Geästen und allen Gezweigen wuchsen weiße, zartbezähnte Ränder von unzähligen, glitzernden Nadelchen.

Selbst auf der glatten Eisdecke des Sees keimte dieses schneeweiße Moos des Nebelfrostes, daß es knisterte, wenn Mensch oder Thier darüber hinschritt.

Es war sehr schön, und die Städter würden gesagt haben, das ganze Walbland sei versilbert, oder sei aus weißem Candiszucker geformt. Die Leute der Seeau aber greinten über so ein Wetter, es sei den ganzen Tag finster, und doch nicht die Nacht zum Ruhen; es sei frostig, und doch nicht frischkalt, und es werde zu thauen anheben noch weit vor der Zeit.

Im großen Seeauer Wirthshaus wurde zur Hochzeit vorbereitet. Es war eine Unzeit für alle Kälber und Hühner im ganzen Gau, und selbst für die Thiere des Waldes, obwohl die Jagdmonate schon vorüber, und die übrig gebliebenen Hasen und Rehlein sich zu Paaren schon wieder des Lebens freuten. Der Wirth ließ im Keller sein großes, ältestes Weinfaß aufspunden.

Schon tagelang stiegen zu ungewöhnlichen Stunden aus dem Schornstein des Wirthshauses liebliche, blaue Rauchwölkchen auf, und ein hocherfreulicher Geruch reichte sogar bis zum Pfarrhofe hinüber.

Der Pfarrer hatte seine Sache schier gethan; er hatte das löbliche Brautpaar bereits dreimal von der Kanzel würdevoll verkündet, und beim letzten Aufgebot hatte der Schulmeister auf dem Chor einen vollen Tusch blasen lassen, eine Ehre, die er sonst nur seinen Musikanten anzuthun pflegt, wenn einer davon sich ein Weib nimmt.

In der Kirche arbeiteten zwei Meßner, und schmückten den Altar mit allen vorräthigen Bändern und Papierblumen. Die alte Häuslerin vom Ende des Dörfchens, die Mutter der Greth, half auch mit; sie saß in der Sacristei und band mit halberfrorenen Fingern aus immergrünem Reisig einen großen Kranz für das Bild des heiligen Michael. Die „guldene Greth" aber saß daheim im Häuschen und starrte in die verlöschende Herdgluth hinein. Ihr Auge funkelte und ihre Züge waren schauderhaft verzerrt. Jetzt fuhr sie sich mit den Fingern in die losen geschlängelten Locken und riß und zerrte wüthend an ihnen. Dann ließ sie ab, sah auf die ausgerauften zarten Haarfäden in ihrer Faust, that einen wilden Athemzug aus der wogenden Brust und murmelte: „Was soll ich dich ausreißen, du mein goldenes Haar! Ja, wären es seine, wären es die von der Halbeggerin, dann wohl! Pfui, Greth, mit den Haaren fängst nicht an, das thut jede eifer= süchtige Dirn. Ich bin nicht eifersüchtig — aber in der Leut' Mäuler hat er mich gebracht, um meinen Franzl hat er mich gebracht. Was schert mich der dalkert' Michael mit seiner vornehmen Lahmleidig= keit — aber Seesteinerin hätt' ich mögen sein, und sie haben mich gar schon so geheißen. Jetzt hab' ich die Schande und den Spott, jetzt kommt Keiner mehr um mich. Jesus, ich weiß nicht, was ich thu'; wenn nur ein schwer Unglück wollt' niederfallen, und thät' uns All' miteinander erschlagen! Aber ihn und sie um drei Minuten früher als mich, daß ich's noch kunnt sehen! — —"

* * *

Wenn sie am jenseitigen Seeufer vor dem See= steinerhause einen Pöller loslassen, so sieht man's von der Seeau aus wohl aufblitzen, aber man kann bequem bis in die Zwanzig hinein zählen, bis der Schuß kracht. Der Knall fliegt wohl über die glatte Fläche hin, doch er prallt an zahllosen Felsvor= sprüngen an, und weckt in den Wänden und Wäldern zahllose Echos auf, bis er endlich an das Ohr der Seeayer schlägt.

Heute aber hört man hier nur den dumpfen Knall, sieht aber kein Aufblitzen. So dicht liegt der

Nebel über dem See, daß man ihn — wie die Leute sagen — mit einem Messer könnte in Stücke schneiden.

Es ist ein Jännermorgen. Ein großer Theil der Seeauer steht am Ufer und guckt und horcht. Jetzt fallen drüben drei Schüsse rasch nacheinander, jetzt gehen die Hochzeiter ab. In einer halben Stunde sind sie da, denn über das Eis gleitet sich's leichter mit behendigen Schlitten, als mit Kähnen zur Sommerszeit.

Eine Weile ist es still, daß man völlig den Nebelthau könnte rieseln hören; hüben kein Lärm und Laut, drüben kein Schuß. Dann flüstern die Leute wieder; sie haben dem Brautpaare alle mögliche Ehre vorbereitet. Der Schulmeister rückt mit seinen Musikanten aus, gar die große Frohnleichnamstrommel mit den mächtigen Klingscheiben wird mitgeschleppt. Keiner versucht mehr sein Instrument, es ist alles schon gestimmt. Die Meßner in der Kirche zünden alle Kerzen an, und das ist am düsteren Morgen ein feierlicher Schein in dem festlich gezierten Raum. — Drei Jungen stehen unter dem Thurm und haben die Glockenstricke in den Händen. Sie warten nur noch auf das Zeichen.

Das Wirthshaus steht still da, aber in der großen Küche schießt ein Rudel Weiber umher, und die Herdflammen knattern wie ein wildes Schlachtfeuer.

Endlich bringt ein Jauchzen her über den See und ein Schellenklingen. Da fächelt ein Mann gewaltig mit seinem Hut. In demselben Momente klingen alle Glocken. Dunkle Massen treten auf der Seefläche aus dem Nebel hervor — rasch werden sie zu Gestalten; die Rosse traben heran, die Schlitten fliegen nach, und auf den Schlitten jauchzend und johlend und hüteschwingend die Hochzeiter.

Bums! fällt die große Trommel ein, und die Trompeten schmettern auf, und die Pfeifen jobeln drein, und von der Loserwand knallen Pöller, daß die Kirchenfenster schrillen.

Der Hochzeitszug ordnet sich rasch, und in der Mitte das schöne, schmucke Brautpaar, so zieht er zur Kirche hinan.

* * *

Sie knieten am Altar und der Pfarrer legte die Stola um die Hände. In demselben Augenblick huschte die Greth an der offenen Kirchenthür vorüber, und that einen Fluch, und eilte davon.

Sie watete durch den Schnee hinaus in den Wald; die fallenden Eisnadeln strichen ihre gluth= heißen Wangen. — Jetzt werden sie getraut, dann ist diese Haldegger Seesteinerin. Ist sie reicher, vornehmer, besser wie ich? — Mir hat er's verheißen, ihr hält er's; jetzt reicht er ihr den Ehering. Dann ist lustige Hochzeit den ganzen Tag, und sie heben die Gläser und trinken zum Gutleben, und sagen Ehrensprüche für das Brautpaar, und singen Spott=

lieber auf die guldene Greth. — Und wenn der Abend kommt, da fahren sie wieder über den See, fahren ein in den Hof —

Eine unbeschreibliche Gewalt wüthete im Busen der Dirne. Sie eilte am Ufer des Sees dahin; dann rief sie laut: „Und wär' das Wasser auch nicht zugedeckt, hineinspringen thät' ich nicht! Ja, wenn ich sie mitreißen kunnt, All' miteinander — nachher mit Freuden — mit Freuden!"

Sie raste fort. Sie kam in Gefälle und auf wüste Gründe; Rehe und Füchse und wildes Geflügel spürte sich im Schnee. „Jetzt gehe ich und zünde den Seesteinerhof an," sagte sie und eilte weiter. Sie lief über den See, sie war gehüllt in Nebel, kein Mensch konnte sie von der Ferne sehen.

Sie kam ans Ufer. Der Hof lag still da; die Eiszapfen der Dächer troffen rings umher, oder fielen klirrend zu Boden; das war die ganze Wache.

Seitab stand ein Fischerhäuschen. Der alte Fischer Wolf saß davor auf einem Bänklein. Er rauchte eine Pfeife, und zog jedes hervorgeblasene Wölkchen fast gierig mit der Nase wieder an sich. Das ist ein Tabak, wie ihn sonst kein Fischer raucht; der Kaiser raucht ihn. — Der Seesteiner hatte dem Alten zur Hochzeitsfreude eine ganze Schachtel davon bringen lassen. So ein Kraut! Das ist dem Alten das höchste Ereigniß in seinem Leben; die Eisdecke möchte er aufreißen und es den Fischen zurufen: „Laufet,

Die guldene Grethe.

laufet, laufet euere guten Wege; ich rauche Kaiser=
tabak!"

Die Greth schritt rückseits am Häuschen vor=
über und schlüpfte durch ein Thürchen in die
Stallungen. Kein Mensch war da; alles ruhig und
verlassen. Große Heu= und Strohvorräthe waren
hier aufgehäuft; ganze Wände von Hafer= und
Roggengarben, noch theilweise mit den Fruchtähren,
waren geschichtet und darüber spannte sich das
mächtige Gebälke des Dachstuhls und das weite,
hohe Schindelgedache. An diese Stallung schließen
sich andere Scheuern, Fruchtkammern bis hin zu
dem weitläufigen Wohngebäude. — „Das ist Dein
Hof, Du schöner, stolzer Seesteiner Michael. Wenn
die Brautleute heimkommen, wird's recht warm
eingeheizt sein. Aber so viel finsterer Nebel wird
sein, daß sie gar das Haus nicht mehr finden.
Morgen stellt Dir der Richter einen Brief aus:
„Brandsteuerschein für Michael Nehling." —

Die Greth sucht aus ihren Taschen Zündzeug
hervor, da hört sie unter ihren Füßen poltern. Sie
erschrickt, legt sich auf den Boden und guckt durch
die Bretterfugen hinab. Da unten stehen und kauern
an den Barren die Rinder in ganzen langen Reihen.
Dort steht eine Kuh und daneben hüpft ein junges,
falbes Kälbchen flink umher und legt seinen Kopf
an den Hals der Mutter, um den die Hängekette
liegt, und macht große, kluge Augen.

Das stößt der Greth ans Herz. Sie bewacht ihre Hand; nur ein einziger Strich mit dem Zündhölzchen ist nöthig, und es prasselt und schmettert das Feuer, es wogt der glühende Rauch. Die Thiere brüllen, sie hängen an der Kette; nur das Kälbchen ist frei, aber es läuft nicht zum Ausgang, es verläßt die Mutter nicht. Da stürzen die lobernden Balken nieder — —

Blaß ist das Mädchen geworden, zurückgleiten läßt es das Zündzeug in den Sack, und flieht aus der Stallung und davon, als stehe hinter ihm der große Hof wirklich in Flammen. — Jetzt schlug der Kettenhund an. Eine Magd sah zum Fenster heraus: „Uh, da läuft die guldene Greth vorbei, ist die denn heut' nicht im Dorf? Und ist sie vom Hund so erschrocken? Sie fürchtet sich sonst nicht einmal vor dem bösen Feind!"

Die Greth eilte über die Eisfläche des Sees; bald sah sie nichts mehr vom Ufer, nur den Hund hörte sie noch eine Weile bellen.

Es graute, als wollte schon die Nacht anbrechen. Im Dorfe zünden sie die Lichter an und es klingen die Gläser und die Geigen.

Grethe fühlte, daß sie unsäglich einsam war. — Ueber dem Haupte die dichte graue Hülle; der Himmel hat seine finstersten Wolken auf sie niedergeworfen. Unter den Füßen Eis und Fluthen — ist das eine trübe, kalte Welt!

Ihre Kleider, ihre Haare waren feucht, aber auf ihrer Stirn glühte das aufwallende Blut.

So floh sie über die Oede dahin, sie war das einzige Menschenwesen hier, über und unter den Gewässern. Da stand sie plötzlich still, sie hörte ein Schnalzen, ein Knistern, wie wenn ein Hirt mit der Peitsche knallte. Sie wußte nicht, woher es kam; war das Ufer nahe, zog ein Schlittengespann heran? Sie horchte. Da war wieder Alles still. So still und lind war's auch in jener Sommernacht gewesen, da sie mit Michael über den See gefahren; die Wellen rieselten leise, lose Fischlein schnappten empor, und da gurgelte das Wasser, und oben und unten leuchteten die Sterne. Michael hielt sie an der Hand und sagte:

„Margarethe, schlag' Dir den Franz aus dem Kopf, der bringt Dich nur ins Unglück. Schau gut auf Deine alte Mutter; leidet sie Noth, so stehe ich Euch gern bei." Später sagte er das vom Heiraten, und daß ihm Keine zu arm und zu gering sei. Sie lag an seiner Brust. — Jetzt sitzen sie im Wirthshaus bei der Hochzeitstafel. —

Wieder ist das seltsame Knistern und ein zwei-, dreifaches Schnalzen, und heran auf der Fläche, und hin an den Füßen des Mädchens in Zick und Zack fliegt eine dunkle Linie — ein Riß — — es berstet das Eis.

Angstvoll beginnt das Mädchen zu fliehen.

Sie fühlt den Boden wanken; sie eilt hin über das große Grab, jeden Augenblick kann es sich aufthun.

Endlich aber ist sie aus dem Bereiche der Gefahr; es ist kein Knistern mehr, der Boden ist fest und sicher, wie er seit Monaten war.

Die Greth geht noch eine gute Strecke dahin — der See ist breit — und kommt endlich gegen das Dorf. Die hellbeleuchteten Fenster des Wirthshauses ziehen breite, röthliche Bänder hinaus in den Nebel. Die Greth hat Hunger und Durst, und da oben ist Ueberfluß, da oben ist Pracht und Stolz. Die große Seesteiner-Hochzeit!

Plötzlich kommt ihr ein Gedanke, der noch viel düsterer ist, als dieser Wintertag. — Die Hochzeit wird zu Ende sein, der Seesteiner fährt mit seiner Braut lustig über den See; die Rosse traben und schnauben und schnellen, der Schlitten saust hinten drein, die Hochzeitsbänder flattern in der Nacht — der Boden kracht — wankt. — Glückliche Fahrt, Seesteinerleut'! — Es muß so sein, der Himmel will es selbst so haben. Der Michael hat ein Herz gebrochen, nun will er mit einer Anderen in die Brautkammer gehen; aber das Brautbett ist im See, im tiefen, kalten Seegrund. Sie, die Greth, thut nichts dazu, Gott hat's gestellt — sie weiß es nur um eine Stunde früher. —

Hunger und Durst ist vergessen. Die Greth schleicht durch die Dorfgasse und wieder dann am

Ufer hin. Da kommt ein Mann über den See. Der alte Fischer ist's; der hält das Pfeifchen noch immer in der Hand, raucht aber nicht.

„Das ist kein Gehen mehr jetzt, da herüber," murmelt er, „'s ist wohl wahr: Pauli Bekehr, Schlitten weg, Wagen her. Wir brauchen aber den Kahn; der Weg um den See herum ist zu weit und toll verschneit."

Der Greth fährt's durch den Kopf: Der Alte geht geradewegs ins Wirthshaus, verräth die Sach' und kehrt alles um. — Sie eilt auf ihn zu: „Gut, Wolf, daß Ihr da seid, hätt' hinüberlaufen sollen zu Euch, Ihr sollt geschwind aber geschwind zum Bauer an der Wand hinauf, und schrecket Euch nicht, ich denk' 'leicht gar, Eure Schwester liegt im Sterben!" Sie erschrak fast über ihr eigenes Wort, aber sie gehorchte dem Rachegefühl.

Des Alten Schwester war Dienstmagd beim Bauer an der Wand und war schon jahrelang krank.

„Ei schau, die Kath," sagte der Wolf wie zu sich, oder zur Sterbenden, „will's Dich doch packen, jetzt auf einmal! Du arme Haut; die Welt ist schon allweg so übel gewesen auf Dich, ist der lieb' Herrgott doch so gut, und nimmt Dich zu sich. — Ja, ja, ich komm' schon. Dank Dir Gott, Greth!" — Er steckte die Pfeife in den Sack, und holperte hastig die Dorfgasse entlang und durch die Halde, und kletterte die Holzleiter der Loserwand hinan, und ging hin über die Höhe.

Die Greth eilte ihm nach, und als er davon war, warf sie an der Wand die Leiter um. Diese fiel lang und schwer hin in den Schnee; das Mädchen lief seitab.

*   *   *

Es war nicht so arg mit der alten Kath; es hatte auch kein Mensch nach dem Bruder geschickt. — „Diese liederlich Dirn da, jetzt hebt sie zu lügen auch schon an! — Na, weil Du nur nicht schlecht bist, Kath; jetzt geht der Winter vorbei, ich mein', Du stehst mir wieder auf." So sagte der alte Fischer, dann ging er bald wieder davon.

Es war schon Nacht, aber der Nebel hatte sich ein wenig gehoben, es zog ein frisches Lüftchen. — Die Hochzeiter werden doch nicht schon abfahren? dachte der Alte, sie wissen es etwa nicht, daß draußen von der Hirschwand herüber der See einbricht. — Ei, ja, die bleiben heut' schon noch eine Weil' bei=samm'; 's ist nur, daß ich mich völlig nit ins Wirthshaus trau', sie werden meinen, ich bin da, daß sie mir ein Glasel sollen einschenken. Thun wird er's gern, der Seesteiner, ich thät's aber nicht verlangen; ich hab' schon meinen Theil und bin zufrieden. — Der Fischer griff nach seiner Pfeife und eilte recht hastig dahin.

Wie er jedoch zur Loserwand kam, da wäre er schier in den Abgrund gepurzelt. Es war die Leiter umgefallen, nun konnte er nicht weiter.

Sollte er umkehren und den weiten Fahrweg gehen? da kommt er wahrhaftig zu spät in das Dorf hinab.

Er blickt hinaus; sein Auge ist alt, aber er sieht nun in der dunklen Nacht fast mehr, als am nebeligen Tag. Der Wald, die Felsen sind schwarz bis empor, wo sie wieder in die Nebelschichte hineintauchen. Dorthin liegt die breite, graue Tafel des Sees. Der Seesteinerhof drüben ist nicht zu sehen, vor ihm ragt die finstere Hirschwand. Vom Dorfe da unten ist nichts zu erkennen, als einige rothschimmernde Fensterscheiben. Plötzlich aber klingen Trompetenstöße herauf und Fackeln schweben zwischen den Häusern hinab gegen das Ufer.

Sie gehen, sie sind auf der Heimfahrt.

Den alten Fischer erfaßt eine fürchterliche Angst. — Sie rennen in ihr Verderben und er kann nicht hinab, um sie zu warnen. Er läuft über der Felswand hin und her, und weiß es doch, es giebt keinen Abstieg. Er hebt an zu rufen, aber seine Stimme ist dumpf; unten schallt die Musik, schallt das Gejohle der angeheiterten Hochzeiter. Er hört jauchzen, er hört die Pferde wiehern, hört das lustige Schellengeklingel. Da trennen sich zwei Fackeln von den übrigen und gleiten hinaus über den See.

Der Alte ist in Verzweiflung. Er brummt über das rasche Heimfahren heute, wo man doch sonst die halben Nächte im Wirthshause verschwärmt, er flucht über den Leichtsinn der jungen Leute, die außer ihrem Heiraten schon gar nichts mehr denken mögen. Sie haben kein Thauwetter wahrgenommen die Tage her, sie meinen, wenn im letzten Jahr das Eis erst im März gebrochen ist, so muß es heuer auch so sein. Die merken's nicht in ihrem Taumel, wenn die Decke kracht, Jesus, und nachher ist alles vorbei! —

Die zwei Fackeln zogen hin über die Fläche. Immer weiter entfernten sie sich vom Ufer, immer leiser wurde das Schellen der Pferde. Sie waren schon weit draußen, sie nahten der Hirschwand; die Fackeln waren wie zwei Sternchen.

Der Alte starrte hinaus und hielt den Athem an, als wäre sein warmer Hauch im Stande, die Eisdecke vollends zu lösen. Er meinte, sie würden, ja sie müßten stehen bleiben und umkehren. Aber die Sternchen glitten weiter. Da sank der alte Wolf auf ein Knie, schlug die Hände zusammen und rief wild aus: „O, Herrgott, hast denn keinen Schutz= engel für sie! Ist der Seesteiner nicht allweg ein braver, wohlthätiger Mensch gewesen, und sein junges Weib von Herzen gut und rechtschaffen! O Gottesmutter Maria rein, so nimmt sie Du in Deinen heiligen Schirm!"

Die guldene Grethe.

Still war die Musik, still lag der See, weit draußen ragte die finstere Hirschwand. Und die Sternlein waren dem Alten verschwunden.

In demselben Augenblicke dämmerte unten im Dorfe ein blutrother Schein auf. — —

* * *

In den zwei größten Stuben des Wirthshauses war die Hochzeitstafel abgehalten worden. Lust und Frohlocken war überall, und Alle sahen in dem jungen Brautpaar ihren König und ihre Königin.

Als das Mahl zu Ende war, und der Pfarrer auf das Wohl des Seesteiners und seiner anmuthigen Frau einen Spruch ausbrachte und mit dem lächelnden Ehepaare anstieß, ging sein Glas in Scherben, und der Wein löschte gar eine Kerze aus und ergoß sich über den Tisch.

Das war keine gute Vorbedeutung; viele Anwesende stutzten; draußen im Vorhause gellte ein wildes Auflachen.

Die Grethe war's, die eine Weile an der Thür gestanden und durch das Menschengewühle das Brautpaar angestarrt hatte. Ihre alte Mutter, die Gstettnerin, saß in der Küche bei Krapfen und Braten, heute hatte sie in Ueberfluß; sie war ja bei den Vorbereitungen Helferin gewesen. Das alte Weib sah sich nach der Tochter um; die hatte es heute den ganzen Tag wieder nicht zu Gesicht bekommen; wäre sie jetzt da, so bekäme sie auch.

Die Wirthin sah sie wirklich stehen im Vorhause, und sagte: „Geh' her, Greth, magst was essen, was trinken? Deine Mutter ist auch da."

Im selben Moment aber zersprang dem Pfarrer das Glas; da kreischte die Greth auf, und verließ das Haus.

Sie ging wieder am Ufer entlang und horchte, ob nicht auch hier die Eisdecke krache. Sie hörte nichts — ja, das Wirthshaus hörte sie, und den Jubel, und immer nur das.

Da kamen sie endlich gar mit Hall und Schall heraus in die Nacht, und als die Schlitten zurecht gerückt, und die Pferde eingespannt wurden, da duckte sich die Greth hinter einen Strauch. Ihr war, als müsse alles auf sie hinsehen, auf sie zukommen, und sie war ja keine Verbrecherin, sie war unschuldig — der Herrgott hat das laue Wetter gemacht, und das Eis bricht selber ein. — Laut war's am Ufer, aber zum erstenmal war's, daß die Greth das Pochen in ihrer Brust hörte, und sie hatte doch nicht darauf gehorcht. Einen Zweig des Hagebuttenstrauches zerknitterte sie in ihren bebenden Fäusten; die Dornen gingen ins Fleisch.

Endlich zog das Gefährte hinaus auf die Fläche; die Fackeln loberten nach rückwärts, wie blutrothe Fähnchen.

Eine Weile stand die Dirne still, wie eine Säule, plötzlich aber sprang sie einige Schritte auf den See hinaus und breitete die Arme und that einen heiseren Schrei. — —

Die Fackeln eilten weiter und blickten zurück wie zwei Augen. Wie seine Augen.

Die Greth lief durch die Dorfgasse und rief: „Eilet, eilet zu Hilf', das Eis bricht ein!" Sie lief zur Kirchenpforte, der Glockenthurm war gesperrt. Leute eilten zusammen und wußten nicht, was das zu bedeuten. „Kein Mensch holt sie mehr ein!" schrie das Mädchen und schlug sich ins Gesicht, und raste weiter hinab gegen den See. Weit draußen schwebten die zwei glühenden Aeuglein.

Sie sah hin. Sie preßte die Hände auf die Brust und that einen fiebernden Athemzug. Ist denn kein Mittel, sie zurückzurufen? Jäh fuhr sie sich gegen die Stirn. Rasch holte sie ihr Feuerzeug hervor, eilte, watete im Schnee gegen die Dorfwiese; dort war früher ein Heuschober gestanden. Aber er war eingeheimst. Die Grethe kehrte um. Immer den Blick auf den See gerichtet, lief sie gegen das obere Ende des Dorfes. Die letzte einzeln stehende Hütte, das war ihr Haus und Heim. Sie erreichte es, im Nu hatte sie ein Flämmchen und fuhr damit unter das Strohdach.

Wie ein freigelassenes Vöglein hüpfte die Flamme weiter, knisterte, leuchtete.

Bald war die helle Lohe da, das Dorf glühte im Feuerschein, das Gewände oben war ganz roth, auf der Seefläche spiegelten sich die Flammen.

Während die Leute herbeieilten, und die Achseln schüttelten, weil nichts mehr zu retten war, und nur ihre eigene Habe wahrten, irrte die Greth draußen auf dem See. Sie sah noch die zwei Lichtlein, sie standen auf der Fläche nächst der Hirschwand und waren völlig im Erlöschen. Jeden Augenblick konnten sie erblinden, versinken.

Was da hinter ihr vorging in der Noth des Feuers, in der Verwirrung des Dorfes, das achtete sie nicht; ihr Blick bewachte mit unsäglicher Angst die zwei Aeuglein auf dem See. — Und siehe, endlich leuchteten sie heller, wurden frischer, größer, kamen näher. Da johlte die Greth auf, und das war das lustigste Jauchzen an diesem Hochzeitstage.

Sie waren gerettet.

Das Mädchen zog ihnen entgegen über die Fläche. Sie sah schon das Sausen des Windes in den heranschwebenden Fackeln. Sie fiel den Pferden in die Zügel. „Was ist's, wo brennt's?" rief der Seesteiner aus dem Schlitten. Da stürzte ihm das Mädchen wortlos an die Brust, sank zurück auf den kalten Eisboden, und das Gefährte glitt weiter.

„Das ist ein Hochzeitstag! Seid Ihr auch wieder zurück!" sagte ein Mann, als der Seesteiner aus dem Schlitten sprang und seinem jungen Weibe den Arm zum Aussteigen gab.

„Nu, Gott sei Lob und Dank, die Gefahr ist wohl vorüber, der Gstettnerin ihr Häusel ist halt niedergebrannt. — Eine Närrische haben wir auch im Dorfe. Ist's denn wahr, daß auf dem See das Eis einbricht?"

Die Brautleute sahen sich an, und sagten kein Wort. — Das Eis bricht ein auf dem See! — Man konnte in der Dunkelheit nicht sehen, wie sie erbleichten.

Die alte Gstettnerin hatten sie ins Wirthshaus zurückgebracht; sie verlor kein Wort über ihr zerstörtes Heim, nur ihre Tochter rief sie mit kläglicher Stimme.

Ihre Tochter aber saß an der Brandstätte und wärmte sich. Sie saß zwischen den glühenden Balken und rief ein= über das andremal: „Das Eis bricht ein!" Und dann lächelte sie. Flämmchen wollten emporhüpfen in ihr goldiges Haar. Es war ihr aber kühl, ach, die Welt war für sie so kalt. Dort stand der kleine Feuerherd — jetzt dachlos in der Nacht; die Grethe sprang über kohlende Trümmer zu ihm hin.

Da kam von seinem Umweg der alte Fischer vorüber, der wollte sie von der rauchenden Brand= stätte entfernen.

„Gehet, gehet Eures Weges," rief sie ihm zu, „und wollet Ihr zum Seesteinerhof hinüber, so fahret über Land, auf dem See bricht das Eis. — Ich habe geschwind das Feuer gemacht, daß sie umgekehrt sind." Sie sagte ihm noch ein Wort, darob der Alte das Haupt schüttelte. Er eilte zum Wirthshaus und rief schon zur Thür hinein: „Geht, Leute, helft mir die Greth von der Brandstelle wegbringen, sie ist von Sinnen!"

Als sie zu den rauchenden Trümmern kamen, fanden sie das Mädchen am Herde kauern — erstickt und verbrannt.

* * *

An dem Tage, als die arme Grethe begraben wurde, schnalzte und krachte es hin über den ganzen weiten See. Unzählige Sprünge zuckten hin und her, und der Reihe nach brachen die Schollen durch in das dunkle Gewässer. An der Hirschwand waren sie zwei Tage früher durchgebrochen.

Auf dem stundenlangen Landweg verkehrte das Dorf mit dem Seesteinerhofe, bis sich die schwimmenden Schollen im Wasser zerrieben und gelöst hatten. Auf dem Landwege wurde die alte Estettnerin in das Gehöfte gebracht, wo ihr für ihre letzten, einsamen Tage eine gesicherte, warme Stube bereitet war. Auf dem Landwege ging der Pfarrer in den Seesteinerhof, daß er sich umsehe nach dem jungen Ehepaare, und wie es die heitersten Tage des Lebens begehe.

Aber im schaukelnden Kahn ruderte der alte Fischer an einem schönen sonnigen und lebendigen Frühlingsmorgen nach Seeau herüber. Er schritt, ein hölzernes Kreuz auf der Schulter, die Dorfgasse hinan, in den kleinen Friedhof hinein und zu einem graskeimenden Hügel am Heckenzaun.

Heute noch steht dort das hölzerne Kreuz, und folgende Worte sind darauf geschrieben:

„Hier ruht die guldene Grethe,
Geläutert hat sie erst der Tod!
Sie starb in Lieb' und Feuersnoth,
Gedenk' an sie und bete!"

Der Sonntagsschütz.

Da lag er im Bette, auf das die Sonne hereinschien, und betrachtete schmunzelnd das schwarze Kreuz auf der blauen Decke.

Wenn der Mensch abergläubisch wär'! So ein schwarzes Kreuz da — just wie auf Bahrtüchern, nur schmälere Streifen, weil die Fenstergitter eben nicht dicker sind.

Ein Schattenkreuz läßt sich für allerlei deuten, da muß der Mensch nicht gleich allemal ans Sterben denken. Treff' ich den Rehbock am Kreuz, so bricht er ein. Fällt mir im Spiel das Kreuz-Aß in die Hand, so steche ich. Und halst mich ein Dirndl übers Kreuz, so wird's mich auch nicht grämen.

Wer ist's denn, der schon früh Morgens im Bett so wunderlich simulirt?

Der Prestl, der Jungknecht im Hollershof ist's, der leibhaftige Uebermuth, und heute schon gar — heute am Sonntag. Jetzt wirft er die Decke fußüber hin, als wollte er das schwarze Kreuz von sich schleudern, aber dieses, so still und schlank wie früher, liegt jetzt auf der weißen Pfaid.

Da ist schon wieder was Verkehrtes, denkt der Prestl in seiner Schalkhaftigkeit, auf der Nettelbirn ihrer Hüll' (Decke) wird jetzt gewiß kein Kreuz liegen, weil ihr Fenster kein Gitter hat. — Jetzt ist's schon sieben Wochen, seit wir das eiserne Gitter dort aus dem Loch gehoben und hier eingesetzt haben, daß sie aus dem Hollershof den Jungknecht nicht stehlen, wenn er's nicht selber thut — und der Bauer hat's noch nicht bemerkt.

Plötzlich wurde in der Sonnentafel, die das Fenster aufs Bett legte, aus dem Kreuzbilde eine schwarze Scheibe, denn durchs Fenster schaute der Kopf der Nettelbirn herein.

Ob denn die Kirche heute zu ihm komme? war die Frage, da er um Stund acht noch nichts dergleichen thue zu ihr zu gehen.

"Wenn sie mir was will," antwortete der Prestl, "sie weiß, wo sie mich findet."

"Ja, im Bett," sagte das Mädchen, "ich geh' halt voraus und verhoff's, Du passest mir nach dem Amt beim Bäckenkramerstandl auf und führst mich zum Tanz."

Da war sie fort. Und der Bursche hub nun, während er sich langsam anzog, mit sich selber ein Gespräch an. "Ja freilich," sagte er, "das ginge

mir ab — ja freilich. Heute haben wir was anderes zu thun, meine liebe Nettelbirn, als Dich zum Tanz führen. Für's Erste" — er that sein Rauchzeug herbor — „stopfen wir uns Eine an. Nachher thun wir uns über die Griessuppen her, wenn die Kirch=
leute wohl eine übriggelassen haben. Haben sie s' alle g'schlebert (aufgegessen), auch gut, suchen den Branntweinplutzer herfür. Nachher gehen wir Gott loben, 's ist schön, wir machen's ganz, wie die Neuchristen, von denen der Steuereinnehmer einer ist, der seinen Gottesdienst im grünen Walde hält. Wo die Geschöpf' sind — der Baum, der Fuchs — der Rehbock. Heute steht er mir, das weiß ich, der Bock, und der Jäger Mathias ist zum Glück noch einer von den Altchristen. Geht ihn zwar weiter nichts an, das Dankamt für's fruchtbare Jahr, so wenig wie mich; unser Acker ist das Hirsch= und das Rehfell, in das wir Bohnen säen, der ganze Unter=
schied zwischen dem Mathias und mir ist der, daß er der Jäger heißt und ich der Wildschütz. Jetzt ist der Teufel auseinander."

Der Teufel, der auseinander war, das war der Schuhriemen, den er beim Durchziehen entzwei=
gerissen hatte.

„Das ist kein Hundshäutener!" brummte er; „der Gürtler schmiert Leut' an, der Krämer, der Müller, der Wirth und alles schmiert Leut' an, nur Unsereins soll den Narren machen und ehrlich sein. Und

Gottigkeit (sozusagen) thu' ich's nicht einmal des Leutanschmierens wegen, wenn ich mir den Bock nehm'; der Wirth braucht Wildpret und ich brauche Geld. Ja, Nettelbirn, und nach dem Amt werd' ich Dir beim Bäckenstandl aufpassen und Dich zum Tanz führen! Das wird just so sein. Just so. Als ob ich g'rad wegen Deiner auf der Welt wäre! Wir werden es ganz gut machen, wenn Du Dich wieder einmal willst anhängen. Nettel, werden wir sagen, was sollst in Deiner Jungheit an Einem kleben bleiben; von einer Schönen wollen Andere auch was haben. Der Bäckerjung' stellt Dir schon lang' nach, der braucht Eine zum Heiraten, weil er ein eigenes Geschäft anhebt — ich will Deinem Glück nicht im Wege stehen. Was kann sie b'rauf sagen? Daß ich gutherzig nachgebe, wo Andere raufen! — Leicht, Prestl, leicht raufen wir heut' nach der Vesper auch noch um Eine, der Wirth ist schon mitgespielt und ich nehm' dem Schmied=Franz die Dirn weg — die rothhaarig' Thresel. Das ist ein Brocken! — Auf das wird der Tag wohl vorbei sein."

Das Sonntagsprogramm war gemacht, der ganze junge Kerl stak im Sonntagsgewand — und jetzt kann's vorangehen.

Als er bei dem rückwärtigen Thürchen aus dem Hause tritt, könnte man sich nur verwundern darüber, daß er ein so schweres Gebetbuch im Sacke trägt. Es

zieht die graue Jacke nach einer Seite tief hinab.
Der Bursche legt auswendig den Arm drüber hin,
daß es nicht schlenkern kann, und eilt durch den
Hohlweg gegen den Wald hinan. Der langen Woche
harte Arbeit hat nicht eine Spur an dem frischen,
sehnigen Burschen zurückgelassen, so leicht und flink
wie ein Seiltänzer springt er dahin über die Steine,
die das Wasser kahl geschwemmt hat, und so
geräuschlos hüpft er hin, als wäre der Sand Pelz=
werk und als hätten die Steine Schnellfedern.

Der alte Waldjobel torkelt mühsam auf seinen
dünnen Beinen und mit einem langen Stocke des
Weges herab. Der hat da oben seine Hütte; er
geht in die Kirche und gedenkt der Freuden, die
nach dem Gottesdienst sein könnten, wenn man
einen Sechser in der Tasche hätte. In seinem
mageren Gesichte, aus dem der weiße Bart her=
vorsticht, hat er das Pfeiflein stecken, er raucht den
ganzen Tag, der alte Jobel, aber kalt — dazu
braucht man keinen Tabak und es kommt nur auf
die Gewohnheit an. Jetzt zieht er die Pfeife aus
dem Munde, und mit wackelndem Kopfe sagt er zum
Prestl: „Schenk' mir was!"

Der Bursche schenkt ihm eine Lüge, er müsse
heute in die Roßhald hinauf, es sei — habe der
Halter sagen lassen — der Braune krumm geworden.

Er stieg an. Der alte Jobel schüttelte sein Haupt:
„Heut' ist schon wieder ein Unglückstag. Auf dem

Wege kriegt man nichts und zum Betteln vor der Kirchenthür kommt man zu spat. Jessas und Jesseles, wenn ich so jung wär' und laufen kunnt, wie der da, ich wollt mir Eins zusammenbetteln beim sommerlangen Tag!" Und torkelte seines Weges weiter.

Der Prestl stand endlich oben auf der Hochblöße, wo sonst kein Mensch mehr war, wo ihm der strotzige Baumschlag das Thal verdeckte, wo er die fernen Berge nur über die Wipfel hereinblinken gesehen, wenn er dafür einen Blick gehabt hätte. Er stand gekrümmt und schaute auf den Erdboden und ins Gekräute nach Spuren und lugte in das nahe Dickicht hinein und horchte. Es war sehr still, nur ein leises Summen ging, wie wenn Hummeln flögen. Unten im Dorfe läuteten sie zum Hochamt. Der Prestl denkt: Da kommt er mir, er kann nicht weit sein. — Dann zog er's denn hervor, sein Gebetbuch, und steckte es zusammen, Schaft zum Rohr, und ließ aus einem messingbeschlagenen Hörnlein das Pulver ins Rohr rieseln und that eine Bleikugel nach und den Papierstöpsel mit leichtem Stoß des Ladstockes, ans Zündloch das Hütchen, somit konnte die Andacht beginnen und er stellte sich an den Anstand.

Bisweilen war im Walde ein Geräusch, als ob etwas auf dürres Reisig trete. Dann strich aber ein Lufthauch von schlechter Seite; das Thier hat eine

scharfe Nase und kann um alles den Menschen nicht
riechen. Der Bursche will des Luftstriches wegen
just einen anderen Standplatz wählen, da sagt
plötzlich Einer hinter ihm: „Guten Morgen!"
Der Jäger Mathias steht da.

„Prestl, sagt er, „wirf' den Stutzen weg!"
Anstatt das zu thun, fährt der Bursche mit dem
Gewehr zur Wange.

Der Jäger thut's auch und schreit noch einmal:
„Den Stutzen weg!"

Da knallt ein Schuß und rasch darauf der zweite.

Der Jäger eilt seitab, denn man kann nicht
wissen, ob der Wildschütze nicht Genossen hat.

Der Prestl hat auch einige Sprünge gemacht,
wankt nun ein wenig, und auf einen Baumstock
niedersinkend röchelt er: „Jetzt hab' ich's."

Ueber den Schuh des rechten Fußes rieselt Blut
hinab. Der Bursche reißt sich das bunte Halstuch
vom Nacken und verbindet die Wunde am Schenkel.
Dabei wird ihm gar übel, seine Glieder zittern,
kalter Schweiß steht auf seiner Stirne, vor seinen
Augen ist ein graues Firmament mit kreisenden
Sternlein.

Nach einer Weile springt er erschrocken auf und
fährt durch den Wald bis zu den Feldern hinab,
wo das Wetterkreuz steht und wo man das schöne
breite Thal überblickt. Dort stürzt er zusammen und
aus der schlecht verbundenen Wunde rinnt das Blut.

Unten steht das Dorf mit der Kirche, wo die
Glocken läuten. Ueber die grünen Wiesen hin be=
wegt sich langsam die bunte Reihe der Procession.
Manchmal weht halb verloren der Schall der
Lobgesänge herauf, welche sie unten dem allmächtigen
Gott darbringen für das gesegnete Jahr.
Sie sind voller Freuden, so vermag der ver=
wundete Wildschütze noch zu denken; sie haben
Ueberfluß dies Jahr, haben einen lustigen Winter
vor sich — und ich muß heut' sterben. — Der
Braune ist krumm auf der Alm, hab' ich dem Jodel
gesagt — gar sehr ist er krumm, der Braune. —
Daß ich heut' nach der Vesper raufen thu', das
wird schier ausbleiben. Wundern werden sie sich,
daß der Prestl nicht ins Wirthhaus kommt. Der
hat gewiß wo ein anderes Schelmenstück. Ja, freilich
hat er. Ausbluten. — Ist schon recht gewesen —
das mit dem Kreuz — heut' Früh auf dem Bett.
— Daß ich der Netteldirn die Lieb' wollt künden,
ganz gescheit ist's. Jetzt brauche ich Keine mehr. —
Auch dem Schmied=Franz Seine nicht. — Jetzt,
wenn ich mir was wünschen kunnt — daß ich fein
bei Einer blieben wär', wollt' ich mir wünschen.
— Morgen kann's schon umgehen im Dorf: Da
oben beim Wetterkreuz ist er gelegen — maustodt.
— Jetzt kommen sie nach der Reih'. Jede will mich
noch einmal anschau'n. — In der Todtenkammer!
wird's heißen. — Sein thut er's richtig, werden

sie sagen und schaudern und davonlaufen — und
einen Lebendigen aufsuchen. — Und Keine denkt
d'ran, daß ich ihretweg'.in der Höll' bin. — Bis
sie selber nachfahren. —

So sann der entkräftete Schütze halb im Wachen
und halb im Träumen, bis neben ihm ein heller
Schrei war.

„Aber so schlecht sein!" rief die Stimme der
Netteldirn, die eben von der Kirche heimkehrte,
„daß Du in der Kirchen kein' Andacht hast, weiß
ich schon lang, aber daß Du gar nicht hineingehst,
ist mir was Neues. Auf Längs in die Sonn' hin=
legen und faullenzen!"

„Faullenzen!" wiederholte der Bursche und that
ein Lachen, voll Wehmuth, voll Hohn! Jetzt sah
sie sein aschenblasses Gesicht, das Blut auf dem
Rasen, jetzt sagte sie halbbetäubt: „Prestl, was ist
das?"

„Lieber wär's mir gewesen, Du wärst um eine
Stund' später kommen," sagte der Bursche. „— Ich
brauch' — kein Jammergeschrei."

Sie machte auch kein's.

Die richtigen Weiber sind schon einmal so, bei
klein Ding, da zetern und lärmen sie, daß man
meint, der Himmel stürze ein, und ist auf einmal
ein großes, schweres Unglück da, daß oft die Männer
nicht wissen, wo sie für den Augenblick ihren Kopf
haben, da vergißt manches Weib aufs Klagen und

Zagen und thut das Rechte und tröstet und hilft und ist stark.

"Wenn's so steht!" sagte die Nettelbirn, fragte aber nicht weiter, was da geschehen. — Mit einem Riß war das Beinkleid entzweigetrennt; mit ihrem Busentuch verband sie die Wunde, nachdem sie ein blutstillendes Kraut darangelegt voller Sorgfalt und Geschick, lief dann zum nahen Wachholderstrauch, kam mit Beeren zurück, die sie zerrieb und ihm vor die Nase hielt und auf die Zunge legte. Das brachte die entschwindenden Lebensgeister zurück — und jetzt wollte er ihr danken und erzählen und abbitten; aber das Mädchen schlug ihre Eitelkeit und Neugierde zurück, das Heldenhafteste, was ein Weib thun kann, und gebot ihm, daß er still sei und raste.

Weil keine Möglichkeit da war, den Verwundeten in den Schatten der nahen Fichtenbäume zu bringen, und weil die heiße Sonne so scharf niedersengte auf den halbohnmächtigen, fiebernden Burschen, so stellte das Mädchen aus ihrer Schürze, die sie mit zwei dürren Aststielen aufspannte, ein Schutzdach her. Auch hatte sie ihre weichgefütterte Joppe aus= gezogen, um dieselbe dem Prestl als Kopfkissen zu eignen. Und so saß sie nun halb entkleidet neben dem schlummernden Burschen da und schaute ihn an mit einem so wehmuthsvollen, milden, liebes= innigen Blick, wie sie dem Wachenden wohl in ihrem Leben nicht zeigen möchte. Sie selbst war vor Schreck und Angst ganz blutlos geworden an den Wangen und an den Lippen. Und nun dachte sie nach, wieso das gekommen sein mochte. Wie, wenn sie nicht zum Wetterkreuz gekommen wäre! Der Kirchweg führt ja gar nicht da herauf. Aber ihr ist's auf dem Heimweg so gewesen: weil Du schon in der Nähe bist, sollst doch wieder einmal zum Wetterkreuz hinaufsteigen, und an diesem Tag, wo alles nur auf die Lebendigen denkt, auch ein Vaterunser für Deine Verstorbenen beten. — Das war ja gerade, als ob sie die armen Seelen hergeführt hätten, um dem Burschen beizustehen in seiner Noth.

Oben am Waldrande schritt der Jäger Mathias dahin, er hatte zwei Gewehre umgehangen. Die Nettelbirn eilte ihm zu: „Jäger, da ist Einer erschlagen!"

„Ich gehe ins Dorf und will eilends den Arzt heraufschicken," sagte der Jäger, ohne näherzukommen, „'s wird eine Kugel aus dem Bein zu ziehen sein."

Da hat sich's das Mädchen wohl zusammengereimt. Etwan hat ihn der Jäger geschossen. Jäger schießen — das wußte sie von ihrem Oheim, der auch Jäger gewesen — nur auf Wildschützen, und zwar, wenn sie von diesen bedroht sind. Sollte der Prestl so einer sein! So schlecht, so wild?! — Wenn man glaubt, daß beim Weibe die Liebe zu einem Manne aufhört, wenn sie erfährt, daß er schlecht ist und wild, so ist man tief in einem Irrthum.

Als der Abend kam, lag der Prestl in der Kammer des Hollershofes, in der er am Morgen gelegen. So schwarz, wie in der Sonnenfrühe das Schattenkreuz auf ihm gelegen, so schwarz lag jetzt der Abend in der stillen Kammer. Die Nettel war bei ihm, sonst Niemand mehr, so voll Neugieriger auch das Haus gewesen, als sie ihn hereingetragen!

„Also nicht?" fragte der Bursche.

„Es ist keine Gefahr mehr," antwortete das Mädchen; „nur das Bluten hat Dich so schwach gemacht, sagt der Baber."

„Mir wär's schon g'rad alleseins geweft, 's wär' aus geweft. — Jetzt noch einmal lebendig werden — und ein verachtet's Krüppel sein — und nachher noch einmal sterben, verderben und sterben! — Hättest mich fahren lassen!"

„Prestl!" sagte nun das Mädchen und faßte ihn fest und kernig bei der Hand ab. „Mit so Reden sollst Dich nicht versündigen, jetzt, wo Dich der lieb' Herrgott wieder aufgeweckt hat —"

„Zum Betteln gehen!" unterbrach sie der Bursche. „Wie mein Fuß zugerichtet ist, der lauft nimmer und steht nimmer. Heut' Vormittags ist mich der Waldjodel angegangen, ich sollt' ihm was schenken. Morgen geh' ich ihn an."

„Das wirst nicht vonnöthen haben," sagte die Nettelbirn, „und jetzt will ich Dir Eins sagen; Prestl, jetzt kann ich's sagen, jetzt darf ich's sagen, was ich sonst nimmer gesagt hätt' und wenn Du mich auch in Unehren verlassen hättest. Du mußt mich heiraten, Prestl!"

„Hi, hi, das ginge mir jetzt gerade noch ab," lachte der Bursche heiser.

„Das geht Dir auch ab!" rief sie, „nicht meinetweg! Ich bin ein gesundes Mensch, Gott Lob und Dank, und mag arbeiten. Daß ich auf Dich schau, daß ich Dir verdien', was Du brauchst — daß ich Dich nicht verlaß', geh', Narr, das versteht sich gleichwohl. Aber den Leuten wird's alleweil nicht recht sein und werden mich schmähen und Dich schmähen und uns voneinander abbringen wollen. Desweg müssen wir zusammheiraten, daß sie uns bei einander lassen. Nachher schauen wir uns um ein kleines Stübel um, und ich geh' ins Tagwerk aus . . . ."

Etliche Minuten lang lag nach diesen Worten des Mädchens der Prestl ganz still da und spürte an sich zwei Freiersfüße. Einer war durchschossen und mit Instrumenten zermartert, aber ein Freiers= fuß war's denn doch. Der Bursche preßte ihr die Hand fester und sagte: „Heiraten meinst! Dirndl, das Gescheiteste wird's eh sein." — Das Gescheiteste war's freilich und die frische Nettelbirne wußte recht gut, warum sie ihre ganze Lebenszeit und Kraft an diesen Burschen hing.

Nach sechs Wochen war's so weit, daß der Bräutigam leiblich humpeln konnte. Die Hochzeit war recht schlicht. Der einzige Aufputz war an der Kirchenthür der alte Waldjobel, der auf einem Kirchhofstein hockte und der, als die Brautleute vorüberkamen, seine Pfeife aus dem runzeligen Gesichte zog und dem Paare den Vorschlag machte, es möge ihm was schenken.

Die Braut, die an diesem Tage ihr Lederbeutelchen ohnehin fortwährend in der Hand halten mußte, dachte: Warum denn nicht, so lang' was drinnen ist.

Ein „tausend vergelt's Gott!" sagte der alte Mann und mit diesem Spruch gingen sie in die Kirche. —

Und daß ich Solches noch berichte: Den zwei Leuten erging es besser, als man ihnen zugetraut. Der Prestl ging das Korb= und Strohteppichflechten an, auch das Besenbinden und Wollkrauen verstand er und mancherlei so Arbeiten, bei denen man mehr die Hände und den Kopf als die Füße braucht. Die Nettel war schon gar tüchtig, und wo es im Dorf oder in der Umgegend etwas zu verdienen gab, sie war zu Allem verwendbar, da rückte sie an und ließ nichts fahren. Sie war der Mann und er die Hausfrau, die während der Abwesenheit der Mutter auch an dem Knäblein Mutterschaft vertrat, allerdings mit Beihilfe der Amme, die einen Ziegen= bart trägt.

So leben die drei Leute heute noch beisammen, sind fleißig und haben sich lieb. — Wenn man bedenkt, wie schlimm das alles hätte werden können, wenn jener schlimme Sonntagsschuß nicht gefallen wäre! — Da schmähe mir Einer noch einmal die Sonntagsschützen!

Was der Franz Schlager für ein Wildpret schoß.

Anfangs fing er Schmetterlinge und steckte sie an die Nadel. Dann fing er Spatzen und Finken mit Leimspindeln. Dann fing er Marder und Füchse mit dem Schnappeisen. Dann schoß er einen Hühnergeier aus der Luft. Dann schoß er ein paar Hasen; dann schoß er Rehe und Hirsche, dann schoß er —

Die Geschichte ist schwer wie Blei.

In einem Hochthale des Reichensteinstockes hatte Franz Schlager ein Bauerngütchen. Franz war jung und frisch, und hatte ein prächtiges, herzenstreues Weibchen voll Lieb' und Gemüth, voll fraulichen Adels der Natur. Bei seiner Arbeitskraft und bei ihrer Häuslichkeit hätten sie vollauf zu leben gehabt, und ihre Hütte war wie gemacht für „ein glücklich liebend Paar". Aber just in die wärmsten und wonnigsten Nester legt der Teufel am liebsten sein

Ei hinein. — Für schlechte Leute, sagte der Franz, habe er sich den Kugelstutzen beigelegt; man wisse doch nicht, was sich in einer so einsamen Gegend alles zutragen könne. — Ei freilich weiß man das nicht, Du armer Franz Schlager, sonst hättest Du das Schießgewehr gewiß nicht in Dein Haus getragen.

Als er im Oberschachen den ersten Hasen schoß, hörte der Revierwart den Knall, errieth auch den Schützen, da er aber sonst den Franz wohl leiden mochte, so ließ er die Sache verhallen. Als der Franz Schlager sah, das Ding ginge so leicht ab, schoß er das nächstemal einen Rehbock nieder, schleppte denselben bei wüstem Sturmwetter in sein Haus und rief: „Theres, der da gehört Dein, zum Namenstag!"

Selbstgefällig schmunzelnd blickte er sein Weib an und erwartete freudigen Dank. Aber sein Weib begann zu schluchzen: „Das schmerzt mich, Franz, das schmerzt mich hart. Mit einer Blum' vom Feld, mit einem Stein von der Straßen hättest mir Freude gemacht, wär' es mir zu Lieb' vermeint gewesen. Aber eine gestohlene Sach' schenkst Du mir, so viel bin ich Dir werth . . . ."

Es war zum Erbarmen; so bitterlich hatte er sie noch niemals weinen gesehen. Er schwieg eine Weile.

„Theres," sagte er endlich und stellte sich keck vor sie hin: „Mit Fleiß willst mich jetzt kränken, weißt gleichwohl, daß ich's gut hab' gemeint."

„Franz," sagte sie, „das weiß ich gleichwohl und schau', ich lach' schon wieder. Du giebst mir heut' ja noch ein ordentliches Bindband (Angebinde). Versprich' mir's, mein Franzl, wildern willst nimmer!" Er nickte mit dem Kopf. Sie umfing ihn mit beiden Armen und lächelte mit feuchtem Auge.

Nicht lange darnach ist dem Paare ein Kindlein gekommen.

Ein Kindlein! — Bin sonst nicht nervenschwach, aber wenn ich dieses Wort schreibe, so zittert mir immer die Hand. Ein Kindlein! Ich denke an die Vaterfreuden, an das Mutterglück. Mit jedem Menschenkinde wird der Erlöser neu geboren, un= nennbare Seligkeit guten Elternherzen spendend. Therese ging fast in Mutterliebe auf; sie fühlte kein Herz mehr in ihrer Brust, sie fühlte es vor sich liegen in der Wiege.

Franz arbeitete mit neuem Muth und blickte mit hellerem Auge in die Welt hinaus. — Da sah er hier einen Hasen kauern, dort ein Reh huschen; da hub ihm das Blut zu wallen an, wie lauter glühende Bleikugeln heiß. — Und der jungen blassen Mutter müsse ein frischer Braten gar sonderlich wohl bekommen.

Als Theres wieder Wildpret im Hause sah, zerrte sie den Gatten von der Wiege des Kindes, wo er eben gestanden war, führte ihn in einen Winkel des Vorgemaches und sagte:

„Unser Sohn soll das Wort nicht hören: Franz, Du bist ein Wildschütz' — ein Dieb!"

Sie ließ ihn stehen und stürzte davon und brach an der Stätte des Kindes zusammen.

„Und Du!" rief Franz zur Stube hinein, „Du bist ein überspanntes Ding. Thun es Andere auch; wenn Jeder deshalb schon ein Dieb wär'! Der Herrgott hat die Thiere des Waldes für Alle erschaffen!"

„Darauf laß ich mich nicht ein," sagte sie, „Du willst das letzte Wort haben; Du weißt so gut, wie ich, was unrecht ist." Bald aber erhob sie sich, trat ihm einige Schritte entgegen, faltete zitternd die Hände ineinander: „Franz, bös' hab' ich's nicht gemeint. Und wenn Du schon das Unrecht nicht willst sehen, so denk, es könnt' einmal zu Deinem Unglück sein. Geh', mein lieber, mein guter Mann, laß' das Wildern bleiben!"

„Ich weiß ja, Du willst mir keine Freude gönnen!" rief er unmuthig und ging davon.

Da hatte sie kein Wort mehr, als den heißen Thränenstrom, der auf das Bettlein des Kindes niederrann. — „Er hat keine Freude. Da ist sein Kind und da ist sein Weib, und er geht in den Wald hinaus und sucht sich eine Freude ...."

Was kann mir denn geschehen? dachte Franz; jetzt ist schon gar keine Gefahr — ist ja der Jäger krank und der neue Gehilfe ist noch nicht angekommen. Jetzt ist die Zeit dazu.

Und er nahm wieder das Gewehr unter den Wollenmantel und er ging davon.

Theres bat ihn noch einmal, hielt ihm das Kind entgegen: „Franzele, bitt' auch Du Deinen Vater! Halt' ihm das Händlein hin, streichle ihm die Wange — 's ist ja Dein lieber, braver Vater, und er bleibt gewiß daheim bei seinem kleinen Bübel."

Das Knäblein lächelte, zupfte an dem Bart des Mannes und wollte nicht auslassen.

„Nu, nu," schmunzelte Franz, „ich komme ja bald wieder. Nur einen Habicht will ich heut' aus der Luft brennen, er frißt uns ja sonst die Hühner auf. So Raubthiere muß man austilgen."

Und er ging pfeifend hinaus in den herbstlichen Wald. Er sah sich nicht mehr um, denn er wußte wohl, Therese stehe noch vor dem Hause mit dem Kleinen und blicke ihm nach mit weinendem Auge. — Und als er in den Wald kam und sein Späher= blick die Thierlein sah, die kriechenden, die fliegenden, die springenden — so hub seine Begier gewaltig an zu glühen . . .

Theres nahm den Kleinen mit auf den Acker und grub Kartoffeln aus der Erde, und war emsig und unermüdlich dabei. Wenn man Herzweh hat, so muß man brav arbeiten, dann wird's gut.

Heute wollte es aber nicht gut werden. Heute kam eine ganz besondere Angst über das arme Weib, als ob etwas Arges nahe wäre. Sie betete in Gedanken um Schutz für ihren Mann. Dabei kam ihr in den Sinn: Wie kann denn der gerechte Gott Diebe beim Stehlen beschützen! — Aber sie betete: „Du, sein heiliger Schutzengel, beschirme sein Herz, beschirme es vor sündhafter Begier. Er ist ja sonst ein guter Mensch, thut Niemandem was zu Leid und ist gar ein braver Gatte und Vater. Du lieber Gott, das kann ich Dir wohl mit Freuden sagen!" — Sie schluchzte dabei und grub und grub die Erde auf und grub in Gedanken oft tiefer ein, als die Früchte lagen. Das Knäblein — es war ein halbes Jahr kaum alt — jauchzte hell und verlangte nach der Mutterbrust. Sie vernahm es heute kaum, und als sie den Spaten fahren ließ und zum Kinde kam, war dieses eingeschlummert.

Es ging gegen Abend. Das Gevögel schwieg, die Hühner saßen auf ihren Stangen. — Franz war noch nicht zurück.

Theres hatte lange ins Weite geblickt; ihre Unruhe war heute wilder Natur. Und als jetzt der späte Abend kam, harrte sie nicht mehr länger. Sie nahm das schlummernde Kind auf den Arm, hüllte es ein mit des Vaters brauner Joppe, verschloß das Haus und ging dem Walde zu.

Kein Ast und kein Baumwipfel rührte sich. Die langen Schatten der Bäume lagen da, junge, wachsende Kinder der Nacht. Theres ging an einer Schlucht hin. Das rauschende Wasser that ihr weh, denn ihr war, als müsse sie diese unheimlich zischenden Stimmen verstehen, und sie verstand sie doch nicht. Sie stieg die Lehne hinan und war sorglich, daß sie das Kind nicht wecke. Neben Büschen von Enzian setzte sie sich auf einen Stein und horchte. Alles schwieg und war im Frieden. — Und wenn ein wildleidenschaftlich Herz pochte im Walde, man müßte es hören von Weitem in dieser reinen Abend=ruh'. — Die blauen Glocken der Enziane wiegten sich sanft, und es ging doch kein Lufthauch; sie läuteten und man hörte das ewige Klingen der Stille.

Jetzt erwachte das Knäblein. Die Mutter reichte ihm die Brust. Es trank mit Lust. Und das Weib strengte sein Ohr an und meinte, einen Laut, einen Schritt des Mannes zu hören — und sie hörte doch nichts.

Dann blickte sie die blauen Blumen an, die wie Flämmchen noch leuchteten, da es schon dunkel war. — Irrlichter sollen auch zuweilen in blauen Flammen leuchten. Aber Blumen sind keine Irrlichter; Blumen sind Augen Gottes — so hat's oftmals die Ahne gesagt. — Und jetzt, Franzele, jetzt blickt uns Gott an mit seinen blauen Augen. Schau, er hat uns lieb — Gottes Auge wacht auch über den Vater...

Ein Knall — — da war ein heißer Blitz durch den Busen des Weibes gegangen.

Sie stieß einen lauten Schrei aus — sie preßte das Kind an sich.

Franz Schlager hatte den Schrei gehört, nachdem er die Kugel abgesandt nach dem braunen zuckenden Punkte zwischen den Büschen jenseits der Schlucht — vermeinend, ein eben früher aufgestöbertes Reh zu erlegen. Er hörte den menschlichen Ruf und eilte und sprang über Stock und Gestein, die Tiefe hinab, den Hang hinan — und fand sein sterbendes Weib.

Das Kind sog noch an der Mutterbrust, über welche vielarmig die Bächlein des Blutes rieselten. Das Weib war mit matten Bewegungen noch bemüht, das strömende Blut so zu wenden, daß es sich nicht vermische mit der Muttermilch, deren sich das liebe Kind zu dieser Stunde das letztemal erfreute.

Mit wildem Gestöhne stürzte Franz hin, mit bebenden Armen riß er ihr sinkendes Haupt empor.

Sie hob noch das Augenlid und sagte leise: „Mein Franz — gelt — das Wildern — laßt sein?"

Er that einen rasenden Schwur, er ließe es sein.

Sie sagte nichts mehr. Noch ein Blick gegen ihr Kind — ein zitterndes Tröpflein in ihrem Auge — — dann war es starr und öde auf dem lieben, trautsamen Antlitz.

Die Enziane läutete still in der ruhsamen Nacht . . . Auf der Erde war sie nicht gehört, aber in den Himmeln hat diese Sterbeglocke geklungen.

Das Christkind von Scharau.

Das Frommsein ist doch wohl schön! Und 's ist Einem dabei so anmuthig. Nur schade, daß es bloß alle heiligen Zeiten einmal sein kann. Die übrige Weile muß der Mensch an was Anderes denken. Zu viel von der Gattung macht mager, meint der Baumbart=Bauer. Aber wenn eine heilige Zeit kommt — insonderheit die Weihnachtszeit, da thut er die Bibel herfür. Die Bibel und das Bübel, das Letztere ist sein jüngstes Söhnlein und dem legt er die Bibel aus und sagt: „Mein Gott, die Kinder!"

Denn der Knabe brennt durch und durch vor Liebe zum Christkind und die heiligen Flammen schlagen ihm zu den hellen Augen heraus. Und die Fäustlein sind gar fest gekniffen, denn es giebt auch ganz elendlich schlechte Leute in der Bibel.

Es ist der heilige Abend und es geht schon ums Dunkeln. Der Baumbart=Bauer ist eben auch schon in den Jahren, wo man mit der Frömmigkeit nicht mehr viel versäumt. Er hat sich's in der Stube bei der Bibel recht behaglich gemacht, denn das gehört dazu, und er deutet nun dem Kleinen das Weihnachtscapitel:

"Ist selb' Zeit, mußt wissen, im heiligen Land eine Volkszählung gewest, im Vergleich wie bei uns vorigen Sommers, wo der Schulmeister als Umgangssprache die lateinische angegeben hat, was richtig ist, weil beim Frohnleichnamsumgang die Geistlichkeit und Meßner lateinisch beten."

"Und die Ministranten auch," vervollständigte der Knabe, weil er ja selber einer war.

"Gehört nicht her da," sagte der Baumbart=Bauer. "Und bei der Leutaufschreibung im heiligen Land ist auch unsere liebe Frau von weit her nach Bethlehem kommen, wo sie zuständig gewesen, und daß sie sich angeben wollt'. Ist ein arm' Weib gewesen und wie's finster worden ist, hat sie in der ganzen Stadt Bethlehem keine Nachtherberg gefunden."

"Hat sie nicht bei ihren Blutsfreunden anfragen können, wenn sie zuständig ist g'west?" warf der Knabe sehr brav ein.

"Meinen sollt' man's," sagte der Alte, "aber wer so bettelarm ist, der hat keine Vettern und keine Muhmen. So gern sich die ganze bethlehemitische Freundschaft später bei der Himmelfahrt der Mutter Gottes an ihre Falten angeheftet hätte, so gern hat sie dazumal zu Bethlehem dem armen Weib die Thür vor der Nase zugeschlagen. So sind die Leut', mein Bübel, sind grundschlecht, die Leut'!"

„Gelt, wenn sie zu uns wär' kommen, die liebe Frau, wir hätten ihr das hintere Stübel warm heizen lassen?"

„Gehört nicht her da!" sagte der Bauer, „so christlich sind wir gleichwohl in der Scharau, daß wir die Mutter Gottes nicht in einem Ochsenstall übernachten ließen, wie das Judenvolk von Bethlehem so unbarmherzig ist gewest; die armen Hirten hoben braver sein müssen. Hör' nur zu!"

Da ist die christliche Unterhaltung plötzlich unterbrochen worden. Die Baumbart-Bäuerin kam eilig in die Stube getreten, aber so leise als ginge sie in eitel Socken; und halb über den Tisch hingelehnt, lispelte sie dem Ehemann zu: „Du, jetzt ist Eine draußen, die will sicherlich dableiben heut' Nacht."

„Aha," meinte er, „für die Festtage sucht sich das Bettelvolk allemal den Baumbarthof. Die Krapfen, die Du heut' 'backen hast, riechen halt weitum in der Luft."

„Ein Bettelweib ist's dieweilen zwar auch noch nicht, die draußen steht," sagte die Bäuerin.

„Ist's wer der will, behalt' sie und gieb ihr eine Suppe."

„Und bist gar nicht begierig, wer's sein möcht'?" fragte das Weib. „Rathen kannst lang', derrathen wirst es nicht."

„Nachher wird sie von weit her sein."

„Vom Majenthal herüber."

„Etwan doch nicht die Plonel?"

„Schau, was Du für eine scharfe Nase hast," sagte die Bäuerin und indem sie sich weiter über den Tisch bog und noch näher ans Ohr ihres Mannes hin: „Das stinkt aber auch darnach. — Sie laßt den Vetter schön grüßen."

„Kann mir's denken. Umsonst kommt die nicht zu ihrem Vetter. So Leut' tragen allemal weniger ins Haus herein, als hinaus."

„Dasmal," versetzte nun die Bäuerin, wies aber, bevor sie weiter sprach, den Knaben davon; die Kinder brauchen just nicht alles zu hören. „Dasmal möcht's umgekehrt sein, däucht mich schier —"

„Wie meinst das?" fragte der Bauer und lugte sie schief an.

„Geh' hinaus, in der Küche steht sie, wenn sie sich nicht niedergesetzt hat. Betracht' sie Dir einmal, die Plonel, ob sie nicht schwerer aufgefaßt hat, als ein Weibmensch in solchem Alter tragen soll . . ."

In der Küche stand sie wirklich, denn sie hatte sich nicht niedergesetzt. Obwohl der größte Theil ihres Gesichtes und Körpers in ein wollenes Um= hängtuch eingemummt war und obwohl sie so demüthig und armselig dastand, merkte man doch leicht, daß sie jung und hübsch war. Die großen dunklen Augen, die zwischen der Vermummung aus einem feinen, vor Kälte und Anderem noch gerötheten Gesichte hervorschauten, waren gar treuherzig und gar traurig dabei. Die Hände, die in fingerlosen Handschuhen staken, hielt sie vorne unter dem Busen aneinander und in denselben ein Handbündel.

In die Länge war sie seit zwei Jahren nicht gewachsen, das sah der Baumbart-Bauer auf den ersten Blick. Die Plonel war ein armes, fleißiges und gutherziges Ding, eine Waise und zur Zeit, als ihre Dienstherren mit ihr wohl zufrieden, mit dem Baumbart-Bauer weitläufig verwandt gewesen. Aber seit sie vor zwei Jahren aus der Scharau ins Masenthal hinübergewandert war, wo die Leute um ein gut Stück lustiger sind als da herüben, und wo sie in dieser Sache die Ehre der Scharauer rettete, indem sie thatsächlich darthat, daß Scharauerblut noch viel lustiger sein könne, als solches vom Masenthal, und seit der Ruf davon ins Heimatsdorf zurückgekehrt war — fand der Baumbart-Bauer, daß die Verwandtschaft mit ihr eigentlich nur eine „erheiratete" gewesen und dieselbe längst „mit Tod abgegangen".

Diese erheiratete, aber mit Tod abgegangene Verwandtschaft hatte das Mädchen jetzt mitten im scharfen Winter aus dem fernen Thale herübergeführt, um zu den Weihnachtsfeiertagen ihre Vettern und Muhmen auf dem Baumbarthofe heimzusuchen. Als der „Vetter" in die Küche trat, wollte sie ihm die Hand küssen. Er ließ es nicht angehen, sondern sagte recht gutmüthig, das wäre was Neues, daß sich die Plonel auch wieder einmal anschauen ließe.

Sie sollt' nur ein wenig abrasten und einen Löffel warmer Suppe essen, auch dürfe sie ein Stück Weihnachtsbrot nicht verschmähen, obwohl er wisse, daß die Masenthaler ein besseres hätten. Er thäte gern sagen, daß sie in seinem Haus über Nacht bleiben möchte, wenn ein einzig Plaßel aufzutreiben wäre; aber es sei über und über alles besetzt; Verwandte, die ihn über die Feiertage besucht, hätte er auch im Haus. — Na, wie's ihr alleweil ginge? Das Aussehen wär' nicht schlecht.

Der Plonel hatte es die Rede verschlagen. — Wie es ihr ginge? Daß sie müde ist vom weiten Weg und in einer schweren Bangigkeit! Und daß sie jetzt in der Scharau keine Herberg hat! — Sie hat's nicht gesagt. Als sie des Bauers, ihres einzigen Verwandten, Worte gehört hatte, konnte sie weder essen noch trinken. Da müsse sie wohl wieder anrücken, sagte sie gar kleinlaut und betrübt, sie hätte noch einen weiten Weg. Die Bäuerin suchte ihr etliche Krapfen aufzunöthigen; der Bauer sagte ihr noch freundliche Worte, und als das Mädchen das Umhängtuch fester um ihren Körper gebunden hatte und langsam, mit jedem Schritte völlig zögernd, in den dämmernden Winterabend hinausgegangen war, athmeten die guten Baumbartleute auf: „Gott sei Dank, das wir Die fortgebracht haben!"

Der muntere Knabe trachtete den Vater bei den Rockschößen wieder in die feierliche Stube zu zerren und rief: „Jetzt mußt Du mir die Geschichte von unserer lieben Frau in Bethlehem weiter erzählen!"

„Gehört nicht her da!" sagte der Bauer etwas unwirsch, wußte aber selbst nicht, warum er unwirsch war.

Als es ganz finster geworden und so recht der Frieden der heiligen Nacht über das Dorf ausgebreitet lag, als auch das Aveläuten verklungen war, die Glocken mit ihren letzten Schlägen aber noch anzudeuten schienen: Heute sagen wir nicht: gute Nacht! heute fangen wir noch einmal was an! — da hieß es im großen Baumbarthofe plötzlich: „Der Kinigl-Peterl ist da!" Das Knäblein schoß wie ein Pfeil zur Thür hinaus und stand auch schon vor dem wunderlichen Mann.

Der Kinigl-Peterl war ein alter, großer, hagerer Patron, der zu jenen bestgesuchten und schlechtest geachteten Leuten gehörte, wovon jedes Dorf die seinen hat, Leute die alles können und anfassen, wofür zufällig sonst Niemand zu Wege ist. Sie sind Strohdachdecker und Brunnengräber, Krankenwärter und Rattenfänger, Obstbaumpelzer und Honigausheber, Kapaunzüchter und Ochsenmacher, und noch viel mehr, kurz: nahezu alles — und darum nichts.

Der Kinigl-Peterl, der mit seinem rechten Namen Peter König hieß, verlegte sich außerdem noch auf die Kaninchenzucht, was ihm allerdings nicht viel zu schaffen machte, denn die Kaninchen besorgen derlei selber. Er hatte davon manch feines Brätlein und den Namen Kinigl-Peterl. Nebenbei hatte er eine kleine Familie mit einem nicht immer harmonisch gluckenden Weiblein und drei Töchtern, die schon erwachsen waren und zur Sommerszeit vor dem Häuschen mitten auf der Straße saßen und mit Sandhäuflein und Steinchen spielten. Es waren die „drei armen Hascher" von Scharau. Ihr Vater hatte denn viel zu schaffen, daß sie zu ihrer unendlichen Armuth der Sinne nicht auch noch Hunger leiden mußten. Im Häuschen sah's wohl arm aus, aber nicht bettelhaft, und der Peterl nahm jede Gelegenheit wahr, sich was zu „verdienen".

Eine solche Gelegenheit zum „Verdienen" war die heilige Weihnachtszeit, da er von Haus zu Haus ging und den Leuten die „Geburt Christi" sang, wofür er eine kleine Gabe erntete. Denn überall beschloß er seinen Sang mit den Worten: „Glück hinein, Unglück hinaus, Gott besegne dieses Haus!"

So stand der Kinigl-Peterl in seiner langbemantelten, hageren, vorgeneigten Gestalt, mit dem kleinen Gesichtlein und den weißen Bartstoppeln d'ran, mit frommen Geberden, aber fürwitzigen

Aeuglein — so stand er da an der offenen Hausthür; der Schein des Herdfeuers fiel auf ihn und er sang die Geschichte der Einkehr zu Bethlehem, wie sie eine Stunde früher der Baumbart-Bauer aus der Bibel dem Knaben erzählt hatte. Nun kam der Bauer und legte sich aus dem Beutel zwei Silberzehner in die hohle Hand zurecht, denn das christliche Singen nach altem Brauch gefiel ihm gar wohl, und das Almosengeben schien ihm heute recht stimmungsvoll; es kam ihm bedeutend leichter an, wie sonst: Nur heraus damit, heiliger Abend ist nicht alle Tag.

Der Peterl hatte die „Geburt" schier zu Ende gesungen; jetzt war er gerade dabei, wie die römischen Beamten zur heiligen Familie in den Stall treten, um von ihr die Beschreibung aufzunehmen. Da sagt

Der Schreiber: „Sagt an, sagt an, wie des Kindleins Namen ist?"

Der Vater Josef: „Das Kindlein heißt Herr Jesu Christ."

Schreiber: „Sagt an, wie heißt die Mutter sein?"

Josef: „Die Mutter heißt Maria rein."

Schreiber: „Und saget, wie der Vater heißt?"

Josef: „Der Vater heißt der heilige Geist."

Während solcher Ceremonie war aber auf dem Gesichtlein des Peterl keine rechte Andacht zu erkennen. Das gefiel dem Bauer nicht. Er hielt dem

Alten die flache Hand mit den Silberstücken hin und sagte: „Du siehst, Peterl, es sind ihrer zwei. Und hab' sie Dir geben wollen allzwei. Aber weil Du's ein wenig spöttlerisch machst mit der heiligen Sach', so kriegst nur einen." Damit nahm er mit der anderen Hand den einen weg und schob ihn in die Tasche. Den zweiten nahm der Peterl mit einer schönen Verbeugung und sang den Schlußvers:

„So sei Dir, Haus, wohl ehrenwerth
Des Boten letzter Gruß bescheert,
Glück hinein, Unglück hinaus,
Gott —"

„Nun, weiter!" rief der Bauer.

Der Peterl sagte recht demüthig: „Ich hab' Dir zwar das Ganze vermeint gehabt, Baumbart-Bauer, aber ich denk', das Letzte behalte ich für mich selber."

Und schob davon. —

Wie diese Zwei zu solcher Stund' und in solcher Weise auseinander gingen, hätte man nicht vermuthet, daß sie sobald wieder miteinander sollten zu thun kriegen. Und doch schon in derselbigen Nacht.

Als der Baumbart-Bauer vom Mitternachts-gottesdienste nach Hause ging — es war ein heftiges Schneien und Stöbern eingetreten, der Weg über die Wiese hin halb verweht — und als er an seinem einsam stehenden Heustadl vorüber kam, eilte aus diesem eine Gestalt hervor. Eine lange, hagere Gestalt. Der Bauer rief sie an, was sie im Stadl

Das Christkind von Scharau.

zu suchen gehabt? Der Künigl=Peterl war's und der sagte ganz erregt: "Ah, Du bist's, der Baumbart! Schau, das ist schon wieder überflüssig, daß Eins bei Nacht und Nebel so weit in die Kirchen geht, wenn man das Christkindl auf eigenem Grund und Boden hat. Willst es wissen: da drinnen ist's, da drinnen im Heustadl. Ochs und Esel stehen nicht dabei, d'rum geh' nur geschwind hinein, ich komm' auch bald nach."

Er lief davon. Wie der Alte noch laufen konnte! Im Stadl war etwas zu hören. Der Bauer horchte. Das war ja schier das Schreien eines kleinen Kindes! — Er ging in die alte Bretterhütte, kroch über Stroh und Heu, rief herum, was denn da wäre und war endlich ganz nahe dem jungen Geschrei. Da es stockfinster war, so machte er keinen Schritt mehr weiter, sondern fragte, wer da sei.

Nun antwortete ihm die matte Stimme eines Weibes, wenn er etwa nur aus Neugierde frage, so nenne sie ihren Namen nicht.

"Ist auch nicht nöthig," versetzte der Bauer, "ich kenne Deine Stimme, mir scheint, die habe ich heut' schon gehört. Warum hast es denn nicht gesagt, daß es so mit Dir steht?"

"Der Vetter hat mir bei Zeiten den Riegel vor den Mund und vor die Thüre geschoben."

"Wenn ich Dein Vetter bin, so wird's mir auch zustehen zu fragen, wer die Schuldigkeit hat, daß er jetzt für Dich sorgt; heißt das, wenn Du's selber weißt."

„Bauer!" sagte sie und ihre Stimme war kräftiger, „mein Mann ist jetzt beim Militär!"

Warum sie's nicht gesagt hätte, daß sie verheiratet wäre?

Weil sie nicht darum gefragt worden sei. Ihr Mann sei ein Lutherischer und mit so Einem hebe man in Scharau keine Ehre auf.

Warum sie jetzt in die Scharau herübergekommen sei?

Weil sie noch vor den Wochen ihre Verwandten besuchen wollte. Die Zeit aber sei Gott bekannt. Die Verwandten hätte sie nun wohl gesehen — jetzt wolle sie Frieden haben.

Da kam schon der Kinigl-Peterl mit einem Laternlicht und mit einem überaus mächtigen Buckelkorb, wie man solche im Sommer zum Grastragen braucht. Er stäubte sich am Eingang sorgsam den Schnee ab, dann kroch er über das Heu her und hinter ihm kroch sein Weib nach, das schleppte Mäntel und Bettdecken und rief der Mutter mit dem Kinde schon von weitem Koseworte zu, und daß sie nur getrost sein sollten, es kämen ja schon die Hirten mit warmen Suppen und Wollzeug! Und der Peterl schlug vor, sie solle das liebe Christkindl nur keck anpacken und damit in den Korb kriechen, dann wolle er sie Beide rechtschaffen weich und warm einwickeln und in sein Häusel tragen, wo schon alles bereit sei.

Und als der Baumbart=Bauer merkte, die zwei Häuslersleute wollten sich hier wirklich auf die frommen Hirten von Bethlehem hinausspielen, sagte er: „Na, na, das übernehm' ich, und der Baumbart wird, wenn's d'rauf ankommt, einer der heiligen drei Könige sein."

„Vielleicht der Schwarze!" versetzte das junge Weib rasch, „ich bedank' mich für die gute Meinung; ich bin eine arme Magd und will mit den Hirten gehen."

Sie ging aber nicht, sondern ließ sich hübsch tragen und dankte Gott in ihrem Herzen, daß diese nöthenreiche Nacht einen so freundlichen Christ=morgen gefunden hatte.

Am Christtage, als die Leute erfahren hatten, was sich Merkwürdiges in der Scharau zugetragen, kamen sie ins arme Häuslein mit Lob und Gaben. Die Gaben für Mutter und Kind, das Lob für den Peterl und sein Weib. Die „drei armen Hascher" standen auch vor dem Bett und schauten das Wunder an. Es war, als ob von diesem ein Strahl ausginge, so verklärt lächelten ihre einfältigen Augen. Und so ist das Wort laut geworden und ist dem Kleinen, der hold heranwächst, der Name geblieben: „Das Christkind von Scharau".

Ein Meßopfer in der Hütte des Waldpeter.

Man soll kleine Kinder nicht allein lassen, auch nicht, wenn man in die Kirche gehen will, um zu beten. Diesen Ausspruch hat der Waldpeter hundertmal gethan.

Der Waldpeter ist ein Oheim von mir gewesen und oft in unser Haus gekommen. Seine Hütte stand noch tiefer im Wald als die unsere. Und wenn er in die Kirche gehen wollte, um den lieben Gott zu erinnern, daß er und sein Weib und seine Kinder doch auch auf der Welt wären, so mußte er auf dem Hin= und Rückwege an die sieben Stunden wandern. Thät' ihm aber nichts machen. „Je weiter in die Kirchen, desto näher in den Himmel," sagt das Sprichwort, und er wanderte und betete. Seine Schuhsohlen wurden zerschlissener, je mehr er wanderte, und sein sorgenschweres Herz wurde leichter, je mehr er betete.

Ein Meßopfer in der Hütte des Waldpeter.

Da kam eine Zeit, in welcher der arme Peter ganz besonders das Bedürfniß hatte, vor dem Hochaltare seiner Pfarrkirche zu knien.

Das Weib, die Waldpeterin, war ihm schwer erkrankt.

„Kann nichts dafür," sagte der Peter zu sich selbst, „Gott muß mir sie gesund machen; das muß ich erbitten, und sollt' ich ihm müssen auf den Knien nachrutschen bis zum jüngsten Tag. Sie ist mein Weib und von meinen Kindern die Mutter."

Am ersten Adventsonntag nimmt er bald nach Mitternacht sein fünfjähriges Söhnlein aus dem Bette und führt es hinaus zur Pfarrkirche. „Zuerst bete für die Mutter," unterwies der Peter den Knaben, „nachher bete für Dich selber —."

Der Kerzenlichterglanz bei der Rorate (Frühmesse) hatte dem Kleinen wundersam gefallen; er lugte nach allen Enden, betete nach seiner Art auch ein bißchen für die kranke Mutter; aber seine eigene junge Seele vergaß er nachgerade ganz und gar.

Eine trübe, schnee- und nebelschwere Woche verging; die Waldpeterin lag wie vor und eh schwer darnieder. Und als hierauf der Festtag der Empfängniß Mariens kam, da machte sich der Waldpeter noch einmal auf, mitten in der Nacht, aber diesmal allein, um draußen bei der Rorate seines Weibes Gesundheit zu erbitten.

Er hatte daheim noch früher in den Ofen geheizt und eine frische brennende Unschlittkerze neben das Crucifix und mehrere Gebetbücher auf den Tisch gestellt, damit sein Weib Wärme und Licht habe. Dann hatte er gesagt: „Jetzt, Aga, geh' ich beten für Dich; bis der Tag hochgeht, mag ich schon wieder daheim sein." Das Weib hatte nur ein klein wenig mit dem Kopfe geneigt, zum Zeichen, daß es höre und verstehe; es konnte sich kaum regen, kaum einen Laut hervorbringen. Dann waren ihr wieder die Augen zugesunken und der Peter hatte noch gesagt: „Steh ihr bei, Du lieber, heiliger Schutzengel, und thu' sie behüten, ich will Dir zu Ehr' schon auch ein Vaterunser beten!" — Und dann war er davon= gegangen.

Gar eintönig tickt die Uhr; still und unbeweglich steht die röthliche Lanze der Kerzenflamme, als be= wache sie eine Todtenbahre. Und als ob die ewige Ewigkeit wäre eingekehrt, so unfaßlich, unendlich ist der Kranken zu Muthe. Der liebe, rothbackige Säug= ling schläft süß an ihrer Seite; dieses Bewußtsein lindert ihre Bangniß. Und im Schiebbettlein schlummern der Knabe und das Mädchen. Die Mutter horcht nach den Athemzügen ihrer Kinder und hört sie kaum.

Die Kranke kann nicht schlafen und nicht wachen; eine schwere Lähmung hält sie gefangen schon seit manchem Tage; kaum daß sich das nimmer ruhende

Ein Meßopfer in der Hütte des Waldpeter.

Mutterherz zuweilen emporringt aus der Erschlaffung.

Wie träge schreitet die Uhr! ach, die Zeit wankt in Winternächten schlaftrunken dahin; in einer einzigen Stunde träumt die wachende Kranke im Waldhause ihre ganze Lebenszeit durch, von heiteren Kindestagen an bis heran zum unseligen Herbstmorgen, da sie an ihres Mannes Seite ein Schlaganfall hat daniedergestreckt.

Um drei Uhr herum ist plötzlich ein dumpfes, erschütterndes Dröhnen vor dem Hause; eine Schneelast ist vom Dache nieder auf den Boden gefahren. Das Kerzenlicht hat ein klein wenig dabei geflattert, um dann wieder — schier ein versteinertes Länzchen — in tiefster Stille weiter zu glühen.

Um fünf Uhr hebt sich aus den blauen Polsterwellen des Schiebbettleins ein Krauskopf empor. Das Mädchen ist's, das eine Weile herumschaut in der beleuchteten Stube, einen langen Hals macht zu der Eltern Bett herauf und nur die kranke Mutter erblickt. Der Vater ist nicht da; das Mädchen horcht, hört ihn nirgends schnarchen, da hebt es sich an zu fürchten und weckt mit leisen Ellbogenstößen das Brüderlein auf.

Der Knabe reibt sich eine Weile die Augen, ist selbst überrascht, daß der Vater fehlt, tröstet aber: „Du Kunderl, draußen im Stall ist er, füttert die Gais und das kleinwinzig Zickerl." Da lächelt das Mädchen.

Nicht lange hernach krochen sie aus dem Bettchen hervor; der Knabe that sich mit gewichtiger Miene sein Sonntagshemdchen um und half auch dem Schwesterchen beim Anziehen.

„Weißt Du," sagte er, „heute ist der Frauentag und jetzt gehen wir in die Kirche, wo die Rorate ist und beten für die Mutter.

„Ja," sagte das Mädchen, „jetzt beten wir für die Mutter".

Die Kranke hörte die Worte. Bleibt liegen, Kinder, und schlafet in Ruh', wollte sie sagen, aber sie hatte die Stimme nicht.

„Jetzt, Kunderl," flüsterte der Knabe, „komm nur, jetzt, wirst sehen, baue ich die Kirche · und werde Dir zeigen, wie es bei der Rorate gewesen ist."

„Ja!" hauchte das Mädchen erwartungsvoll.

„Du, da sind Dir aber viele Lichter gewesen, und auf dem Altar oben sind goldene Engel gestanden. Wart' nur, jetzt —"

Der Knabe kroch auf den Tisch und hub an, aus den Gebet= und Lesebüchern, wie sie zum Troste der Kranken und des Waldpeters herumlagen und von den Bildern und Papierflittern des Hausaltars auf dem Tische einen Bau aufzuführen. Das Mädchen war auch behilflich und zerrte zuletzt sein blaues Strohkissen herbei, um den Bau einzudecken. Als dieses geschehen war, that der Knabe das Crucifix in diese seltsame Nische und sagte: „So,

Ein Meßopfer in der Hütte des Waldpeter.

jetzt, das ist die Kirche. Und jetzt thu' ich das Licht hinein und nachher hebt die Rorate an."

„Ja!" lispelte Kunderl und bewegte die kleinen Arme ungeduldig auf und nieder.

Ein plötzliches Aufstöhnen war im Bette der Kranken. Das arme Weib sah die fürchterliche Gefahr, die hier nahte; aber es konnte nicht warnen und retten, und der Knabe stellte das Kerzenlicht in den kleinen Bau aus Papier und Stroh.

„So, jetzt hebt sie an!" flüsterte er dann und kroch nieder auf die Bank zur Seite des Mädchens, und Beide hockten nun still da und falteten die Händchen. Sie beteten für die kranke Mutter.

Die Kerze brannte ruhig und mild und beleuchtete die Bücherdeckelwände und des Gekreuzigten Bildniß.

Das Weib lag im Schweiße der Todesangst; sie ächzte, sie strengte sich gewaltig an zum Rufe: „Löscht die Kerze aus!" — Sie spannte krampfhaft ihre Sehnen, um aus dem Bette zu springen. Gar vergebens. Nur daß die Kinder eifriger beteten, da lieb' Mutter gar so schwer seufzte.

Und das Lichtlein brannte ruhig und mild. Das Weib flehte und klagte im Herzen. — Jetzt kniet der Peter in der Kirche und bittet um Gesundheit, und daheim verbrennt sein Haus mit Weib und Kind! O Gott, barmherziger Gott, will denn kein Retter und Erlöser kommen?!

Der Knabe blickt leuchtenden Auges auf sein von ihm gebautes Kirchlein; das Mädchen hebt die gefalteten Hände, daß die kleinen Fingerspitzen das liebe rosige Mündchen berühren, und betet wie ein Engel.

Sie merken es nicht, wie das Kissen über der Kerze ein röthlich=braunes Scheibchen bekommt, das zusehends wächst und wächst, merken das Prickeln und Knistern nicht — — da zischt plötzlich die helle Lohe auf und die Kinder kollern vor Schreck alle beide unter den Tisch.

Das kranke Weib, wie vom Blitze aus dem Lager geworfen, steht neben dem Bette, hat den Säugling im Arm; aber schon sinkt es ohnmächtig zu Boden.

Bald ist der Tisch ein Feuerherd und die Flammen lecken hin gegen die Holzwand und auf gegen die rußige Decke und der Rauch wogt durch das Haus.

In demselben Augenblick kracht die Thür, stürzt ein Mann in die Stube, rafft die schwere Wollen= decke vom Krankenbette, schleudert sie über den brennenden Tisch — da ist es in der Stube plötz= lich pechfinster. Ein grün=weißer Streifen fährt über die Wand, ein Streichhölzchen brennt und mitten im Rauche steht der Peter. Er war nicht bei der Rorate gewesen. Gott war ihm entgegengekommen.

Ein Eissturz hatte die Brücke über den gisch= tenden Oedbach zertrümmert, so konnte der Wald=

peter nicht weiter auf seinem Kirchwege und mußte wieder umkehren. Er hatte das Unheil abgewendet. Bebend hob er sein Weib vom Boden auf und hörte nun nach vielen Tagen wieder das erste Wort — seinen Namen — von ihrem Munde. Wohl fiel sie zunächst wieder in eine tiefe Ohnmacht, die stundenlang währte; aber — die Geheimnisse der Natur sind wunderbar — der Schreck war wie ein belebender Funke durch ihre Nerven gefahren, und als das Fest der Weihnacht kam, da konnte sie schon sitzen an dem neu gezimmerten Tisch und mit Mann und Kind still und froh das einfache Festmahl genießen.

Die Osterpredigt.
Nach den Erinnerungen eines Studenten.

—

Damals waren wirkliche Ostern — Ostern, die durch Mark und Bein gingen. Ich war auferstanden und nicht mehr hier, das heißt nicht mehr hier in meiner Alltäglichkeit, nicht mehr bei mir selbst — war aus auf Seelenflug und das junge Fleisch eilte fröhlich hintendrein. O Freunde, das Wandern! — das Studenten=Wandern!

Ostern war, und da richtete ich mir's so ein, daß ich gerade am Ostersonntag zu meinem Oheim auf Besuch kam. Für einen Studenten war das gut genug berechnet, denn mein Oheim war Pfarrer zu Oberstein, und Oberstein war eine reiche Pfründe. Allerdings auf das, was ich dem Herrn Onkel diesmal mitzutheilen hatte, konnte ich gerade keine besonders ausgezeichnete Gastfreundschaft erwarten. Doch die göttliche Jugendlust trug mich über alles Bedenkliche hinaus.

Als ich den Berg hinan stieg, auf welchem das Dorf Oberstein lag und mit seinen weißen Häusern so freundlich ausschaute in die grünenden Auen und Gärten und Wälder der Gegend, da hörte ich oben schon die Pöller krachen. Nutzt nichts, heute muß ich in die Kirche; denn wenn man an solchem Tage zum Herrn Pfarrer kommt, so wird nicht etwa gefragt: Hast schon gefrühstückt, Neffe? sondern: Hast schon die Messe gehört? — Auf allen Wegen und Steigen sah ich Kirchengänger eilig herankommen. schier eiliger, als das sonst ihre Art ist, und Einige hörte ich unter sich erzählen, wie heute auch von Ferne her Leute kämen, um den frommen Priester predigen zu hören.

Nun kenne ich aber diese Predigten frommer Priester, zu denen die Leute zusammenlaufen. Wenn mich bisweilen die anerzogene Liebe zum katholischen Cultus am Gemüthe gepackt und in die Kirche geführt hat, so war gewöhnlich eine einzige zelotische Predigt im Stande, mich zu bekehren, mich wieder für eine lange Zeit vor dergleichen Gemüths= bewegungen zu bewahren. Zudem, wozu sollte ich meinen Herrn Oheim mitten im Worte Gottes stören, wenn er mich plötzlich unter den Zuhörern erblickte, und sich denken müßte: Schau, dort steht Einer, der heute bei mir mittagessen will!

Ich ging also doch nicht in die Predigt, sondern schlich wegseits in den Kiefernschachen hinein, der

mit seinen gold=rothen Stämmen so dämmerig und
kühl dastand und so harzduftig war und so heiter
durchklungen von Vogelgesang, daß ich mir dachte,
wie doch das merkwürdig ist: die Natur, heißt es,
hätte Gott erschaffen, und überall, wo sie freie Hand
hat, baut sie Heidentempel.

Und als ich in meiner heidnischen Stimmung
durch den einsamen Schachen schritt, stand ich auf
einmal vor meinem Oheim, dem Pfarrer von
Oberstein.

Er that einen hellen Ruf, als er mich sah, und
wie das schön sei, daß ihn der Herr Student
einmal aufsuche auf seinem Berg, und wie ich groß
geworden sei! — und breitete die Arme aus und
lachte. Er hatte die schwarze Taffet=Kutte an mit
dem würdevollen Schulterdachel, er war hübsch
untersetzt an Gestalt, hatte gesunde feinrasirte Backen
und noch seine alten, guten blauen Augen, die mir
schon in der Knabenzeit so sehr gefielen, daß ich
ihretwegen auf „geistlich" studiren wollte, um auch
solche Augen zu bekommen.

So stand er denn vor mir, und als wir uns
umarmt und geküßt hatten, schob er mich mit der
Hand von sich, machte ein ernsthaftes Gesicht und
sagte: „Heißt das der Osterpredigt beiwohnen, Herr
Studiosus?"

„Nein," antwortete ich, „wird aber nichts machen,
da der Herr Pfarrer selber im Wald umgeht."

„Der geht freilich im Wald um," versetzte er, „hat aber einen Anderen predigen geschickt. Hast Du vielleicht auch einen Anderen für Dich zuhören geschickt?"

Ich war verworfen genug, daß ich mich mit einer Schmeichelei zu retten versuchte, und sprach: „Das Wort Gottes soll man zwar aus Jedes Mund gleich hoch estimiren, aber ich muß aufrichtig gestehen, wenn ich nicht Dich selber predigen höre, Onkel, so taugt's mir nicht."

Er blickte mich wohlgefällig an und sagte: „Man sieht, Junge, Du hast in der Stadt was gelernt, Du bist ein Feiner! — Nun, offen gestanden, mir gefallen auch meine eigenen Predigten am besten, und wird sich's wunderselten zutragen, daß ich bei einer abwesend bin. Du lachst! — ich aber sage Dir, es wird manche Predigt gehalten, wobei der Prediger selbst geistesabwesend ist."

„Und warum predigst Du denn heute nicht?" war meine Frage.

„Weil ich meinen lieben Pfarrkindern eine Freude machen will," antwortete er. „Ja, Neffe, Du hast auch nicht mehr weit zu Deiner Kanzel, und so läßt sich schon mit Dir reden. Du willst gewiß ein ausgezeichneter Prediger werden?"

Ich schwieg.

„Sieh', Franz, ich bin in Deinen Jahren auch mit derselben Absicht umgegangen. Wir vom Hallegger=

Geschlecht haben zum Predigen ja die Brust — aber nicht das Herz, möchte ich sagen. Eine gute Stimme ist viel, aber lange nicht alles und paßt sogar nicht überall. Wenn ich vom lieben Willen Gottes reden will, und von den Tugenden der Menschen, und von guten Beispielen, und wenn ich die Unglücklichen trösten soll und aufmuntern und berathen, oder wenn ich ihnen ans Herz klopfen will, was braucht's denn da viel Geschrei? Gute, freundliche Worte, hätte ich gemeint, thäten's besser. Ist aber gar nicht wahr! Wenn die Leute in die Predigt gehen, so wollen sie Lärm hören; der Prediger muß wie ein Schau=spieler thun können, mit lebhaften Geberden, mit hochfahrenden Worten; muß von den menschlichen Lastern sprechen, vom Gericht Gottes, von der Hölle, und alles mit Leidenschaft, hie und da eine Legende, hie und da ein Stoß=ins=Herz, dann wieder ein Auf=schreien und Hilferufen, zum Schluß die möglichste Steigerung der Effecte und rasch darauf das Amen. — Das, mein Freund, ist eine Predigt, wie sie die Leute gern hören, die sonstigen Schaustellungen bei=zuwohnen keine Gelegenheit haben. Wirst Du so predigen können?"

„Nein!" sagte ich.

„Ich auch nicht," sprach der Pfarrer. „In Frim=berg drüben predigen die Dominikaner aber so, die Obersteiner gehen an Festtagen gern hinüber, und die daheim bleiben, die schlafen sich bei meinem

Sermon aus. Jetzt, die Fastenzeit her, haben mir's meine Pfarrkinder woltern gut gemeint, sind hübsch passabel Messengelder eingegangen, und auch Flachs und Wolle von der Frühjahrsschur, so habe ich gedacht: machst ihnen zu Ostern eine Freude! und habe von Frimberg einen Dominikaner herüber= kommen lassen, der ihnen heute die Osterpredigt hält."

„Hat sie schon angefangen?" fragte ich.

Da schaut er mich so ein wenig von der Quere an und meint dann, wenn ich zuhören wolle, ich möge mich ja nicht etwa aufhalten lassen.

„Nicht der Predigt wegen," sagte ich, denn es juckte mich wirklich die Neugierde, „nur den Geschmack der Leute möchte ich studiren."

„Hörst Du!" lispelte der Pfarrer und legte den Finger an den Mund.

Ich horchte; hoch in den Kronen der Kiefern sangen die Finken, sonst war alles still. Aber durch die Stille kam zuweilen der verlorene Hall einer Menschenstimme daher. Man sah keine Kirche, aber man hörte den Prediger.

„Der könnte auf dem Kirchhof die Todten auf= wecken!" bemerkte ich.

„Das wird er auch," sagte der Pfarrer. „Mit der Auferstehung Christi ist er bald fertig, dann kommt das letzte Gericht. Soll Dein Fleisch einst auferstehen, so mußt Du es hier abtödten. Das ist der Ueber=

gang. Dann höre weiter. Die Welt vergeht in den Flammen, die Posaunen erschallen, die Gräber öffnen sich, die Todten stehen auf, Eltern suchen die Kinder, der Bruder den Bruder, die Gattin den Gatten, und fragen sich: Bist Du selig? Bist Du verdammt? ... Verdammt! schreit das Kind, weil Ihr Eltern mich schlecht erzogen habt! ... Verdammt, flucht der Bruder, weil Du mich verführt hast! ... Ewig verdammt! wehklagt das Weib vor dem Manne, weil Du mich mißhandelt hast und ich Dich betrogen und die Sacramente vernachlässigt ..."

„Pfarrer, sei still, 's ist schade um den heiligen Tag!"

„Aber es wirkt mein Junge, das Feuer fürchten sie, und ich bin überzeugt, daß sie mit den besten Vorsätzen die Kirche verlassen."

„Dann hat der Dominikaner ja Recht!" sagte ich.

„Habe ich gesagt, daß er nicht Recht hätte?" versetzte der Pfarrer. „Daß morgen die Leute ihre Vorsätze wieder vergessen haben, nachdem ihnen die Predigt heute die freudige Feststimmung verdorben, dafür kann der Dominikaner nichts; daß durch so drastische, unbarmherzige Darstellungen die Gemüther verrohen, die Gefühle für uneigennützige Tugenden ersticken, dafür kann der Dominikaner nichts. — Ich wünsche Dir, mein lieber Neffe, eine Stelle, in welcher Du einst als Priester nicht angewiesen bist, bloß mit dem Worte zu wirken, sondern Du Gelegenheit hast, die Menschen durch That und Beispiel zu leiten und zu erheben."

Als mein Oheim so gesprochen hatte, fühlte ich die Stunde gekommen, um ihm meine Mittheilung zu machen.

Nun sagte ich: „Meinst Du, Onkel, wie ich jetzt dastehe, daß ich für einen Priester überhaupt das rechte Zeug habe?"

„Wie Du jetzt dastehst," antwortete er, „so kann ich wohl nicht glauben, daß Du für einen Priester das rechte Zeug hast. Das hat selten Einer, besonders in so jungen Jahren. Die priesterlichen Ehren schmeicheln Dir, aber ich, der, wie Du siehst, als Priester grau geworden ist und auch leiblich beleibt, ich sage Dir, Du kannst keinen Beruf wählen, dem Du als Mensch weniger entsprechen wirst und der Dich als Idealisten weniger befriedigen wird, als den Priesterstand. Ich habe Dich in Deinen Studien zu fördern gesucht, ich bin Priester aus meiner ganzen Seele und ich weiß auch, daß wir einen Zuwachs von Priestern sehr vonnöthen haben, und doch möchte ich Dir, als Dein aufrichtiger Freund, zu bedenken geben, ob es gut ist, wenn Du die Erde hingiebst, bevor Du noch den Himmel hast. Zwischen Himmel und Erde ist gar ein unbehag= liches Hängen!"

„Mich freut es, daß Du so mit mir sprichst," sagte ich, „denn ich will meine Osterferien nicht bloß dazu benutzen, um meinen geliebten Oheim wieder einmal zu sehen und bei ihm ein vortreff= liches Ostermahl zu verzehren, sondern ich bin auch gekommen, um ihm zu sagen, daß ich schon vor einiger Zeit das Studium der heiligen Theologie gegen das der Weltweisheit vertauscht habe."

Der Pfarrer war doch überrascht. Er schwieg ein Weilchen, dann sagte er: „Ich habe Menschen gekannt, die bei ihrem Studium der Weltweisheit sehr thöricht geworden sind. Die Gelehrsamkeit ist eine schöne Sache, wenn sie nicht hochmüthiger Selbstzweck, sondern Mittel zu einem guten Ziele ist. Ich halte für die wahre Weltweisheit die Kunst, seinem Berufe — er sei was immer für einer — so zu leben, daß man sich selbst vervollkommne und den Mitmenschen angenehm und nützlich sei. — Von Dir hoffe ich das, mein Neffe, wir reden noch davon, und einstweilen will ich Deine Berufswahl billigen. — Mich dünkt, die Predigt ist zu Ende und so wollen wir in den Pfarrhof gehen."

Als wir aus dem Wäldchen traten, sahen wir, wie die Menschen in mächtigem Schwall zur Kirche herausdrängten. Hölle und Himmel und Amen waren kaum verklungen und nun strömte Alles so hastig als möglich nur wieder der Welt zu. Aber manches Auge war rothgeweint, mancher Blick war scheu und mancher Mund lobte den frommen Prediger.

Im Speisezimmer des Pfarrhofes versammelten wir uns. Da kam der Caplan, ein noch ganz junger Mann mit Augengläsern, der schüchtern und unbeholfen war und allemal, wenn er ein Wort zu sprechen hatte, roth wurde.

„Hat erst vor ein paar Monaten seine Primiz gefeiert," flüsterte mir der Oheim zu; „es ist nur ein Wunder, daß er das Erröthen noch nicht verlernt hat; die halbe Gemeinde, Jung und Alt, kommt zur österlichen Zeit zu seinem Beichtstuhl."

Dann kam Einer in weißtüchener Kutte und mit schwarzem Uebermantel. Das war der Dominikaner. Er war schlank und hager, hatte eine hohe Stirne und einen blonden Vollbart und er machte ein überaus vergnügliches Gesicht. Er scherzte mit dem stets jovialen Pfarrer, mit dem ängstlichen Caplan und bald auch mit mir, als wäre ich ein alter Bekannter von ihm. Er hatte eine schöne sonore Stimme. Als die Wirthschafterin kam, ein jugendlich-frisches, blondköpfiges Frauchen, und die Mahlzeit ihren Anfang nahm, steigerte sich die Fröhlichkeit. Aber das Frauenzimmer that nicht viel mit.

Den Speisezettel wüßte ich nicht mehr anzugeben, doch mag man mir glauben: es war ein echt pfarrherrliches Ostermahl. Ich erinnere mich nur, daß der Pfarrer sagte: „Wir dürfen es uns schmecken lassen, denn ich weiß Keinen in der Pfarrei, der sich heute nicht satt essen könnte!" — worauf der

Prediger lachend erwiderte: „So genau nehmen wir Frimberger es wieder nicht. Wenn wir allemal warten wollten, bis sich der letzte Kleinhäusler bei uns satt gegessen, da hätten wir alljährlich eine dreihundertfünfundsechzigtägige Fastenzeit. Höchstens, daß uns für den Schalttag eine Bratwurst bliebe!"

Wir lachten, denn es blieb uns im Grunde nichts anderes übrig.

Bald nachdem der Burgunder gekommen war, riefen die Kirchenglocken schon zum Nachmittags-Segen. Der junge Caplan stand auf, machte eine überaus förmliche Reverenz und ging, um den Gottesdienst zu halten.

Der Dominikaner erhob den Kelch und wollte mit der Wirthschafterin anstoßen. Diese gab ihm nun die folgende Antwort: „Wenn Hochwürden so lustig werden! Es gehen die Kirchengeher vorbei und die könnten die heutige Predigt zurückgeben."

Und da haben wir halt wieder gelacht, und der Dominikaner nicht am wenigsten.

Hernach stießen wir aber doch die Becher zusammen; das nette Frauchen mit dem Pfarrer, da gab's einen weichen Mollton, das Frauchen mit dem Dominikaner, da schrillte es etwas grell; das Frauchen mit mir, das war wie fröhliches Osterglockenläuten.

Am anderen Tag, nachdem wir — obzwar der Dominikaner schon in sein Frimberg zurückgefahren war — noch eine gemüthliche Tafelrunde abgehalten hatten, wobei auch der junge Caplan heiter wurde, wanderte ich weiter. Der Pfarrer-Oheim hat mich begleitet bis zum Grenzbaum seines Sprengels; sein freundliches Andenken hat mich begleitet bis zu diesem Tage.

Am Fenster der Liebsten.

Die Jagd war unglücklich ausgefallen. Der Fürst hatte einem Treiber die rechte Hand durchschossen. Der Treiber hatte Weib und Kind, sonst aber nichts für sich und seine Familie, als diese Hand gehabt; er war Waldarbeiter, und bei solchem Geschäfte muß die Rechte allemal wissen, was die Linke thut, weil sie derselben in Allem beizustehen hat.

Gut war noch das Eine, daß der Fürst es gewesen, der in Unacht den bösen Schuß gethan hatte, und die Leute sagten: „Sei froh, Thoma, jetzt bist versorgt für alle Tage, die Dir Gott vom Himmel giebt!"

Und Gott gab ihm noch manchen Tag vom Himmel, nahm ihm hingegen sein Weib — da stand er, der Krüppel, mit seinem Kinde, einer heranwachsenden Tochter, allein. —

Am Fenster der Liebsten.

In einem Thale jenes Gebirges steht das Schloß Hollerstein. Es ist ein großes, altes Gebäude, der Sage nach einst von Raubrittern gegründet, von Templern erobert und bewohnt, durch die Türken zerstört und als Jagdschloß für den Fürsten wieder erbaut. Die längste Zeit des Jahres stand Hollerstein leer und wurde nur von einem Vogte bewacht, einem Invaliden aus dem Franzosenkriege. Als nun der eine Invalid starb, kam der andere dran — der Thoma mit der durchschossenen Hand. Der bekam im Schlosse zwei große Stuben und ein kleines Gemach, und darin wohnte er nun und war der alten Mauern und dem blühenden Kinde treuer Wart. Die grauen Steine sind leicht zu hüten, aber ein hübsches Mädchen, das zwischen dem Kinde und der Jungfrau in der Schwebe ist, wie ein Blüthenreis in der Nacht zwischen April und Maien, ist Gefahren ausgesetzt, von welchen der alte Thoma selbst nicht viel Ahnung hatte. Es ist scheinbar eine kühle oder eine laue, ruhige Nacht, aber es ist dunkel und das Mädchen ahnt, bangt in das Ungewisse hinein. Es fühlt wohl, daß ihm ein anderes Leben kommen müsse — es fiebert leise zwischen Frost und Sonnenglut...

Julina hieß sie. Julina ging nun in das achtzehnte Jahr. — Ich wollte, ich könnte malen, ich würde dem freundlichen Leser ein Bildchen schenken, das er aufstellen sollte an dem trautesten Platze seines Heim. Im rauhen Gemäuer des Schlosses ein Fenster, dessen offene Flügel mit den klaren, sechseckigen Zellenscheiben in der Morgenluft leise fächeln. Das Fenster ist einen Stock hoch in der Mauer, aber die Ranken des Epheu sind doch hinangeklettert und umkränzen die Rahmen und schwingen und schlingen sich über das Gesimse hinein und möchten am liebsten auch das holdsame Mädchen umschlingen, das mit seinen goldfarbigen Locken am Fenster steht und just mit zarter Hand ein Dornröslein befestigt an der blüthenweißen, schmiegsamen Pfaid seines Busens. Sein Lippenpaar ist auch so ein Dornröschen, so knospend, so frisch; und wer ihm ins große, helle Auge schaut, der kann ein Vöglein d'rin sehen — es ist das winzige Spiegelbild einer Schwalbe, die heiter zwitschernd auf einem Zweige wiegt und dann lustig um den Thurm des Schlosses kreist.

Ja, ihr Närrchen! Wenn schon der immergrüne Epheu und die lose Schwalbe um das Mädchen minnen, wie erst die warmlebigen Burschen des Thales! — Es ist ja so wunderbar, so närrisch, so göttlich auf dieser Welt! — Am Abend, wenn die Schwalbe schon längst in ihrem Neste hockt und den stillen Freuden des Familienlebens obliegt, und wenn über den steinigen Höhen des Tauern der Mond aufsteigt, schamrothen Antlitzes zuerst wie ein Junge, der das erstemal minnt, doch helleren,

keckeren Auges bald die Mauern des Schlosses be=
scheinend und im Gemache einen scharfen Schatten
schneidend aus dem Köpfchen der jungen Maid, die
wiederum am Fenster steht — zu solcher Abend=
stunde mögt ihr heimlichen Lauscher wohl einen
wunderlichen Gesang hören unten im Haselgesträuche.
Anfangs ist es eine Entschuldigung:

> „Meine Schuh, die ih trag,
> Sein vom Fuchsleder g'macht,
> Sie schlafen beim Tag
> Und geh'n aus bei der Nacht."

Gleich darauf mag schon das Geständniß kommen,
das Geständniß von warmer Neigung oder einer
heißen Herzenssehnsucht; es kann ein glühend Ver=
langen werden, gemildert nur durch die anmuthig
schalkhafte Liebesform, in welche schon die Alten
ihre trotzigen Wünsche zu kleiden gewußt haben.
Auch den Jungen nun ist ganz dasselbe mundgerecht.
Nicht abhold sind die Mädchen solchem Cultus
der Liebe, und Julina sang mit ihrer weichen Stimme
manche Antwort gegen das Haselgebüsch hinab —
bald Gegenneigung, bald Ablehnung, bald Ge=
währung, bald Spott verkündend. Da knisterte es
wohl zuweilen im Strauchwerk, da strebte wohl
mancher rüstige Fuß über die rollenden Schuttstein=
chen dem Gemäuer zu; aber die Wand war glatt,
und gleichwohl man sagt, die Liebe hebe den
Menschen in höhere Regionen, hier an der Mauer

von Hollerstein vermochte sie nicht einen Einzigen der Minnenden bis zu Julinas Fenstergesimse zu heben.

Nur Oswald, der zweiundzwanzigjährige Sohn des Forstmeisters, vermuthete, daß hier eine Leiter mit zwölf Sprossen bessere Dienste leisten dürfe, als die begehrendsten Liebesliebchen. Von Heim mitbringen konnte er die Leiter allerdings nicht, denn das Försterhaus stand drei Stunden tiefer im Gebirge, und dem Burschen — schlank und glatt und fein, zart und männlich dabei, frisch und heiter, der Abgott aller jungen Weiber, die ihn sahen — dem stand es nicht an, anstatt der Flinte eine Holzleiter zu schleppen auf seiner Achsel dem Schlosse Hollerstein zu. So zimmerte denn Oswald eines Tages im Haselgebüsch unter dem Schlosse die Leiter. Der harmlose Thoma hatte ihm Axt und Bohrer dazu geborgt, denn so eine Leiter — meinte er — sei freilich wohl nöthig für den jungen Jäger, um die schroffe Falkenwand jenseits des Baches zu erklimmen. Und Oswald, der herlebige Junge, hatte selten noch eine Arbeit mit solcher Passion verrichtet, als nun, da er die Sprossen in die Leiter bohrte; von Sprosse zu Sprosse wurde ihm wärmer, und als er die letzte, die oberste ins Holz schlug, murmelte er: „So, meine Mutter hat mir alleweil gesagt, der Mensch soll sich seine Staffel in den Himmel selber bauen. Meine sind fertig."

Am Fenster der Liebsten.

Nicht gar weit vom Schlosse steht das Sensen=
werk, in welchem zu dieser Zeit der Hammer=Wend
Essemeister war. Der Hammer=Wend ist in der
Gegend noch heute als ein Mann bekannt, der so
hart, spröde und schwarz wie rohes Eisen war, und
wenn Der glühte, da stoben die Funken. Es war
ein finsterer, rachgieriger Geselle, ein kerniger Arbeiter
gleichwohl, aber ein wüthender Raufer und Würger,
wurde er gereizt. Keinem war so gefährlich Kleider
machen, als diesem, Keiner gab so gutes Trinkgeld,
wenn ihm was saß, aber Keiner wetterte auch so
wild, wenn im Gewand eine unrechte Falte war.
Indes diente als Empfehlung für einen Schneider,
wenn es hieß: Der arbeitet auch für den Hammer=
Wend. Er war über die Dreißiger hinaus in Liebes=
sachen kalt geblieben. Ueber den Wein, die Spielkarten
und über die Wilderei hatte er das Weib vergessen.

Als nun aber in der Nähe des Sensenwerkes
des Schloßwarts Töchterlein erblühte und selbes
in allen jungen Männern des Thales Liebessehnsucht
weckte, da fing der Wend plötzlich Feuer und glühte
und sprühte schauderlicher, als all seine Essen zu=
sammen. Eines Sonntags im Schloßhag, wo Julina
just zwei zahme Rehe fütterte, machte er ihr seine
Liebeserklärung. Seine Worte waren wie eherne
Hammerschläge, wie lodernde Eisenklumpen. Das
Mädchen erschrak vor solcher Leidenschaft, wortlos
senkte es das Haupt und zitterte wie eine Taube

unter dem niederschwirrenden Adler. Das Nahen
des Vaters rettete sie. Der Hammer-Wend schritt
fürbaß und hielt sich das Mädchen für erobert.

Auch er war nun manche Nacht im Haselgebüsch
gekauert, doch sang er nur selten ein Lied, weil
seine Minnetöne vom Fenster her nie eine Antwort
erfuhren. Er lauerte auf eine Gelegenheit, dem
Mädchen zu nahen, und sich dessen Gegenliebe zu
versichern. Da fand er eines Abends im Gebüsche
den Förstersohn lehnen an einem Steine, süße
Lieder singend und süße Antwort empfahend. Vor
Wuth bebte der Wend; sein Feind, der ihn schon
einmal wegen Wilderei vor Gericht ziehen ließ, sein
Feind stand nun zwischen ihm und diesem jungen
Weibe.

Erst als Oswald mit drei Fingern einen Kuß
gegen das Fenster sandte: „Gute Nacht, gute Nacht,
mein Schatz!" huschte auch der Wend davon. Und
mit Zähneknirschen schwur dieser, in den nächsten
Tagen wieder auf Jagd zu gehen, und zwar mit
seinem sichersten Kugelstutzen, und Stände zu suchen,
nicht wo der Rehbock springen konnte, sondern wo
der Förstersohn vorübergehen mußte.

Julina trillerte noch ein heiteres Schnadahüpfel
und legte sich schlafen. So sang sie stets ihren Abend=
segen und meinte in ihrer Schalkheit, vielleicht ge=
falle dem lieben Herrgott das Singen besser als das
Beten, denn seinen Vöglein in den Lüften habe er

nicht das Beten, wohl aber das Singen gelehrt. — Ein Blitzmädchen war's!

Und siehe, während im Herzen des Kindes so die Liebe waltete, grub in der durchschossenen Hand des Vaters die Gicht. Die Salben aller alten Weiber der Umgegend waren längst versucht und verflucht; so entschloß sich nun der Alte einmal, einen entfernten berühmten Arzt aufzusuchen, um Linderung seines Leidens zu erlangen. Er ging davon und Julina blieb mit einer alten Magd allein im großen Schlosse, allein bei Tage und bei Nacht.

„Das ist die rechte Zeit," sagte der wilde Hammer=Wend zu sich. Und des Abends spät, da Wolken die Sterne des Himmels verdeckten, ging er dem Schlosse zu. Er sann auf Mittel, die hohe Mauer zu überwinden, da fand er im Haselgebüsche die Leiter. Er grinste, er ahnte bald, von wem sie bereitet und wozu sie bestimmt war. Sein Blut glühte theils aus Liebes=, theils aus Rachbegier. Er lehnte die Leiter an die Mauer und kletterte vorsichtig hinan. Er lauerte, das Fenster war geschlossen; er horchte, im Gemach war es still; er klopfte, das Klopfen war vergebens.

Sollte sie nicht daheim sein? Sollte sie in einer anderen Stube schlafen? Oder gar bei den Ziegen im Stalle? Die Weiber gehen, wenn sie sich vor Menschen fürchten, gern zu den Thieren. — Schon wollte der Wend wieder zur Erde steigen, da hörte er im Gebüsch ein Rascheln. Er stieg nun nicht hinab; behendig wie eine Katze stieg er von der Leitersprosse auf einen Mauervorsprung hinaus, schmiegte sich in eine mit wilden Ranken umwucherte Nische, die hart neben dem Fenster war, und lauerte. Unten wurde ein Vierzeiliges gesungen:

> „'s Vögerl am See
> Schwingt hin und schwingt he,
> Schwingt auf und schwingt nieder,
> Und mein blauäugigs Dirndl,
> Heut komm' ich Dir wieder."

Oswald's Stimme.

Der Wend griff mit behender Hand nach dem Messer, das in der Ledertasche seines Beinkleides stak. „Mein Stoßeisen, Du! Sollst mir heute gut sein!" so murmelte er knirschend. „Und das schwör ich Dir, Jüngling, in dem Augenblick, wo Du ihren Mund anrührst, grab' ich Dir Das Messer ein!"

Hätte Oswald emporgeblickt, er würde zwei Augen haben funkeln gesehen im Geranke. Aber dem arglosen Burschen fiel es nicht einmal auf, wieso die Leiter schon am Fenster lehnte; oder er hielt das als ein Zeichen des Entgegenkommens von Julinen. Zwar hatte sie heute bisher sein Liebchen nicht entgegnet; doch, sie mußte ja vorsichtiger sein als sonst, wenn der Vater daheim, und einem Mädchen, das sich einsam fühlt, vergeht das Singen. — Leichten Blutes stieg Oswald die Leiter hinan.

Mehrmals mußte er an den Scheiben klopfen und Julinens Namen flüstern, bis der Fensterflügel sich aufthat.

„Julina! wacheſt Du? Ich bin's."

„Oswald," lispelte das Mädchen und zog die Pfaid über die Bruſt hinauf bis zum Kinn.

„Ja," ſagte er.

„Oswald, heute hätteſt Du nicht kommen ſollen."

Er ſetzte ſich aus Fenſtergeſimſe, ſchlang den linken Arm um eine Rankenſtange, die zugleich als Gitter diente, und ſtreckte die Rechte dem Mädchen zum Gruße hinein. Sie hielten ſich an der Hand, ſie flüſterten und der Burſche umſchmiegte immer feſter ihre weichen Fingerchen.

„Julchen," ſagte er plötzlich, „wie Du ſiehſt, bin ich hier auf dem Geſimſe in keiner geringen Gefahr. Wenn die Ranke bricht, ſo lieg' ich unten."

„Warum ſoll die Ranke denn brechen?"

„Weil ſie Deinen ganzen Burſchen halten muß. Und juſt den Geringſten haſt Du Dir nicht aus= geſucht. Willſt mich wägen?"

„Nach dem Gewicht kauf' ich nicht," ſpottete ſie.

„Ah, Ihr Weibsleut' ſchaut nur auf das Maß; und allemal, es wäre ſchad' um den Deinigen, wenn die Ranke jählings brechen ſollt'."

„Ein Biſſel wär's halt freilich ſchad'," liſpelte ſie und zog ſeine Hand ein wenig näher an ihre Bruſt.

„Wenn Du's meinst, so thätest wohl doch ein christlich Werk, wenn Du mich aus der Gefahr wolltest befreien."

„Wüßt' nit, wie Eins das müßt' angehen."

„Ich wüßt' schon, Julina, wie Eins das müßt' angehen. Da weg vom Fenster sollst mich heißen — zu Dir ins Stübel hinein."

„Kunnt mir im Schlaf nit einfallen," meinte sie.

„Schlafst ja nit," sagte er, „warum sollte ich nicht ein Eichtl neben Dir sitzen, daß wir über Eins und das Andere plauderten und uns miteinander die Zeit vertrieben?"

Jetzt war im Gesträuppe neben dem Fenster ein leichtes Rascheln.

„Hörst es!" sagte Oswald, „die Fledermäuse, oder was mir da zusetzt. Nein, lieb' Dirndl, ich kunnt's nit verantworten, daß ich Dich in diesem alten G'schloß allein ließe die heutige Nacht. Möcht's nit auf mich nehmen."

„Jetzt ist Schlafenszeit," sagte sie.

„Magst schlafen so viel Du willst; ich sitz daneben und bleib schon munter."

„Gescheiter wird's sein," meinte sie nun, „ich verlaß mich für diese Nacht auf den heiligen Schutz= engel, als auf Dich."

„Das ist gewiß auch; aber Dein Schutzengel, der schickt mich ja her zu Dir. Geh', lang hervor Dein Köpfel, ich will Dir was ins Ohr sagen."

"Sag's nur, ich höre es schon," entgegnete sie und hielt das Köpfchen zurück.

"Schatz," flüsterte er, „hätteft wirklich eine so schlechte Meinung von mir, daß Du glauben kunnt'ft, ich ginge Dir heut' ohne Bussel fort?"

"Du Bübel, Du keckes!" drohte Julina halb im Spaß, halb im Ernst. „Meine Mutter hat gern gesagt: Das Bussel hat einen langen Faden, da hängt allerhand dran und da verzappelt man sich hinein, wie die Mucken in das Spinnenweb. — Hätteft nur erst den Arm um meinen Hals, wär Dir's ein Leichtes, ins Stübel zu rucken; und auf der harten Bank fitzen, das kunnt' Dir leicht nit lang' taugen. Flugs ist die Gnad' Gottes weg und wir kunnten uns vor einander nicht erwehren. Und morgen thät's uns gereuen. Oswald sei gescheit und geh' heim."

Da hub es dem Burschen in allen Adern an zu kochen. Des Mädchens innige Worte waren nur Oel ins Feuer. Er konnte es in dunkler Nacht nicht sehen, wie nahe an ihm das scharfe Messer blitzte. Schon schickte er sich an, durch das Fenster zu steigen, aber die Jungfrau rief den Namen Gottes an und hielt ihn mit zitternden Händen zurück: „Oswald, überwinde Dich! nur heut' überwinde Dich. Ich hab's dem Vater versprochen, daß ich tugendsam bin, dieweilen er aus ist. Und mußt auch bedenken, daß heut' Maria=Namenstag ist, wo vor einem Jahr an diesem Tage Deine Mutter ist gestorben —"

Sie sprach nicht weiter und so wies sie ihn davon, den lieben Burschen, den sie am liebsten mit beiden Armen an ihr Herz gezogen hätte. Mit einem tiefen Athemzuge ließ Oswald ab. Eine Weile saß er noch stumm auf dem Fensterbrett, dann sagte er traurig: „Gute Nacht, Julina!" stieg rasch die Leiter hinab, warf diese in das Dickicht und eilte davon.

Der Hammer=Wend in seiner Mauernische ließ verblüfft das Messer in die Scheide gleiten. Mit einer Art von Wollust hatte er in seinem Rache=rausch den angeschworenen Moment zum Stoße erwartet. Jetzt war das Opfer plötzlich davon, er wußte kaum wie. Nun, im Grunde dachte er, um so besser. —

Mit einem Satze war der wilde Essemeister auf dem Fenstergesimse. Ein Schreckruf des Mädchens. Sie schlägt das Fenster zu; er stößt es wieder auf; sie erkennt den Hammer=Wend, ein Stoß mit beiden Armen nach seiner Brust — er taumelt zurück, stürzt nieder ins Strauchwerk. —

Den Essemeister Wendelin haben sie ins Krankenhaus getragen. Der alte Schloßwart ist mit frischen Salben von seinem Arzte zurückgekommen und hofft wohl, daß seine Hand sich wieder insoweit stärken wird, um damit den seither in Anwartschaft stehen=

ben Enkel schaukeln zu können; denn Oswald, der junge Förster, hat um Julinen geworben. Und der Epheu rankt fort und fort, und die Vöglein umkreisen lustig schmetternd, kosend, geheimnißvoll lugend und flüsternd das Fenster der Liebsten.

Der Schäfer von der Birkenheide.

Der Schäfer von der Birkenheide war ein Schäfer nach dem Herzen Gottes. Er war im Verhältniß zu anderen Schäfern blutjung und im Verhältniß zu seinen Schafen steinalt. Er hatte gelbgoldiges Haar, das er sich alljährlich zur Herbst=schur mit der breiten Wollenschere vom Haupte schnitt. Er war schlank und hoch gewachsen, wie die weißen Birkenstämme, zwischen welchen er den Sommer hindurch lebte und die Schäflein weidete. Von diesen Birkenstämmen schälte er eines Tages ein zartes weißes Rindenhäutchen los und schrieb darauf die Worte: „An die Geiß=Esther im Fisch=graben. Es ist mein guter Rath, daß Du Deine Geißen auf die Birkenheide treibst. Hierum giebt es Brombeerlaub, das mögen wir nicht alles über=kommen. Ich laß Dich schön grüßen.

Titus, der Schäfer auf der Birkenheide."

„Da schau, das schreib ich der Esther," sagte er zu seinem Freunde, dem grauen Widder, der ihm über die Achseln schnupperte.

„Halt her!" blökte der Widder, und als ihm der Brief nahe genug war, um lesen zu können, fraß er ihn auf.

Das gute Verhältniß der beiden Freunde war nun für lange Zeit gestört und die Esther kam nicht auf die Birkenheide. Der Widder genoß unter seinen Schafinnen vergnügliche Zeiten; aber dem Schäfer war das Herz schwer, und als sich einmal eine Ziege aus dem Fischgraben auf die Birkenheide verirrte, herzte sie der Titus und flüsterte ihr in die Ohren: „Thu' mir die Esther grüßen!"

„Thu' es selber!" mäckerte die Geiß und lief davon.

Und am nächsten Samstag that er's selber. „Esther," sagte er, „ich muß Dir was anvertrauen, ich bin ein Narr." —

„Je, das weiß ich schon lang'!" lachte die Esther.

„Laß mich nur ausreden; Narr vor lauter Lieb' zu Dir."

Da jauchzte die Esther schier auf vor Lachen und lief weg.

Der arme Titus hielt sich den Kopf mit beiden Händen, denn der wollte auch davonlaufen und den Schäfer allein lassen mit seinem blutenden Herzen. „Ach, hätte ich meinem Vater gefolgt!" klagte er,

„wäre ich ein Seelenhirt geworden, anstatt ein Schafhirt! Nun sehe ich's wohl, die Welt ist eitel."

Er war gar nicht dumm, der Titus; er war belesen und that spintisiren, wie es schon so Schäferbrauch; zuweilen zwar sah er ein wenig blöde und albern aus, aber er war ein Schalk und Philosoph durch und durch. — Krieg' ich schon mein Mädel nicht, so werd' ich gar ein Pfaff!

Es giebt Leute, die erst dann nach der christlichen Heiligkeit streben, wenn sie mit der Welt umgeworfen haben. So ein Fuchs war also auch der Titus. Nicht gar weit von der Birkenheide in einem alten Schlosse wohnte ein Häuflein grauer Brüder. Sonntags predigen und Werktags betteln war ihr ehrsam Handwerk, und es gab keine Gasse und keine Straße in der Gegend, in deren Staub nicht die Sandalen der grauen Brüder zu verspüren waren.

Da saßen in der Klause auf der Birkenheide einmal zwei Männer zusammen, so ein grauer Bruder und unser Schäfer. Der graue Bruder ließ sein behendig Redewerk klappern und fuhr mit den Händen bekräftigend hin und her, auf und nieder. Der Schäfer that nichts, als fort und fort gemächlich das Haupt neigen: er glaube alles, er sei mit Allem einverstanden.

Zuletzt, als sie auseinander gingen, wattirte der Titus die zahl- und grundlosen Säcke des ehrwürdigen Bruders mit Schafwolle aus. Es war die ganze Herbstschur.

Und als der Pater fort war, ging der Titus mit verschlungenen Armen unstet über die Heide und zählte an den Tagen und Stunden, die ihn noch von der Aufnahme und Einweihung in den geistlichen Stand trennten. Dann zog er ein Büchelchen aus der Tasche, das er zum Gegengeschenk für die Herbstschur bekommen hatte. Das Büchelchen war tausendmal mehr werth als die Herbstschur, denn es war das Brevier; aber des Schäfers Gedanken wollten nicht weilen in den vergriffenen Blättern, sie flatterten wie Schmetterlinge weit in der Gottesluft herum, tänzelten um die weißen Birkenstämme, um die blökende Heerde, flimmerten gar in den Fischgraben hinab und umgaukelten die Geiß=Esther. — Ja, die wird gucken, wenn sie hört, der Titus wird ein geistlicher Herr! Ja, nachher wird sie's glauben, daß in einem Schäfer auch was stecken kann. Ja, nachher wird ihr leid sein. Ja, geschieht ihr schon recht! — Bei seiner ersten Predigt wird sie gewiß auch dabei sein. Ja, die erste Predigt! Ja, die muß er sich wohl prächtig einstudiren.

Der Schäfer stieg auf eine Felswand und blickte mit Befriedigung nieder auf die Schafheerde, die sich unten versammelte. Hierauf hub er an zu reden:

„Geliebte Brüder im Herrn!" Er machte eine Pause, dann wiederholte er die Worte noch einmal,

redete aber nicht weiter. Er stand lange auf dem
Felsen und wendete sein Haupt nach allen Himmels=
gegenden; aber er schwieg. Sein Schweigen hatte
eine kleine Ursache — es fiel ihm nachgerade gar
nichts ein. Die Schafe schüttelten ihre Wolle, so
viel ihnen die gestrige Schere noch am Leibe ge=
lassen hatte; sie waren enttäuscht. Sie hatten gemeint,
der Schäfer wolle ihnen vom Felsen herab gesalzene
Brotstücke zuwerfen, wie er sonst zuweilen that.
Nun versicherte er sie bloß seiner Brüderlichkeit.
Sie gingen blökend auseinander.

Der Titus aber tröstete sich: Mach' dir nichts
d'raus, daß du dermalen noch nicht weiter kannst
im Worte Gottes. Erst bei der Salbung kommt der
heilige Geist über dich. Sanct Peter ist ein Fischer
gewesen und ist ein grundgescheiter Apostel gewor=
den; und doch ist nach dem Sprichwort ein einziger
Fischer dreimal so dumm wie drei Schäfer zusammen.

Der Titus hatte, wie die allermeisten Schäfer,
eigentlich sein Lebtag zu den Barfüßern gehört; ja
er trug nicht einmal Bindesohlen, und wenn er sich
einen Scherben oder einen Splitter in die Fuß=
sohlen stieß, so schnitt er ihn gelassen mitsammt
einem Stück Haut heraus und pfiff dabei, etwa wie
ein Schuster, der eine alte Schuhsohle zertrennt.
Die härene Kutte ist wärmer wie eine Zwilchjacke,
„die mehr Fenster hat, als das Kaiserhaus" und
durch welche der innere Mensch an allen Ecken und

Enden herauslugt. Ferner ist erbetteltes Brot sorgloser zu genießen, besonders wenn man es in ein Gläschen Wein tunkt, als Hirtenkost, die heute eine Seuche vergiftet, morgen ein Dieb davonträgt. Also was konnte der Titus verlieren? Das Predigen und Beichthören sammt allem Zubehör bringt der Geist. Vielleicht wird der Titus gar noch Oberer! O, dummer Titus!

Am Vorabende des Michaelfestes war's. Der Titus hatte seine Schafe bereits in die Sicherheit des Stalles gebracht, und zwar zum letztenmal. Er hatte seinem Bauer wie der ganzen Welt heute den Dienst aufgesagt.

Morgen geht's ins Kloster und das Novizenjahr hebt an. An diesem letzten Abende ging der Titus noch einmal in die Birkenheider Kirche, in der er getauft und gefirmt worden war; es war ihm feierlich zu Muthe; sollte er ja selbst noch taufen und die Sacramente spenden, wie der geistliche Herr Caplan, der dort vom Pfarrhof-Fenster herabschaut und als Prediger und Beichtvater weit und breit berühmt ist.

Die Kirche war leer und weitete sich bereits in der abendlichen Dämmerung. Zuerst kniete der Schäfer in seinen Stuhl und betete. Es war ihm sehr ernst mit dem Gebet und sein Entschluß stand fester als je. Dann stieg er die Stufen des Altares empor, breitete die Hände auseinander und sagte:

Dominus vobiscum! Sogleich aber erschrak er über den Frevel, den er trieb, und trollte sich von den Stufen herab.

Dort an dem Pfeiler prangt die Kanzel; die vier Evangelisten stehen Wacht und darüber auf dem „Hut" schwebt der heilige Geist. So möchte der Titus doch herzlich gern wissen, wie sich's auf einem wahrhaftigen Predigtstuhle steht. Und es ist ja sonst kein Mensch in der Kirche, der darob ein Aergerniß nehmen könnte. Husch ist der Schäfer auf der Kanzel. Na, da geht freilich eine andere Luft und alles fühlt sich so geweiht an und vom heiligen Geiste weht es wie Eingebung nieder. Hätt' ich Euch nur da, Ihr sündhaften Birkenheider, Ihr; niederpredigen wollt' ich Euch, daß es nur so! dachte sich Titus, wartete aber nicht, bis sie kamen, sondern stieg würdigen Schrittes wieder zu den leeren Kirchenstühlen nieder.

Dort im Winkel neben dem Taufstein steht der Beichtstuhl. Außen auf dem Bänklein ist der Schäfer schon gekniet. Inwendig ist er aber noch nie gesessen. Am Altare ist der Geistliche der Opferpriester, auf der Kanzel der Apostel, hier im Beichtstuhle ist er an Gottes Statt, gleichsam der liebe Herrgott selber. Was aus einem Menschen nicht alles werden kann! Aber wunderlich muß sich's doch sitzen da d'rin. So denkt der bösartige Titus, hockt in dem Beichtstuhl und legt sich halb aus Vorwitz, halb zum Schutz gegen den

Teufel die vorhandene Stola um den Nacken. Zwar ist es da noch finsterer wie draußen und der dumme Titus riecht die Sünden aus allen Fugen und Ecken. Gar gemüthlich ist das nicht. Schon will der Schäfer den Beichtstuhl wieder verlassen, als ein Weiblein in die Kirche torkelt und sich unweit vom Beichtstuhle in eine Bank setzt. Jetzt kann der Titus nicht hervorkriechen, die Alte verlästerte ihn in ganz Birkenheid als einen Frevler. Es heißt also noch ein wenig sitzen bleiben an Statt Gottes; das Weiblein hat nur ein paar Vaterunserchen auf dem Herzen und wird wohl bald wieder davonhumpeln.

Aber, anstatt daß dieses davonhumpelte, humpelten zehn andere daher, und bald kam auch jüngeres Volk, Mädchen, Männer und Kinder, und die Kirchenstühle füllten sich und die Leute thaten ihre Rosenkränze hervor und zuletzt kam gar der Meßner und zündete zahlreiche Kerzen an.

Dem Schäfer wurde sehr unbehaglich; er that den dunkelblauen Vorhang ein bißchen herfür, daß sie ihn doch zum mindesten nicht sehen konnten, wenn er schon während der ganzen Vesper im Beichtstuhle sitzen bleiben muß.

An der Sacristeithür klingelt's, die Orgel beginnt zu tönen, der Herr Pfarrer tritt zum Altar. Der Titus spürt einen gewaltigen Stich im Herzen. Das ist die Michaeli=Andacht, und bald kommt jetzt der Caplan, um Beicht zu hören. Sollte aber der

Schäfer hervortreten vor Aller Augen, vor Aller Zungen, die in alle Weiten reden: Was hat denn Der im Beichtstuhl gemacht? Noch gehört er nicht hinein, oder ist er ein Narr oder gar ein schlechter Mensch? — Nein, er bleibt im Versteck, und wenn der Caplan wirklich kommt, so verkriecht er sich unter den Sitz hinein; jetzt gilt's klug zu sein auf alle Mittel und Weis'.

Langsam näher und näher rückten die Leute dem Beichtstuhl. Ein hübsches demüthiges Mägdlein schob sich sachte und sachte vor und suchte ein wenig und so gut es die Bescheidenheit erlaubte, hinter den Vorhang zu gucken, ob der geistliche Herr wohl schon sitze.

Richtig, es rührt sich die blaue Stola. Das Mädchen hält sofort sein weißes, zierlich geglättetes Handtuch sittsam vor den Mund und hüstelt sich aus; und als sonach das Herz entkorkt ist, kniet sie nieder auf das Bänklein und reckt das Köpfchen gegen das vergitterte Beichtfenster.

Der gute Schäfer ist in Todesangst. Zu erkennen geben kann er sich um keinen Preis. Durch ein Unbeachtetseinlassen des Beichtkindes auffallend machen darf er sich auch nicht. Sollt' er nun also den Beichtvater spielen? Es wäre der entsetzlichste Frevel, aber — giebt es einen anderen Ausweg? Und ist der Titus nicht schon Priester im Herzen? Er meint es nicht schlecht, er legt nur so ein bißchen das Ohr ans Gitter und braucht ja das Beichtkind nicht anzuhören, es nicht loszusprechen.

Zu allem Glücke ist es im Beichtstuhle sehr finster; die Orgel klingt, alles ist in Andacht. Mit dieser einen sündigen Magd wird der Titus doch wohl fertig werden.

So legte er denn das Ohr ans Gitter.

Das Mädchen ließ gar nicht lange auf sich warten. Zuerst kam das Gebet von der offenen Schuld; dann kam ein Häuflein Sünden, lauter Scheidemünzen, wie sie so jedes ordentliche Beicht= kind hat. Dann stockte es.

Der Schäfer saß auf glühenden Kohlen. Es ist kein Grund da, um die Lossprechung zu verweigern; und spricht er los, so läuft sie hin nnd empfängt die Communion. Richtig, sie ist beim Abendgebet eingeschlafen, hat sie gesagt; ja, dann kann keine Lossprechung ertheilt werden, ehe sie sich gebessert hat. Schon will das der Titus mit verstellter Stimme sagen, da kommt das Beichtkind noch mit etwas vor. Es stottert und schluchzt. — „Ja, und dann, Hochwürden, daß — daß ich halt den Liebsten nicht vergessen kann," fährt das Mädchen heraus. „Und es laßt mir keine Ruh' bei Tag und Nacht und ich weiß, es soll nicht sein und ich hab' mir's selber gethan, ich bin übermüthig gewesen und er hat gemeint, ich mag ihn nicht und jetzt geht er ins Kloster."

Der Schäfer fährt zurück und lugt. Gotts=
wahrhaftig, es ist die Geiß=Esther vom Fisch=
graben.

„Ich hab' mir's selber gethan," klagt das Mäd=
chen wieder, „und jetzt weiß ich mir bei meiner
Seel' nit zu helfen und vergessen kann ich ihn halt
nimmer."

Sie schweigt und harrt erwartungsvoll, was ihr
der Beichtvater wohl rathen mag.

Diesem wird's schier selber dumm und er meint,
der ganze Beichtstuhl hebe an mit ihm zu tanzen.
Aber im Kerne ist der Titus eben gerade kein Narr,
er merkt es sogleich, was diese Stunde bedeutet.
Sein Herz drückt er mit aller Gewalt hinab unter
die Bank. Dann lehnt er sich so hin und murmelt
abgewendeten Antlitzes: „Hm, hm, das ist freilich
bös'. Da müssen wir mehr darüber reden, liebes
Kind, weißt Du was, komm heute ums Gebetläuten
in des Pfarrers Obstgarten."

Das Mädchen schwieg eine Weile, dann stotterte
es ängstlich: „Wär schon recht, ja, Hochwürden,
aber im Obstgarten ist halt kein Beichtstuhl nicht
und keinem Menschen will ich meine Sach' anver=
trauen, als nur dem lieben Herrgott."

Da war es dem Schäfer im Beichtstuhl, als
müsse er hell aufjauchzen. „Dein Liebster ist gewiß
der Schäfer von der Birkenheide?" fragte er flüsternd.

„Ei freilich ja, der Titus halt."

„So kann ich Dir's im Beichtstuhl sagen, er hat mich ja gebeten d'rum, der Schäfer ist bei mir gewesen; er geht nur deswey' ins Kloster, weil er Dich nicht kriegt; der läuft Dir noch nach in Dein Haus; denn schau, wie er Dich lieb hat, Esther, glauben kannst es nimmer!"

Zum Glück hatte der Organist dem heiligen Michael zu Lieb' alle zwölf Register aufgezogen, und so verstand die Esther den leidenschaftlichen Ausbruch des Beichtvaters nur halb. Und dem aus Rand und Band gekommenen Schäfer dünkte es die höchste Zeit, daß er den Schieber zuklappe. Die Orgel schwieg, die Vesper war aus, die Leute bliesen ihre Lichter ab und verließen nach und nach die Kirche. Auch die Esther schlich dem Ausgange zu, voll Sorg' und Liebesnoth — und heut' ist ihr am Beichtstuhl das Herz nicht leichter geworden.

Der Schäfer entschlüpfte seinem unheimlichen Verstecke, und als er wieder unter freiem Himmel stand im kühlen Berghauch und Abendroth, und die Stämme der Birkenheide dort oben wie glühende Nadeln leuchteten, da that er einen Athemzug, mit dem er ein ganzes, neues, glückseliges Leben einsog.

Und wie der Beichtvater gesagt hatte, der Schäfer lief dem Mädchen noch an diesem Abende nach in ihr Haus — „denn schau, wie Der Dich lieb hat, Esther, glauben kannst es nimmer!"

Sie hat's aber doch geglaubt und nach wenigen Tagen erhielten die grauen Brüder auf Birkenrinde geschrieben den Bericht: „Ich kann nicht kommen, ich hab' mir ein Weib genommen und bleibe der Schäfer von der Birkenheide."

Herrn Pastor Meneschild's Hochzeitsreise.

In den Maien ist's gut freien, hatte der junge Pastor Meneschild, der Curat von Schladernbach, gedacht, hatte sich ein Weibchen genommen, in den Maien.

Selbiges Weibchen war ihm lang genug arg im Wege gewesen bei den Sonntagspredigten; und wie der Aar mit seinem Blicke das Hühnervieh bannt, daß es vor Schreck und Angst erstarrt, so hatte das große schwarze Auge des Wirthstöchterleins vom Kirchenstuhl aus den sonst sehr erbaulichen Vortrag des Predigers oft nachgerade derart gehemmt, daß der gute Meneschild erröthend und erbleichend mitten im Text sein „Ewigkeit, Amen!" sagte.

Solchen Zuständen mußte ein Ende gemacht werden, und das um so rascher, als der Kaufmannssohn und der Oberlehrer des Ortes auch täglich ihren Humpen beim Wirthstöchterlein tranken. Und das war um so verdächtiger, als gedachten Herren eine Nachbarschänke weit handsamer gelegen gewesen und der Wein in derselben zumeist viel vorzüglicher war, als das starke Getränke des Schlabernwirths, das zum großen Theile weiter oben im Gebirge noch die Mühlen und Holzsägen trieb. Aber der Schlabernwirth brachte jedes Getränke an den Mann, wenn er nur sein schwarzäugig Töchterlein Kellnerin sein ließ.

Das letzte Glas schenkte Fronele dem Herrn Pastor ein. Man sagt, er habe es nicht ausgetrunken, sondern habe, unbeschadet von demselbigen Glase, mit dem Mädchen und dem Schlabernwirth den Hochzeitstag besprochen.

Gut soll die Hochzeit ausgefallen sein, doch hätten der junge Kaufmannssohn und der Oberlehrer des Ortes dabei sich viel zu oft die Ehre genommen, mit der Braut zu tanzen. Da brach der Herr Pastor — es war zur frühen Nachmittagsstunde — das Fest plötzlich ab und fuhr mit seinem Fronele davon. Beim Kaufmann kaufe sie nichts, lesen und schreiben könne sie, und er, der Pastor Meneschild, wolle mit seiner Braut allein sein. Von jeher war der Pastor ein Freund des Hochgebirges und im Hochgebirge wollte er seine Brautnacht feiern. Lustig rollte der Wagen durch das Thal, Gegenden zu, von denen die Braut sagte, sie seien sehr, sehr romantisch. Aber den guten Pastor Meneschild interessirte heute kein

Stein, ergriff kein Wasserfall, rührte kein Röhren der Hirsche und Springen der Rehe. Den rechten Arm schlang er um seine junge Frau, mit dem linken deutete er auf eine noch ziemlich ferne Berghöhe: „Dort hinter jenem Berge, Fronele, liegt das Alpendörfchen, wo wir weilen werden, Du glaubst es gar nicht, wie es dort schön ist."

Doch war es nicht so leicht hinter den Berg zu kommen. Die Wege wurden steiniger, zerrissener, hie und da stürzte ein Wildbach nieder von den Höhen, denn im Hochgebirge schmolz der Schnee. Der Wagen mußte umkehren; das junge Ehepaar drang zu Fuße weiter und Meneschild trug sein herzig Bräutchen buchstäblich auf den Händen über manche Schlucht, über manches Wasser.

Ein Holzhauer kam des Weges, der erbot sich, mit seinen kräftigen Armen die junge Frau über die unwirthlichsten Stellen zu geleiten. Der Pastor schoß einen wüthenden Blick; was will denn dieser Mensch? Ich werde die junge Frau schon selber führen.

Der Weg ging durch malerische Schluchten einem entgegenbrausenden Wildbache entlang. Manches Donnern hallte in den Wänden, denn weiter drin im Gebirge stürzte manche Schnee- und Erdlawine nieder. Das junge Ehepaar rastete auf einem Stein. „Nicht wahr, das ist eine prächtige Hochzeitsreise, Fronele?" sagte der Pastor und wiegte das Weibchen auf seinen Knien.

„Ja freilich," antwortete das Fronele, „und wann gehen wir wieder nach Schladernbach zurück?"

„Du süßes Kind!" entgegnete der Pastor, „bin ich Dir nicht genug?"

„Ei ja freilich bist Du mir genug!" rief die Braut und tätschelte mit beiden Händen die glatten Wangen des Pastors, wie sie es als Schänkin gewohnt war, „Du bist ja mein Meneschild, schau, Du bist mein lieber Schatz!"

„Und Raum ist in der kleinsten Hütte!" flüsterte der selige Pastor.

Sie gingen weiter; Fronele mußte das Kleid schürzen, es rieselte viel Wasser über den Weg. Selten dürften so zarte Jungfrauenfüße diesen rauhen Bergpfad noch betreten haben.

Der Wildbach wurde reißender und schwoll von Minute zu Minute. Und endlich kam unser Pärchen zu einem gar verfänglichen Punkt. Rechts hatte es die Wände und Klüfte eines Steinbruches, links den wüthenden Gebirgsbach, an dem jenseitigen Ufer unter dem Schatten eines Waldhanges stand eine Hütte. An dieser Stelle nun führte der Steig vermittelst eines schmalen Steges über den Fluß.

Der Pastor blieb stehen, starrte auf den schwanken Stegbaum, an welchem schon die Wellen brandeten, und sagte in feierlichem Tone:

„Da stehen die —"

„Ochsen am Berge!" ergänzte Fronele.

„Nein, am Wasser!" berichtigte Herr Meneschild. „Rutschen wir auf allen Vieren hinüber, Fronele, Du bist eine flinke Schänkin, Du bist das Wasser gewohnt."

„Nicht als Schänkin," gab die junge Frau den Spott zurück, „aber bei Deinen Predigten hab' ich das Schwimmen gelernt."

„Du Blitzmädel, Du!" rief der Pastor lustig drein, „nicht sowohl meine Predigten sind wässerig gewesen, als aber meine Zähne haben mir gewässert, sah ich das Fronele sitzen im Kirchenstuhl."

So waren sie guter Dinge; und von der Hütte her kamen ein paar Männer, Steinbrecher nach ihrem Aussehen, starke verwegene Kerle; diese sollten nun dem Paare über das Wasser helfen. Sie prüften den Steg; der Eine trat ein paar Schritte auf den bereits gefährdeten Baum und streckte der ängstlich anrückenden jungen Frau die Hand entgegen.

„Der Herr soll dieweilen nur drüben bleiben," rief der Mann, „für drei Leut' hält's der Sakra nimmer!"

Sofort happerte das Fronele über den brausenden Bach und kam an der Hand des Steinschlägers glücklich an das jenseitige Ufer.

In demselben Augenblick aber, als der Mann schon zum zweiten Wagestück Anstalt machte, fluthete donnernd ein gewaltiger Schwall heran, Steine und Eisstücke und entwurzelte Bäume brausten nieder, hochauf bäumte sich der Steg und ging mit den wilden Fluthen — den Weg alles Zeitlichen.

Der Pastor hatte — um nicht selbst von dem Strome erfaßt zu werden — zurückspringen müssen schier bis an die Wand. Nun er sah, der Steg war davongeschwemmt, und an diesem Abende plötzlich gelöst auf Erden, was Vormittag im Himmel gebunden worden — da schlug er die Hände zusammen über dem Haupte.

Die Männer jenseits des Wassers aber lachten derb und riefen, er, der Herr Pastor, möge sich gedulden, diese Fluth sei nur die Folge der Schneelawinenstürze und würde in wenigen Stunden vorüber sein; einstweilen möge er um das junge Frauchen keine Sorge hegen, es könne ausruhen in der Hütte und werde nach Möglichkeit gepflegt werden. Er, der Herr Pastor, selber möge sich in eine der Felsnischen setzen, und die Nacht, die ja nicht sehr lang sei, wohlgeschützt daselbst zubringen.

Auch Frouele legt ihre hohlen Händchen an den Mund und rief herüber, aber ihre Worte waren in dem Brausen des Wassers nicht zu verstehen. Sie wurde von den zwei Waldmännern in die Hütte geführt; der Pastor konnte es durch das Gestrüpp nicht sehen, ob sie willig ging, oder ob sie sich sträubte. Nun hub er an, und eilte das tosende Ufer auf und ab, aber er fand keine Brücke, die ihn hätte hinüber getragen in das gelobte Land. Und endlich konnte

er gar nicht mehr vorwärts, das noch immer wach=
sende Gewässer füllte die ganze Breite und Länge
der Schlucht; und er mußte wieder umkehren zum
Steinbruch, wo er doch zum mindesten das Dach
der Klause sah. Wüthend nahm er seinen Stock und
peitschte die Fluthen, wie jener morgenländische
Feldherr. „Was der Himmel zusammengefügt!" rief
er aus, „das sollst du nicht trennen!" — Aber ach,
die Elemente sind von jeher heidnisch gewesen, und
so haben auch die Alpenwässer den Bibelspruch nicht
verstanden, haben immer wüster gewirthschaftet und
von einem Hinüberkommen konnte gar keine Rede
sein. Es begann bereits zu dunkeln.

Vor wenigen Wochen hatte der Pastor eine sehr
schöne Predigt gehalten über den Werth und die
Macht der Resignation. Er hatte dazumal an Einen
Fall nicht gedacht: an eine Brautnacht ohne Braut;
und die Resignation drohte nun der Verzweiflung
zu weichen. Drohte aber nur, denn der Pastor
Meneschild war stark. Er kletterte ein wenig den
Felsen hinan, ob er nicht etwa doch durch das
Fenster der Hütte seine Ehefrau erblicken könnte.
Wohl kamen sie nun wieder aus der Klause hervor,
die Männer, und auch Fronele mit ihnen.

„Fronele!" seufzte der Pastor, da fiel etwas
neben ihm nieder und zichte in demselben Augenblick
in Flammen auf. Zündhölzchen hatten sie drüben
an einen Stein gebunden und herübergeworfen,

damit sich Robinson im Steinbruche Feuer machen konnte. Aber die Hölzchen entzündeten sich im Falle und verbrannten auch ein Streifchen Papier, auf welches Fronele einige Worte geschrieben hatte. Nur den süßen Namen „Fronele" hatte das Feuer noch übrig gelassen in der Ecke, und diesen küßte nun der Pastor mit unsäglicher Inbrunst. Hierauf versuchte er, sich in Ergebenheit zu üben und machte Feuer. Das Feuer leuchtete hell in den Felsen und zeigte von fern nur, was der Einsiedler that, während das, was jenseits des Wassers vorging, in um so größerem Dunkel lag.

Wieder sauste ein Ding durch die Luft und bald auch ein zweites, ein drittes, Knollen fielen neben dem Pastor nieder und einer flog ihm sogar an den Kopf. — „Was, bewerfen sie mich noch mit Steinen diese Vermaledeiten?" brach er aus, aber bei näherer Prüfung waren es keine Steine, waren es Erdäpfel, die ihm mit dem Bedeuten, daß er sie zum Nachtmahl braten möge, zugeworfen worden waren.

Das rührte den guten Pastor und er gedachte mit frommem Sinne des Mannafalles in der Wüste.

Mit möglichster Gelassenheit genoß er dieses sein Abendmahl, dann horchte er, ob von der Steinschlägerhütte herüber denn gar nichts zu hören sei. Es rauschten die Fluthen, es donnerten die Lawinen im Gebirge; eine große Wildheit war in der ganzen Natur; nur die Sterne standen am Himmel.

Herrn Pastor Meneschild's Hochzeitsreise.

Und daß der Himmel zu all dem noch lächeln konnte, das ärgerte den Herrn Pastor am meisten; die Zähne biß er aufeinander, und so legte er sich in einer Nische auf den Sand. Aber es war kein Ruhen und Rasten; sein Lebtag hatte er nichts so Hartes empfunden, als dieses steinerne Bett. Ja, diese Nacht, die man sonst nicht zu den unangenehmsten Nächten im Leben zählt, hat der gute Pastor Meneschild stets als die schrecklichste Zeit seines Erdenwallens bezeichnet.

Um Mitternacht, in Folge eines sehr beunruhigenden Traumes, stand er auf und wollte in den Fluß springen; aber unverrichteter Sache kletterte er wieder in seine Nische zurück. In seiner Nische kniete er nun hin und betete, und lachte letztlich hell auf darüber, daß er durch die Hochzeit zu einem Einsiedler in der Felsenhöhle geworden sei.

Spätere Betrachtungen widmete er den Steinschlägern; die Männer hatten ihm just nicht sehr jung, aber auch nicht sehr alt geschienen; bärtig und sonngebräunt von Aussehen, mochten sie derb und keck sein, wie ihre Eisenhämmer. Mag schon ein Mann solchen Leuten im Walde nicht gern begegnen, um wie viel wehrloser muß ihnen ein zartes Weib gegenüberstehen.

Die goldenen Ohrgehänge wären noch zu verschmerzen — aber wenn sie ihr den Brautring raubten...!

Nochmals sprang der Pastor auf und eilte hinab zu dem Fluß. Und siehe, in der Morgendämmerung sah er's, das Wasser hatte abgenommen, gewaltige Steinblöcke, von Gischt umbraust, ragten aus der Fluth. Mit der Tollkühnheit eines Verzweifelten sprang er in schrecklichen Sätzen von einem Stein zum anderen über den Fluß, und wie ein Löwe, der seinen Zwinger durchbricht, stürzte er der Hütte zu.

Die Thür war in Angeln offen, kein Mensch zu Hause. Vier bis fünf leere, zerdrückte Strohnester grinsten ihm entgegen; des Weiteren keine Spur von einem Bewohner.

„Entführt!" stöhnte der arme Pastor, und Hören und Sehen wollte ihm vergehen.

Da war es zur selbigen Stunde, daß ein helles Jauchzen erscholl drüben im Steinbruch. Herr Meneschild schlug sein umflortes Auge auf, und siehe, dort drüben, wo er diese entsetzliche Nacht verbracht, standen die Steinschläger und bei ihnen das Fronele.

Und in demselben Augenblicke kamen zwei geschwätzige Weiber mit Klaubholzbündeln hinter der Hütte herabgestiegen. Diese gaben sich mit Bücklingen dem Herrn Pastor als die Weiber der Steinschläger zu erkennen, die Früh in den Wald gegangen wären, um Holz zum Kochen der Morgensuppe zu sammeln. Ihre Männer aber seien aufgestanden, um mit der jungen Frau Pastorin, die in der Heuscheune gut geschlafen habe, weiter unten einen Steg über den Bach zu suchen und auf diese Weise zeitig in den Steinbruch zu gelangen.

Und nun war neuerdings das Wasser zwischen den Eheleuten. Einen zweiten kühnen Sprung über die noch immer wüthenden Fluthen fand der Pastor nicht für gerathen und so harrte er im Angesichte seiner jungen Frau, bis ein neuer Steg geschlagen war.

Dann aber stürzten sie sich in die Arme, als wären sie aus verschiedenen Welttheilen zusammengekommen.

Nachdem sie hierauf in der kleinen Hütte ein Frühstück genossen und sich von der Steinschläger=Familie zartsinnige Verschwiegenheit erbeten hatten, kehrten sie zurück nach Schlabernbach und rühmten laut die kleine Hochzeitspartie im Gebirge.

In Schlabernbach hatte es die Nacht zuvor einen Stegbaum angeschwemmt. Der Herr Pastor erkannte ihn insgeheim als den weggerissenen Steg vom Steinbruch. Er erstand das boshafte Stück Holz und will daraus zu Trutz eine Wiege bauen lassen.

Der Gang zur Mutter.

Die Säge stand still, das letzte Brett glitt über die Rutschbalken nieder. Es war Feierabend — Feierabend des Tages und des Jahres — Sylvesterabend.

Wolfgang, der junge Sägemeister, stieg langsam von seiner Werkstatt nieder, und sah auf die weißen Bretter hin, auf welchen noch der Staub der Säge= späne lag, und dachte daran, was man alles daraus machen könne: Tisch und Schrank, Bettstatt und Bank, Wiege und Schrein! Am Sylvesterabend denkt sich so etwas gern, besonders, wenn man ein sin= niger Kopf ist, wie der Wolfgang, ein altes müh= seliges Mütterchen hat drüben in der Seegrub, und daheim ein süßes Weibchen, das der Herr gesegnet hat in den Tagen des Lenzes, als das erste Schwalben= paar sich einheimste im Dachgiebel des kleinen Hauses an der Amster.

Der Gang zur Mutter.

Zu diesem Weibchen schritt nun Wolfgang heim, daß er mit ihm ein glückseliges Jahr schließe und ein neues glückselig beginne. Agatha saß bei ihrem Nähtisch, nähte aber nicht, sondern legte die Hände in den Schoß und blickte träumend auf das Nadelkissen. Aber nicht das Nadelkissen sah ihr geistig Auge, sondern — — o, lieber Leser, wie könntest Du verlangen, daß ich wisse, was ein junges Weib, zur Seherin geworden, in solcher Stunde schaut!

Ihr eigener Mann mußte sie wecken, da er die Hand auf ihre Achsel legte und fragte: „Wie so, Agatha, daß Du mich heute gar nicht gewahrst, wenn ich bei der Thür' hereinpoltere? Du schläfst ja wie ein Hase — mit offenen Augen!"

Sie erwachte rasch aus ihren Träumen, blickte treuherzig zum Manne auf und lächelte.

„'s mag wohl sein, daß das neue Jahr gut anhebt," sagte sie dann, und ihre Wangen schimmerten rosig, wie draußen der Schnee im Abendroth.

Es wird ein Kuß gewesen sein, den jetzt der junge Gatte auf die Lippen seines Weibes gedrückt, ein absonderlicher Kuß, dem neuen Jahre vermeint, der Zukunft — dem Kinde.

Und zur Stunde trippelte das alte Zwick-Schusterlein in die Stube; das hatte voran über der Brust das Werkzeugtrühelchen hängen, und hinten über dem Höcker eine große klappernde Traube von

Leisten verschiedener Größe und Form — in Holz geschnitzt die Füße der Einwohner von Amsterdorf und Seegrub. Gar Mancher, der auf eigenem Fuße stehen und leben konnte, hatte sich für seinen Fuß eben eigene Leisten anfertigen lassen, und es war daher beim Zwick=Schusterlein nicht richtig, daß es alle Stiefel nach einem Leisten schlage. Aber das harte Tragen! Es war leicht zu errathen, wo diesen Mann der Schuh drückte: hinten auf dem Höcker.

Nun wohl, so rasselte der kleine Alte mit seiner Last zur Thür' herein und sagte: „Grüß Gott zum Feierabend, miteinander! Ich komm' von der See= grub herüber, hab' nur eine Post auszurichten und geh' gleich wieder. Die alt' Mutter drüben läßt bitten, wenn's dem Wolfgang nicht gar zu unhand= sam thät sein, daß er heut' noch ein bissel wollt' zu ihr hinübergehen."

Die Eheleute erschraken und fragten gleichzeitig, ob was geschehen wäre, ob sie nicht doch gar krank wäre, die Mutter!

„Auf das kann ich nichts sagen. Sie hat mich durch den Pechölbuben bitten lassen, daß ich's bei Euch ausricht'. Möcht' sich nicht schicken, daß ich eine Weil' nachgefragt hätt', wegen was, oder warum. Jetzt hab' ich meine Sach' ausgerichtet; vergunn' Euch ein glückseliges Neujahr miteinand und sag' gute Nacht, Leutel."

Kaum die letzten Leisten des Schusters zur Thür' hinausgeklappert waren, sagte der Wolfgang: „Was wird's jetzt geben? Muß schon was Wichtiges sein, daß sie mich hinüberruft den weiten, schlechten Weg in der Nacht, und in so einer Nacht. Die Mutter verlangt nicht dergleichen ansonst. Arg krank geworden muß sie sein, anders kunnt ich mir's nicht auslegen. Daß es nur h e u t' nicht wär'!"

„Da müßt' doch eine alte Kuh lachen, wenn der Wolfgang sich in der Sylvesternacht vor Gespenstern wollt fürchten!" rief das Weib.

„Du bist aber schon gar, Agatha, daß Dir so was kann einfallen. In der Todtenkammer will ich schlafen, die heutige Nacht, der Gespenster wegen. Kugelscheiben mit den Todtenschädeln, Gott verzeih's! — Aber Dich mag ich nicht allein lassen, die heutige Nacht — von wegen dem, was Du vorhin hast gesagt."

Sie lachte. Damit hätt's noch lange Zeit. Bis in die Seegrub wäre es nicht ganz drei Stunden, da könnte er leichtlich nach Mitternacht wieder zurück sein; wäre aber nicht vonnöthen, möge sich friedsam ausschlafen in der Seegrub und morgen bei Sonnenschein wohlgetrost nach Hause gehen.

So gut verstand sie das Zureden, daß der Wolfgang den Lodenmantel anzog, den Stock zur Hand nahm und ging.

Es war schon dunkel, als er emporstieg den bewaldeten Bergzug, welcher das Amsterthal und die Gegend von Seegrub scheidet. Das rothe Rad des Mondes ging auf; der Wolfgang warf einen langen Schatten über das Schneefeld hin, und unter seinen Füßen knarrte der Pfad.

— Was es nur geben wird drüben bei der Mutter? Fünfundsiebzig Jahre alt sein ist eine gefährliche Krankheit. Da rücken sie so an, eins um andere, morgen kommt wieder ein neues und man hat seinen Spaß dabei. So Jahre sind wie der Hüttenrauch (Arsenik), den der Roß-Wasti so gern ißt: in rechtem Maße genossen, macht er schön und stark, zu viel bringt Einen um. Die Jahre sind auch so ein Gift.

Als er zur ersten Anhöhe gekommen war, blickte er auf das Dorf zurück, dessen Kirchthurm schon in das Mondlicht emporstand. Die Säge am Bach und das Haus mit der Agatha lag noch im Schatten. Sechzehn Stunden dauert es um diese Jahreszeit, bis die Sonne wieder kommt. Da kann dieweilen viel geschehen im Finstern. Wolfgang, wenn Einer, während Du hinüber zur Mutter gehst, zu Deiner Frau kommt?! Sie ist jung und hübsch, sie wird ihn herzen und küssen, wird ihn lieber haben als Dich! Du bist zwar noch gar nicht alt, aber etwan kann er noch um ein Erkleckliches jünger sein als Du, und wenn Du nach Hause kehrst, so wird sie ihn nicht mehr von ihrer Seite lassen, wird ihn an ihre Brust drücken Tag und Nacht.... Du lächelst, Wolfgang und meinst, das könne schon sein — hätteſt aber nichts dagegen. Und lieb haben, nicht zu sagen, wie liebhaben wollteſt Du den kecken Nebenbuhler und ihm alles sein und geben, was an Dir ist, was Du haſt und geben kannst. — So eile denn, daß Du bald wieder zurück biſt.

Er ging sinnend über die hohe Heide hin, ging durch Wälder und über kahlen, felsigen Grund, wo der Wind allen Schnee weggefegt hatte, und wo auch jetzt eine scharfe Luft ihm Eisnadeln ins Gesicht säete, daß er kaum im Stande war, die Augen offen zu halten. Endlich war er vor dem großen Kreuze, welches an der Grenze ſtand, ſo daß Chriſtus seinen ausgespannten rechten Arm im Gebiete der Amſter, den linken im Bereiche der Seegrub hatte. Der Mond war hoch gestiegen und licht wie Silberblick geworden; so sah er über die alten Bäume her auf das Crucifix, mild und ernſt, als wollte er ſagen: Ich weiß noch eine Zeit, da du hier nicht ſtandeſt, eine Zeit, da die Erde nichts wußte von einem gekreuzigten Gott. Wenn du heute zuſammenbrichſt, morſcher Holzſtamm, ſo werden ſie dich morgen wieder aufrichten; ob eine Zeit kommen wird, da sie dich, du hehres Bild göttlicher Selbſtopferung, nicht mehr erhöhen werden? Und da die Menſchheit ſo tief geſunken ſein wird, daß ſie das Sinnbild der

Aufopferung nicht mehr erfaßt, oder so hoch gestiegen, daß sie seiner nicht mehr bedarf? — Wolfgang, der über das Scharren seiner Säge hinaus bisweilen gern auf den Zeitgeist horchte, hatte häufig ähnliche Gedanken, und so kam es auch, daß er nun, vom Bergkreuze abwärts, im Sinnen über Allerlei den halbverwehten Fußpfad verlor und über die Schnee= gründe weglos dahinging. Aus dem Thale herauf hörte er schon das Rauschen des Rabenbaches, welcher hoch in den Felsen entsprang und in mehrfachen Stürzen niederbrauste von Hang zu Hang, bis er unten sich als stattlicher Fluß in den Seegruber See ergoß.

Da Wolfgang seine Richtung genau kannte, so achtete er nicht auf den Fußpfad, sondern eilte flink weiter, um ehestens das Mütterlein zu sehen. Er rüstete sich in Gedanken für alle Fälle, so wie es ja seine Gewohnheit war, das Beste zu hoffen und auf das Schlimmste gefaßt zu sein. Dieser Grundsatz ist das gesundeste Kraut gegen den Uebermuth und gegen die Verzweiflung; es wächst auch auf steinigem Boden und mitten im Schnee.

Plötzlich ist der Tod da. Ein Schritt noch, und der Wolfgang wäre in denselben hineingesprungen. Ein tiefer Abgrund lag vor ihm, er stand an dem äußersten Rande eines Felsens. Umkehren und den ausgetretenen und doch wieder verwehten Fußpfad suchen? Nein. Bei einiger Vorsicht ist im Gehänge der Abstieg leicht zu finden. Er kletterte am Gefelse hinab, rutschte mehrmals im Schnee, schlug dann mit den Füßen etliche Eiszapfen los, wie sie an Abenden von sonnigen Tagen gewachsen waren, wand sich an erstarrten Gesträuchen hin, bisweilen die Ruthe eines Haselnußbusches oder Erlstrauches als Strickleiter benutzend; dann stand er auf sicherem Boden still, um zu ruhen. Da wurde er auf ein dumpfes Dröhnen aufmerksam, welches aus dem Gewände zu kommen schien, das ihn umgab. Anfangs glaubte er, es fahre irgendwo eine Schneelawine los, und er suchte sich unter einem Vorsprunge zu schützen. Aber das Dröhnen währte gleichmäßig fort, und Wolfgang bildete sich ein, es bebe davor der Boden. Rathsam fand er es eigentlich nicht, hier so hinunter zu steigen, ohne den Abgrund zu kennen, der wie ein „graues Nichts" heraufgähnte. Aber, sollte er denn wieder aufwärts klettern mit Lebens= gefahr, und im besten Falle den Weg zur kranken Mutter um mehrere Stunden verlängern? — Er stemmte sich auf den Stock und fuhr niederwärts. Im Geröll ging das Rutschen nicht, wie sonst zur Sommerszeit, da der Boden, auf welchem der Waller steht, sanft vor sich hingleitet; die Steinchen waren fest aneinander gefroren. Um so fröhlicher ging's über die Schneelehnen. Auf einer solchen ließ sich Wolfgang rasch und mit der kühnen Geschicklich= keit des Aelplers hinabfahren. Als er in eine Mulde kam, wo das Schneefeld sich zu einer kleinen Thalung ausschweifte, fuhr der gute Wolfgang geradeaus in den Boden hinein — und war von der mondbeschienenen Erdoberfläche verschwunden.

Unter der Schneedecke war der Sägemeister in tiefer Finsterniß noch eine Weile über Stein und Sand dahingerutscht, bis ihn ein Felsstück aufhielt. Für den ersten Augenblick konnte er sich nur noch denken: Jetzt hat mich die Erde verschlungen! — Dann war er betäubt.

Allmählich weckte ihn das erschütternde Tosen und der Wasserstaub, welcher aus der Tiefe drang. Er erkannte seine Lage, er hing in der Rabenschlucht über dem großen Wasserfalle des Rabenbaches, welcher zu dieser Zeit hoch oben mit Schnee und Eis eingewölbt war. Sein fahrender Körper hatte das Gewölbe durchbrochen und nun drang der Schimmer der Mondnacht hernieder und zeigte ihm die zuckenden, quirlenden, gischtenden Silberlichter des zu seinen Füßen rasenden Wassers.

„Jetzt heißt's Obacht geben, Wolfgang, sonst wirst waschnaß!" sagte er zu sich selber und rückte sich auf seinem Felsenstuhle ein wenig zurecht, daß er nicht weiter rollen konnte, denn hier war das Gerölle nicht gefroren, sondern rieselte fortwährend nieder. Dann überlegte er, wie er diesen durchaus unbehaglichen Verhältnissen wieder entkommen könne, und dabei faßte ihn das Grauen. Emporwärts zu

Der Gang zur Mutter.

kommen die steile finstere Kluft war nicht möglich, und aus der brausenden Tiefe griffen tausend Arme des Todes herauf. Wolfgang saß still und lehnte sich an die rauhe, triefende Wand und murmelte: Das hätt' ich nicht gedacht, daß ich die heurige Sylvesternacht beim Wasser zubringen sollte; Andere sitzen beim Wein.

Dann versuchte er's doch mit dem Aufwärts= klettern; aber er sah, daß er dabei immer tiefer kam, anstatt höher, weil sich um ihn Schnee und Steine lösten. So trachtete er nur wieder mit starkem Arm seinen Felsvorsprung zu erreichen und meinte hernach in seiner Weise: „'s ist überall gut, aber hier ist's am besten. Will ich halt da sitzen bleiben, bis das neue Jahr kommt; das neue Jahr bringt einen Auswärts (Frühling) mit, der schmilzt mir mein Dach weg; nachher will ich schon hinauskom= men. — Nur, daß die Mutter ein Eichtl hart warten wird in Seegrub unten, und die Agatha in Amster= dorf drüben. — Oh, 's ist hell zum Lachen, daß ich so dumm bin in die Falle 'gangen!" Es war doch ein Ausbruch der Verzweiflung. 's ist hell zum Lachen, wie ein Mensch auf so schreckbare Art zugrunde gehen kann!

Dann sagte er wieder: „Zugrund' gehen? Von dem ist ja gar keine Red'. Ich sitz' da, was fehlt mir denn? Ich rast' mich aus. Und besinn' mich. In der Neujahrsnacht macht man sich ja gern ein wenig abseits von den Leuten und denkt nach über Vergangenes und Kommendes. Hätt' ich nur ein bissel leichter Zeit zum Simuliren; vor mir ist eine sterbende Mutter, hinter mir ein gebärendes Weib. Und der Lump sitzt in der Rabenschlucht und laßt sich's gut gehen. — Herrgott, rette mich!"

Das Wort schrie er wild in die Felswand hinein; das Tosen des Wassersturzes überbrauste es. Aber der Herrgott hörte es und schickte einen Gesellen. Der guckte mit hellem Auge durch die Oeffnung nieder. Der Mond war's. Der hüllte mit seinem Dämmerlichte die Schreckniffe erst auf. Die Höhle war wild zerklüftet, aus einer ungeheuren Spalte brach die Wasserfluth in schwarzen, üppigen Wuchten, dann stürzte sie nieder und zerschellte an den Felskanten zu tausend funkelnden Scherben, welche mit neuer Lebendigkeit und Gewalt abwärts schossen in die Untiefe. Von der Höhe hingen abenteuerliche Gestalten in Schneemassen und Eisgebilden nieder, und im Nebelstaube schimmerten wunderbar zarte Regenbogenfarben.

„Man sieht was Neues," sagte der Wolfgang. „Nur, daß mich kein Mensch hören kann, wenn ich um Kameradschaft schrei'. Im Traum wär's mir nicht eingefallen, daß Unsereinem das alte und das neue Jahr in der Rabenschlucht zusammenkommen sollten. Hab' oftmals das Wort gehört vom Zeitenstrom, jetzt sitz' ich da und seh' ihn hinunterstürzen,

Der Gang zur Mutter.

und mich durchnäßt er mit seinem Thau, bis ich im Frost erstarrt mit hinunterpurzle ins Wasser. Wenn das der Pfarrer von Amsterdorf thät wissen, das wär' ihm ein gesundenes Gleichniß auf das menschliche Leben für die morgige Predigt. — Daß nur die zwei närrischen Weiber nicht auf mich thäten warten."

Noch einmal versuchte er es mit dem Hinanklettern — ohne Erfolg; ein Schneestück fiel von der Wölbung, das ihn schier in den Abgrund geworfen hätte. Er saß wieder auf seinem Stein und drückte sich fröstelnd an die Wand und dachte: „Jetzt wäre für mich die passendste Zeit zum Verzweifeln — es kommt nicht leicht eine bessere mehr. Ich stürz' mich da hinunter und der Rabenbach tragt mich von selber hinaus zum Seegrub-See. — O, Wolfgang," rief er dann, „hast du denn heute deine Morgenandacht unterlassen, daß dir solche Gedanken kommen? Wer wird sich denn umbringen, wenn er so gute Aussicht hat, daß es ohnehin bald vorbei ist. — O Gott, mein Gott im Himmel, allerweg' hab' ich auf Dich Vertrauen gehabt. 'S schaut ganz unmöglich aus, aber Du hast dem Daniel Rath gewußt, wie er in der Löwengrub' ist gesessen. Wenn Du nur willst, o, Vater unser, der Du bist in dem Himmel!"

Heiße Thränen stürzten ihm aus den Augen, daß er sterben müsse in so jungen Jahren, ohne sein Kind gesehen zu haben.

Da erbarmte sich Gott — jener Gott, den heute die Welt nicht mehr nennen will, weil sie glaubt, daß dessenstatt „Schicksal", „Zufall" besser klinge, der aber in dem Herzen und Leben des Volkes noch göttlich waltet, straft und rettet. Dieser Gott des Volkes mit seinen menschlichen Eigenschaften in Vergrößerung sah in unserer Neujahrsnacht von der Seegrub drei Männer heraufsteigen zur Rabenschlucht. Sie hatten Hauen und Stricke bei sich, denn sie hatten von jeher gehört, daß in der Rabenschlucht ein großer Schatz verborgen sei, der nur in einer Neujahrsnacht, in welche der Vollmond fällt, gehoben werden könne.

Und da dachte Gott: drei Schatzgräber? Die kommen mir just recht mit ihren Werkzeugen, daß sie mir meinen elegisch=humoristischen Sägemeister aus der Rabenschlucht ziehen.

Sie stiegen empor zur felsigen Stelle, deren Ungründe mit Schnee verweht waren, und hörten das Tosen des Wasserfalles. Da sie sich behutsam vorwagten, sahen sie auch das Loch, durch welches der Wolfgang hinabgefahren war, und hörten aus der Tiefe empor die menschliche Stimme. Der erste Gedanke war natürlich: Gespenster! Gespenster sind sonst immer ein Wunder, aber in einer Sylvesternacht an der Rabenschlucht, wo ein Schatz verborgen liegt, sind sie gar kein Wunder. Ein knurrender schwarzer Hund, eine klägliche Stimme, die um Hilfe ruft, oder dergleichen — das ist selbstverständlich. Die Hauptsache ist, sich von derlei nicht abschrecken zu lassen.

Bei näherer Untersuchung jedoch flüsterte einer der Männer: „Keinen Schuhnagel verwett' ich, da unten steckt schon ein Schatzgräber, der uns zuvor ist kommen."

„Das wär' schon der Höllsakra!" fluchte der Zweite. Aber der Dritte sagte: „Mir scheint eher, da unten ist Einer in der Klemm", und wollt' den Schatz gern ungehoben lassen, wenn er selber gehoben wär'!"

Sie redeten eine Weile hin und her, dann rief Einer hinab: „Alle guten Geister loben Gott, aber wenn es ein Mensch ist, so soll er's sagen."

Wolfgang sah die Schatten der Köpfe gespenstisch an den mondblassen Wänden gaukeln, verstand aber in dem mächtigen Brausen des Wassers die Worte nicht.

„Probiren wir's und lassen einmal den Strick hinab," rieth Einer von den Dreien, „hängt sich kein Mensch an, so hängt sich der Schatz an."

„Es kann sich aber auch der Teufel anhängen!" gab der Zweite zu bedenken.

„Ich glaub' an keinen Teufel!" sagte der Eine.

„So?! Hast keine Religion und willst schatzgraben?"

Der Dritte sagte: „Ich glaub' schon an einen, aber fürchten thu' ich mich nicht vor ihm. Davor

trag' ich den Gertrudißsegen in meine Pfaid ge=
näht."

So ließen sie den Strick hinab, und da sie
merkten, daß unten etwas angelte, stemmten sie sich
an den festen Boden, daß sie nicht etwa durch den
Schnee brächen — und zogen den Sägemeister
Wolfgang von Amsterdorf aus der schreckbaren
Schlucht.

Als der Wolfgang sah, er wäre befreit, sprang
er viele Schritte weit vom Loch h'ntan und lachte.

Die Anderen fragten ihn, ob er den Schatz habe
und bedeuteten, daß er in diesem Falle mit ihnen
theilen müsse.

Es brauchte eine gute Weile, bis sie sich ver=
ständigten. Der Wolfgang war in der ganzen Gegend
als ein gescheiter, respectirlicher Mann bekannt; sie
glaubten seiner Darlegung, wie es ihm nicht ein=
gefallen sei, eines Schatzes wegen in die Raben=
schlucht zu steigen, sondern wie er sich auf dem Wege
in die Seegrub dahin verirrt habe und hinabgestürzt
sei. Und nun that einer der drei Männer das herr=
liche Wort: „Ein braver Mann ist auch ein Schatz,
den haben wir gehoben, und jetzt gehen wir heim."

Sie reichten ihm Schnaps, daß er sich erwärme;
sie huben mit ihm auf mondbeschienener Weide ein
Ringen an, daß er sich bewege und wieder ordent=
lich belebe. Dann suchten sie den rechten Weg zur See=
grub hinab und fanden ihn bald. Unterwegs fragte der

Der Gang zur Mutter. 283

Wolfgang nach), wie es mit seiner Mutter stände. —
Das Weiblein sei im Bett — sonst wüßten sie nichts.

Als Wolfgang zu ihrem Häuschen kam und ans
lichtlose Fenster klopfte, rief drinnen eine Stimme:
„Bist Du's, Wolfl? Ich bin schon wach; steig' beim
Dachthürl herein, die Hausthür ist heut' versperrt,
will Dir's nachher schon sagen, warum."

Er war gar herzensfroh, daß er sein Mütterchen
im gewöhnlichen Zustande fand — zwar mühselig,
aber stets heiter.

„Wirst Dir's nicht denken," sagte sie, als er an
ihrem Bette saß und beim Aemplein ihr weißes
Antlitz mit dem Schlafhäubchen ansah, „wesweg'
ich Dich in der heutigen Nacht herübergeplagt hab.
— Ja, ich muß Dir was sagen, Wolfl — aber gelt,
die Agatha ist noch in der Ordnung?"

„Sie laßt Euch grüßen, und weil ich sehe, daß
es Euch insoweit gut geht, Mutterl, so will ich wohl
gleich wieder heimzu laufen. Lang' wird's nicht mehr
dauern mit der Agatha."

„Schau, das hab' ich mir auch gedacht, und da
hab' ich kein Stündl länger wollen warten mit dem,
was ich Dir sagen muß. Wirst sehen, mein Wolfl,
was ich Dir für eine falsche Person bin! Weiß recht
gut, daß Du das Lotteriesetzen nicht leiden kannst,
und so hab ich's heimlich gethan. Geh', geh', die
alten Weiber," setzte sie bei, „'s ist ein's wie's an=
dere. Na, lachen muß ich auch."

Und sie lachte und kicherte.

Der Wolfgang meinte, daß es für sie wohl gescheiter wäre, sich bisweilen ein stärkend' Gläschen Wein zu gönnen, anstatt die blutigen Kreuzer in die Collectur zu tragen.

„Und jetzt," fuhr sie kichernd fort, „hab' ich gestern närrischerweis' einen Terno gemacht."

Da horchte der Wolfgang auf.

„Hab' zuerst hell gemeint, der Amtmann foppt mich, wie er mir's sagt — und richtig ist's: neunhundert Gulden und noch was dazu. Da d'rin im Bettstroh ist das Geld. — Du zitterst ja frei, Wolfl, hat's Dich so erschreckt?"

Der Fieberfrost war da. Die Magd wurde geweckt, daß sie eine heiße Brühe bereite. Der Mann trank sie mit Behagen und sagte nichts, wovon der Frost herrühre.

„Jetzt, das ist ein Glück!" sagte die Alte, „und ich hab's nimmer ausgehalten, und hinübersteigen kann ich auch nicht mehr zu Euch, so habe ich Dich halt kommen lassen. Das Geld nimmst mit; na, Du, das nimmst mit! Was thät' denn ich's brauchen, Du Kindisch! — Es ist das Taufgeschenk für Dein Kindel. Du, Wolfl, aber gleich steckst es ein. Das wär'! Thät'st mich bitter kränken. — Und jetzt, wenn Du meinst, daß es daheim nicht mehr lang' dauern wird, so mach' Dich wieder auf und thu' mir sie grüßen!"

O Mutterherz! mit Dir fängt dem Wolfgang das neue Jahr an. In der Seegrub verließ er Dich, in Amsterdorf fand er Dich. Und als der blasse Mond niedersank und die helle Sonne aufstieg, gesegnet mit einem jungen, blüthenreichen und fruchtbaren Jahre — da drückte der Vater seinen ersten Knaben ans Herz.

Versöhnung.

Eine einfache Geschichte predigt oft lauter und eindringlicher als der weiseste Grundsatz in wohlgesetzter Rede. Wie aus der Erde die beste Frucht, so kommt uns oft aus dem Volke der Arbeit die beste Lehre.

Im „rothen Hahn" zu Eisenerz gab es wilden Streit. Die Wirthin und die Kellnerin liefen athemlos im Orte umher und fahndeten nach der Polizei. Der dicke Hahnenwirth war ganz behende vor Angst, lief zur Hausthür aus und ein, ergriff in der Vorkammer einen Haustiel, warf ihn wieder weg, ergriff einen Besen, schleuderte ihn wieder in den Winkel, schlug die Hände zusammen, begütigte und beschwor, drohte auch und begütigte wieder; zuletzt suchte er wenigstens seine Gläser und Bänke und Fenster zu schützen. „Wenn Ihr schon etwas zusammenschlagen wollt," rief er, „so schlagt Euch die Köpfe ein, aber meine Sachen laßt in Ruh'! Jesus, jetzt haut dieser welsche Safra richtig auf einen Kopf los! Und würgen! würgen, das auch noch! Du bringst ihn ja um, Pölli! Kennt Ihr ihn denn nicht, den lieben Leibes= theil, den Gott zum Draufschlagen erschaffen hat? Schaut's, die Rinnwieser Knappen wissen's! Jetzt haben sie ihn. — Nur auf die Bank, den Welschen, und daß das Sitzfleisch gen Himmel schaut, ob die Sonne scheint!"

Ganz witzig wurde er, der rothe Hahnenwirth, als er sah, daß sich die Kampflust zu Gunsten seiner Geräthe bloß gegen Personen wendete.

„Da ist der Ochsenziemer!" rief er und schleu= derte die Geißel Gottes unter die rauftollen Ge= sellen.

„Und da ist er wieder zurück!" schrie einer der Burschen und ließ das Ding einmal über des Wirthes Rücken winseln.

Jetzt kam die heilige Hermandad, aber in Gestalt zweier Amtsdiener.

„Ach Gott!" klagte ihnen der Hahnenwirth mit weinenden Augen entgegen, „Euch zertreten sie wie Schwabenkäfer. Wo sind denn die Standarn (Gen= darmen)?"

„Die sind beim Seewirth draußen, dort wird auch gerauft," berichteten die Amtsdiener, mit ihren Säbeln rasselnd. Der Eine wollte vom Leder ziehen, aber der Säbel mochte meinen: Ich bin drei Jahre lang in der Scheide geblieben, ich will auch im

vierten nicht heraus! und behauptete sich mit Er=
folg. Der Andere, der durch die Thüre ein wenig in
das wilde Gedränge hineingelugt hatte, war nun
der Meinung, man solle die Leute nicht noch mehr
erbittern.

„Das ist's auch!" versetzte der Erste, „nur nicht
noch mehr erbittern, da müssen wir vernünftiger
sein." Hierauf schlichen die beiden Amtsdiener wieder
davon.

Als sich die elektrischen Funken über den Welschen
stark entladen hatten, ergab sich die Dämpfung von
selbst. Mägde fegten die Scherben und Trümmer
zusammen, die Knappen setzten sich wieder zu neu=
gefüllten Gläsern oder reinigten draußen am Brunnen
ihre befleckten Gesichter. Einer wurde mit Essig ge=
labt. Der Italiener war davongeschlichen.

Um was sich's nur heute wieder gehandelt hat?
— Um was wird sich's handeln bei den Bergknappen
im Wirthshaus, wenn's Sonntag ist? Um die
Weibsbilder! Liebesangelegenheiten, die mit Prügeln
geschlichtet werden, was für die natürliche Zucht=
wahl stets von großem Vortheile ist, weil der
Schwächere ausgesondert und der Stärkere zum
Weib kommt. Darum ist's allemal ein frevelhafter
Eingriff in die Naturentwickelung, wenn Gendarmen
derlei Kämpfe ums Dasein unterbrechen.

Doch halt und guck'! Weiber sind nicht die
einzige Unruh' in der Weltenuhr; heute beim „rothen

Hahn" ging es nicht der Weiber wegen her, sondern einer Sache halber, um die sich zu prügeln gewöhnliche Arbeiter auf eigene Faust kein Recht haben, weil solches Recht ganz anderen Herren vorbehalten ist. Darum hätten doch die Gendarmen da sein sollen, als die Bergknappen von Eisenerz heute in einen politischen Streit entbrannten.

Die Seuche liegt ja in der Luft. Des Erzes wegen hatten sie gestritten, die Knappen des Erzberges. Da hatte der Italiener Ozzotti, aus dem friaulischen Lande herbeigekommen, um sich hier Geld zu verdienen, mit sehr lauter Stimme, aber in sehr schlechtem Deutsch, behauptet, der Erzberg gehöre schon gar am wenigsten den Deutschen.

„Wem denn? fragten die Burschen des Thales.

Eher den Kelten, die ihn wohl zuerst angestochen hätten.

So sollten sie immerhin kommen, die Herren Kelten, und den Erzberg auf einem Schubkarren davonschieben.

Kommen? Das können sie nicht, meinte der Welsche, denn sie wären — was man so aus den Büchern lesen könne — todt sammt und sonders. Hingegen seien die Römer die Erben der Kelten geworden!

„Und die Deutschen die Erben der Römer!" warf der Schichtenschreiber ein.

„Wieso das?" eiferte Ozzotti, „das wäre ein neuer Brauch, Jemanden zu beerben, bevor er todt ist.

Die Römer lebten noch sehr frisch in den heutigen Italienern fort und würden ihr Recht in Noricum schon wieder zurückverlangen."

Das wäre sauber! versetzte nun der Bergknappe Peter Oberdorfer, so ein welscher Katzelmacher, der in Oesterreich geboren sei und sein Fortkommen finde, der im Auslande sich als Oesterreicher brüste, weil er als solcher und nur als solcher gern gesehen sei; der die Deutschen wohl heimtückisch hasse, aber vor ihnen krieche und sie recht gern aufsuche, wenn er Geld brauche, ein solcher nenne sich einen Römer!

Ozzotti war aufgefahren, daß seine weiten, fahlen Zwilchhosen und sein grobes Streifenhemd zitterten; sein sonnenverbranntes Gesicht wurde noch dunkler, seine scharfen unruhigen Augen noch unruhiger und zuckender, die derben Finger vergrub er krampfhaft in sein Gewand, zu sehen, als wollte er in demselben ein Messer suchen und hervorziehen. Nicht der eigentliche Vorwurf hatte ihn so sehr empört, sondern das Wort „Katzelmacher". Er wußte zwar gar nicht, was es heißen und sagen sollte, wohl so wenig als der es wußte, der es ausgesprochen; aber es galt einmal als Schimpfname gegen die Welschen, in den man allen Spott und Hohn, die Andeutung aller Schleicherei und Falschheit, und alle Verachtung zu legen pflegte. Die Menschen haben ja noch immer zu wenig Waffen in den Arsenalen ihrer Sprachen, um einander zu verletzen, sie müssen immer noch

welche aufbringen, um besonders ihrem Parteien-
und Raſſenhaß, für den die ehrlichen Völkerſprachen
gar keine rechten Worte haben, giftigen Ausdruck
zu verleihen.

Katzelmacher!

Jetzt handelte ſich's beim kochenden Welſchen nur
mehr ums Meſſer. Denn dadurch auch unterſcheidet
ſich der feuerige Südländer von dem kühleren Nord-
länder; er ſtößt lieber mit Stahl zu, denn mit
giftigen Worten.

In Ermangelung eines erwünſchten Inſtrumentes
ſchleuderte er dem Gegner über den Tiſch hin ein
paar Biergläſer zu, mit denen er aber wegen der
ſich während des Wurfes entleerenden Flüſſigkeit
nichts Weſentliches traf. Jetzt fiel man ihm alſogleich
in die Arme, er ſtieß, ſchleuderte die Angreifer
mehrmals wild von ſich, wobei im Anprallen einige
Stuhlfüße und Fenſterſcheiben brachen, er kämpfte
mit Fünfen von Solchen, wovon er Einem ſchon
erlegen wäre, wenn es ſich nur um ſeine perſönliche
Haut gehandelt hätte. Aber heute war es die Haut
der Nation, die er zu Markte getragen und die er
vertheidigen mußte! Daß römiſches Blut in ſeinen
Adern rolle, mußte er zeigen, und er zeigte es auch.
Etliche bekamen ein klingendes Fauſtſtücklein an den
Kopf, und Den, der das Wort „Katzelmacher" gebraucht, erwiſchte der durch Wein und Streit er-
hitzte Italiener am Halstuch, und das iſt eine gar

19*

vortheilhafte Handhabe für den Angreifer! Schon lag der Angegriffene auf dem Fußboden, röchelnd, schäumend und dunkelblau im Gesichte, schon setzte ihm Ozzotti das Knie an die Brust und seine Faust wand das Halstuch noch immer enger zusammen, wobei seine Augen in einer wahren Lustgier funkelten.

Der Friauler hatte auch etliche Kameraden, ebenfalls aus seiner Gegend, diese drängten die Burschen zurück, und so wollte es kaum gelingen, den Italiener von seinem Opfer loszulösen, bevor es zu spät war. Endlich erlag er der Uebermacht und kam nun rasch in jene Situation, in welcher „auf der Bank das Sitzfleisch gen Himmel schaut, zu sehen, ob die Sonne scheint."

Sie war jedoch von allzu kurzer Dauer, denn die „Katzelmacher" sind wirklich in den rechten Momenten wie die Katzen — glatt und schlau entschlüpfen sie, während man sie fest zu haben glaubt.

So war's gekommen und so war's verlaufen. Dann war wieder das fröhliche Sonntagszechen. Nur dem Peter Oberdorfer wollte das Bier nicht recht durch die Gurgel rinnen, er hatte noch lange das Gefühl, als würge ihn Einer mit dem Halstuch. Er rieb sich die liebe Kragenhaut mit der Hand, er ging in die freie Luft, um stark Athem zu holen; man rieth ihm sogar, daß er sich auf den Kopf stellen solle, damit die Gurgel wieder ausein=

ander gedrückt werde, aber es wollte alles nicht viel fruchten. Die meiste Erleichterung verschaffte ihm noch der Gedanke: Na, wart', welscher Hund, es ist noch nicht finster!

Es ist noch nicht finster! Das war Peters Sprichwort, und es war als solches bekannt und berüchtigt. Im gewöhnlichen Sinne galt es als Bestätigung und Bekräftigung von etwas, das der Peter meinte, und wenn er welches mit dem Worte: Es ist noch nicht finster! versprach, so war es so gut, wie seine Namensunterschrift und sein Ehrenwort. Wenn er's aber im Zorn ausrief, dann war es wie ein Fluch und wilder Schwur, eine Drohung, vor der Mancher schon gezittert hatte.

Es ist noch nicht finster, mein lieber Ozzotti! — Er murmelte dieses Wort heute oftmals vor sich hin, selbst als auf dem hohen Pfaffenstein das Alpenglühen längst verblaßt war, als die Bergriesen des Reichenstein, des Kaiserschild, der Seemauer nur mehr wie schwarze Massen in den Sternenhimmel hineinragten.

Es ist noch nicht finster, mein lieber Ozzotti!...

Daß der Mensch im Grabe noch hassen kann! Fragt den Bergmann, wie das kommt.

Freund und Feind arbeiten in den finsteren Gründen des rothen Berges, der Eine im Stollen, der Andere im Schacht. Wochenlang hören sie keinen Vogelsang, sehen kein Taglicht.

Glück auf! Glück auf! Keinem ist der Gruß seiner Zunft so ernst, als dem Bergmann. Während des Tages in den Tiefen graben und hämmern, begleitet nur von der einzigen stillen Freundin, der trüben Ampel! Ein hellerer Blick des Lebens springt ihm nur entgegen, wenn entzündetes Pulver das braune Mineral zerreißt, das in Mühsal und Gefahr hier gewonnen, draußen in der weiten Welt so viel Reichthum und Unheil entwickelt.

Ein finsteres Los — das kann man wohl sagen — haben die ehernen Würfel des Geschickes dem Bergmann geschlagen. Ernst schreiten die hageren blassen Gestalten der Genossen in den Stollen einher, wohl entschlossen, senken sie sich in die feuchten Gründe der Schachte, kriechen in solchen Tiefen wieder in Seitenstollen, die so niedrig sind, daß der Kniende noch sich bücken muß, um aus den versteinerten Erzadern den Schatz stückweise loszuhacken. Zusammengedrückt kauern muß er oft, der brave Bergmann, auf dem Rücken liegen, um das Werkzeug dort nagen lassen zu können, wo Nahrung ist. Unermeßliche Wuchten des Berges trennen ihn von der trauten lichten Weite und dem lieblichen Leben, aber er hat nicht Zeit für Heimweh und andere Sehnsucht, er muß schlagen und nagen — und wagen.

Wenn in der Grubenlampe das Flämmlein zittert und glanzlos in sich zusammenschauert, dann rasch, rasch hinaus zur Lebensluft, oder abieu, du schöne Welt! Und wenn das Flämmchen seinem Gitterkäfig entspringt, die Freundin zur Bestie wird, Gase entzündet und ein phosphorblauer Qualm rasend wie der Sturm durch die Höhlen, Schachte und Stollen fährt und explodirend die ewigen Gründe erschüttert — dann schaffen die Aufzüge und „Hunde" lange kein Erz zu Tage, wohl aber starre kalte Knappen, die in den „schlagenden Wettern zugrunde gegangen sind.

Noch ist es nicht finster! meint der Peter Oberdorfer und arbeitet munter und kräftig und denkt an was Besseres, als ans Verderben und Sterben. Er hat draußen im Sonnenschein ein schönes Weib, ein liebes Kind. Dieses Glück ist ja so mächtig groß, daß schon das flüchtige Gedenken d'ran die frostigen Ungründe, in denen er athmen muß, warm und helle macht.

Wohl sah er schon manchen todten Kameraden an sich vorübertragen zur letzten Grubenfahrt, da sprach er ein kurzes Gebet für ihn — für sich, Glück auf! und grub und hämmerte weiter — noch ist es ja nicht finster! Und wenn er endlich aus dem Berge hervortrat und es Nacht war über dem Hochgebirge, und nur die Sterne oder der Mond ihm noch Zeugenschaft stellten, daß in Gottes Welt das Licht noch nicht versiegt sei — da eilte er der jungen Mutter mit dem Kinde zu; von diesen Wesen ging aller Glanz und Strahl aus, der das Sein des Knappen so glückselig erleuchtete.

Aber dieses klare Gemüth war nun getrübt worden, seit eine gewaltsame Hand sich an seinen Leib gelegt hatte. Peter war armer Leute Kind gewesen und hatte manchen harten Tag erlebt, und abgehärtet war sein Körper vor Wetter und Arbeit, und abgehärtet sein Herz gegen Weichmuth und Empfindsamkeit. Aber die Gewaltthat roher Menschen hatte er bisher noch nicht erfahren, wenigstens nicht an sich. Harmlos wie er war, hatte er damals im Wirthshause auf das hochmüthige Gebaren des Welschen rasch erregt das Wort hineingerufen, noch halb im Scherz sogar. Und das hatte ihm den Würger an den Hals gesetzt! Eine Witwe und eine Waise weinten heute in seiner Hütte, wenn . . . Verfluchter Welscher, Du! Warte, warte, noch ist es nicht finster! —

Wenn die beiden Männer — der Peter und Ozzotti, der Italiener — am Sonntag in den Orts= gassen, oder am Werktag auf dem Wege „zur Schicht" aneinander vorüberkamen, da tauschten sie kurz und scharf ihre finsteren Blicke, aber jeder hielt den Athem ein — was die Zunge kann, ist hier nicht am Platz.

Der Schichtenschreiber merkte es am besten, was zwischen den Beiden vorging und er theilte dem Bergverwalter seine Meinung mit: Es dürfte klug sein, den Welschen zu entlassen.

Der Verwalter wieder war der Ansicht, daß man die halbe Knappenschaft entlassen müßte, wenn man auf den Trotz und Haber dieser Gesellen Rücksicht haben wollte.

So blieb Ozzotti in Eisenerz. Wohl mied er das Wirthshaus „zum rothen Hahn", das freilich auch der Peter Oberdorfer seit jenem Streite nicht mehr betreten hatte. Und doch kam der Tag. —

Wegen Auflassung einer Partie in den oberen Bergwerken wurden mehrere Knappen übersetzt. So kam auch der Peter in einen neuen Stollen, und er arbeitete jetzt im Hubertus-Stollen, der durch mehrere Schachte gekreuzt wurde. Er war mit seinem Terrain noch ziemlich unbekannt und hatte darauf zu achten, daß er sich in den zahllosen Gängen und Höhlungen zurecht finde. Wenn er einmal die Haue einen Augenblick ruhen ließ und nichts die schwüle Luft und die kleine Flamme in der Grubenlampe bewegte, da konnte er aus dem Nebenstollen das Pochen und Scharren der Kameraden vernehmen.

In einer solchen Ruhepause war es, als den Schacht nieder, der seinen Stollen kreuzte, das bekannte Holzgestell, der Schragen, gebaumelt kam, auf welchem ein einziger Mann stand. Der hielt das Grubenlicht an seiner Brust und seiner gleichgiltigen Miene war es nicht anzumerken, daß er in die grauenhafte, sticklufterfüllte Tiefe fahre, in welcher zu arbeiten sich manch Anderer weigerte. Er war eben Bergmann durch und durch und wollte nicht geringer sein als seine Vorfahren, die vor keiner Gefahr zurückschreckten, das norische Eisen zu heben.

Peter, der, von dem Anderen nicht bemerkt, in seiner Nische unbeweglich stand, hatte den Mann sofort erkannt. Doch kein „Glück auf!" rief er ihm zu, sondern er drückte sich an das Gezacke der Erz=wand. Auf dem niederfahrenden Schragen stand sein Todfeind, der Italiener.

Aber noch bevor sich Peter recht bewußt werden konnte, daß hier eine Gelegenheit gekommen, den Welschen zum Kampf zu fordern und sich zu rächen, versank der Schragen auch schon in der Tiefe, nur daß er ihm nachmurmelte: „Noch ist es nicht finster, mein lieber Ozzotti!"

Das Seil, an dem der Senkschragen hing, schien sich kaum zu bewegen, nur daß es mitunter durch die schwere Last, die es trug, stramm gespannt, ein wenig surrte, wenn der Schragen bei seinem Nieder=wärtsschweben an einen Wandbalken prallen mochte.

Dieses Seil, das ist ja sein Lebensfaden! fiel es dem Peter plötzlich ein. Wenn ich es jetzt durchhaue, so fährt er in den Grund hinab und zerschellt. Ich schlage mich eilends in den anderen Stollen hinüber und nichts kommt auf. Ein altes Seil kann morsch werden und von selber brechen. Es kann auch an ein scharfes Holz oder Gezacke streifen und so ent=zwei geschnitten werden. Der Bergmann steht ja immer mit einem Fuß im Grabe — das müssen wohl auch die alten Römer schon gewußt haben, mein lieber Ozzotti! —

Diese Gedanken waren dem Knappen durch den Kopf geschossen, wie Eulen und Fledermäuse über das Dorf schwirren, wenn es dunkel wird. Aber oft eine einzige Wendung des Körpers genügt, daß Gedanke und Gemüth eine andere Richtung nehmen. Ein paar Schritte machte er hastig in den Hintergrund, dann blieb er stehen und sagte: "Peter! Was ist das gewesen? Was ist Dir jetzt eingefallen? So schlecht wärest Du? Zum Aufhenken wärest Du! Bei der Arbeit im Schacht Einen umbringen! Von rücklings umbringen! — Peter, das ist Dein Ernst nicht gewesen. Im Wirths=haus schlagst ihn todt, wenn er weiß, warum's ihm geschieht! So teufelhaft denken! — Im Schacht da unten! Und meuchlerisch! Wäre das eine Rache? Kann's nicht Jeden treffen im Bergwerk? Im Wirthshaus schlagst ihn todt. 's ist noch nicht finster." —

Er ging wieder an seine Arbeit und hieb und hämmerte scharf d'rauf los. Und als er später inne hielt, um sich den Schweiß von der Stirne zu trocknen, murmelte er in sich hinein: "Du wärest mir lieber gewesen, Peter, wenn Dir der höllische Gedanke nicht wär' gekommen. Auf wen soll der Mensch denn ein Vertrauen haben, als auf sich

selber! — Wie wirst heute Deinem Weib ins Gesicht
schauen können? — Hinterwärts umbringen! Im
Bergwerk! Verdammter Wicht!" —

Er arbeitete wieder und schlug und hieb, als
kämpfe er mit seinem Werkzeug noch hart gegen die
Versuchung oder gegen die Vorwürfe des Gewis-
sens. —

Von diesem Tage an war seine Empfindung eine
andere, wenn ihm der Italiener einfiel. Es war ihm
fast wie in Furcht und Angst, der Welsche könne ihn
vor Gericht belangen, oder gar den südländischen
Brauch der Blutrache einführen. Denn jetzt wäre ja
an dem Welschen die Reihe. — Das Würgen an
der Gurgel fühlte der Peter Oberdorfer nicht mehr
seit jener Stunde im Schacht. Die schlimme That
mit einem noch schlimmeren Gedanken gesühnt!

So wollte Peter nun nichts mehr, als auf den
Welschen vergessen, oder ihn zuhöchst — weil es
dem Kerl doch nicht ganz geschenkt bleiben sollte —
bei guter Gelegenheit ein wenig durchbläuen.

So war es, als eines Tages in den Tiefen des
Erzberges, unweit des Hubertus-Stollens, schlagende
Wetter zuckten, die Knappen in Wirrniß die Flucht
ergriffen und die beiden Männer sich plötzlich gegenüber standen.

„Er muß doch mein Unglück sein!" stöhnte Peter
und stürzte zu Boden, denn die Stickluft hatte ihn
bereits betäubt.

Der Italiener raffte den Ohnmächtigen vom Boden auf, warf ihn über die Achsel und eilte mit solcher Last im mächtigen Labyrinth der Stollen hin und her — die Grubenlampe war ihm schon verloschen, die Orientirung hatte er auch schon verloren, schwerer Grubendunst beengte ihm die Brust. Er rüttelte den Peter: „Kannst Du gehen, Kamerad? Kannst Du? niente? Oh, jetzt ist es finster geworden!"

Schon wollten auch ihm die Sinne vergehen, als aus einem Seitenstollen rother Lichtschimmer winkte. Dort ist Rettung. Wo Licht noch brennt, ist Leben!

In der nächsten Minute waren die Beiden bei Genossen, die sie ans Tageslicht beförderten. Sie waren gerettet. — Als der Peter Oberdorfer zu sich gekommen war, neben sich den Italiener sah, da fragte er doch, was mit ihm vorgegangen sei? Er wäre ja unten in seinem Stollen gewesen, es seien schlagende Wetter gewesen. Wer ihn herausgetragen hätte?

Der Katzelmacher! Mit diesem Worte wollte der Welsche schon antworten, aber er schlug es nieder. — Sagst was Besseres, dachte er, Du hast dem armen Schelm das Leben gegeben, er ist Dein Kind geworden.

Jetzt richtete sich der Peter auf und starrte dem Ozzotti mit einer Miene höchster Verblüffung ins braune Gesicht. „Wenn Du es bist, Du, der mich heraufgetragen hat?" fragte er, „wenn Du es bist?!"

„Was weiter?"

„Dann — dann! — der Teufel hol' mich, Du bist doch ein braver Kerl!"

„Du hätteſt umgekehrt auch mich getragen, gewiß, gewiß!" rief der Italiener.

„So?" verſetzte Peter, es war ein merkwürdiger Ton, mit dem er das Wörtlein ſprach.

„In den Gruben ſind wir Alle Kameraden," ſagte Ozzotti.

Peter hielt ihm beide Hände hin: „Wir wollen es auch außer den Gruben ſein. Willſt Du? Du bist ein braver Mensch und noch ist's nicht finster!"

Nachtschatten.

Es wird mir bange, wenn ich diesen Kindern nachblicke. Der Knabe hat ein Hemd an und ein Beinkleid aus weißer Leinwand, sonst nichts. Das Mädchen trägt eine weiche Pfaid und ein leichtes Röcklein, sonst nichts. Wild sind sie Beide, schön sind sie Beide. Aber vor der Wildheit und der Schönheit bangt mir nicht, mir bangt vor den Jahren, in denen sie leben.

Die Schafe grasen auf dem grünen Anger, und grasen mit so behendigen Mäulern, daß man meint, der Appetit wachse ihnen mit dem Essen und das grüne Angergras wäre das Süßeste auf der Welt.

Als das Mädchen den Thieren eine Weile zugesehen hatte, stellte es sich auf alle Viere und sagte: „Schau, Konrad, jetzt werde ich auch einmal Gras fressen."

Hierauf antwortete der Knabe: „Mein Vater sagt: das Grasfressen wäre schon gut, aber erst, wenn es Schöpsenfleisch geworden ist."

„Das dauert mir zu lang," sagte das Mädchen.

„So schlachten wir das weiße Lamm," antwortete der Knabe.

Sie schaute ihn forschend an. War's Ernst, was er da gesagt? Ja, ja, der Konrad ist Einer, der im Spaß und Scherz was herausschreit, und wie es herausgeschrien ist, packt er's und macht damit Ernst.

„Wir schlachten das Lamm," sagte er.

„Was wird Dein Vater sagen?"

„Mein Vater wird sagen: Der Konrad ist gescheit, der hat fleischernes Gras gefressen. Und vom eigenen Lamm. Das weiße gehört mein. Julia, geh' in den Wald hinein, trage Holz zusammen und mache Feuer. Ich bin bald fertig."

Dem Mädchen ging's eiskalt über den Rücken. Der heutige Tag wird anders, als der gestrige und der vorgestrige war, so dachte sie und eilte in das Dickicht, um dürres Reisig zu sammeln. Dabei fielen ihr die lose gebundenen Haare auseinander, daß sie damit dort hängen blieb und da hängen blieb und dabei mehrmals die Worte flüsterte: „Gott sei Dank, daß er beim Lamm ist! Gott sei Dank, daß er beim Lamm ist!"

Das Lamm hinwiederum mochte in seiner angst= vollen Seele flehen: „Wollte Gott, daß er bei ihr wäre!" Aber der flinke Knabe hatte dem Vater nur zu oft zugeschaut, wie man die lieben Lämmer rasch und sicher von aller Angst und Qual erlöse.

Als Julia am Angerrande mit dem Zündzeug in das Reisig fuhr, erschrak sie fast, wie rasch das Feuer die ganze Schicht ergriff; anders wie daheim am Herd der Mutter, gar knisternd, krachend, brüllend, als wäre ein Sturm in diesem Feuer. Als der blaue Rauch aufstieg in das Gewipfel des Waldes, der ringsum war, und als Julia daneben stand, in ihren Locken eine förmliche Krone von losgebrochenen Reisig- und Aststümpfchen, da war auch Konrad mit seiner Arbeit fertig. Sie brieten das Fleisch so regelrecht, wie es halbwilde Hirtenleute braten. Dabei überlegten sie, was mit dem weißen Felle geschehen sollte.

„Das schenke ich Dir," sagte der Knabe, „wenn wir gegessen haben, kannst Du es auf den Rasen ausbreiten und Dich auf die weiche Wolle legen."

Darauf entgegnete das Mädchen: „Meine Mutter hat gesagt, auf dem Grase wäre das Liegen nicht gesund."

„Und mein Vater hat gesagt, der erste Traum, den der Mensch auf einer frischen Schafhaut hat, wird wahr."

„Jetzt gieb aber einmal was her," begehrte das Mädchen, „jetzt ist mir das Essen lieber, als das Schlafen. Wo ist denn Messer und Gabel?"

„Ich nehme meines Vaters Messer und Gabel," sagte der Knabe, nahm ein Stück Fleisch mit den Fingern und zerriß es mit den Zähnen.

So kauerten sie am Feuer und aßen. Dabe fragte Konrad, was sie hernach auf dem Lammfell am liebsten träumen wolle?

„Daß ich eine Prinzessin wäre und hätte ein goldenes Schloß —"

„Und ich bin der Prinz und nehme Dich."

„Und ich sag': keinen so wilden Prinzen, der das Lammfleisch mit den Zähnen wie ein Wolf zerreißt, keinen solchen mag ich nicht."

„Und ich werde ein Räuberhauptmann und breche in das goldene Schloß ein."

„Und ich laß Dich fangen und köpfen."

„Und ich schaue Dich mit dem geköpften Kopf so schreckbar an, daß Du munter wirst. — Und wenn ich nachher da lieg': was thust mit einem geköpften Konrad?"

Sie machte erschrockene Augen. Es waren große, milde, schöne Augen, in die jetzt der Knabe wie auf zwei blaue Scheiben die Pfeile seiner glühenden Blicke schoß. Hände und Füße und die entblößte Brust des Knaben waren glatt und braun, wie Zigeunerhaut, aber das scharf geformte, fast magere Gesicht wechselte zwischen zartem Weiß und tiefem Roth, denn das üppige Gelocke des Hauptes hatte das Angesicht vor der Sonne stets bewahrt, außer

der Knab' lag bewegungslos auf dem Rücken, um
dem Mädchen Schreck einzujagen, als wäre er ge=
storben. Mit diesen vollen, rothen Lippen gestorben!
Mit diesem übermüthig=trotzigen Antlitz gestorben!
Sie hatten ja Beide noch kein Vorbild gesehen. In
den schönen Wildnissen ihrer Kindheit war kein
Grabkreuz gestanden und auch kein Schlagbaum.
Sie thaten nichts Böses, weil kein Verbot dagewesen,
das sie darauf begierig gemacht hätte. Aber ein
alter Mann war, der erst in diesen Tagen das
Wort ausgesprochen hatte: Heranwachsende junge
Leute, wie diese zwei, soll man nicht mitsammen
auf die Schafweide schicken. Dieses Wort haben sie
gehört — doch nichts darauf gesagt.

Dem Mädchen fiel es auf, daß der Knabe heute
nicht wild war, wie sonst, daß er sie nicht neckte,
sondern sie wunderlich, theils weichmüthig und dann
wieder fast zornig mit Worten verfolgte. Sie suchte
sich zu schützen. — Wenn er der böse Räuber wäre,
um sie zu rauben, so wolle sie sich, um ihm zu ent=
kommen, in ein unscheinbares Hühnchen verwandeln.
Dann werde er der Geier sein, war seine Antwort.
So wolle sie sich zu einem ganz kleinen Käferlein
machen und tief ins Holz kriechen. — Dann werde
er der Specht sein und sie aus dem Holze heraus=
picken. — So wolle sie ein Regenwurm sein und
sich im Erdboden verstecken. — Dann werde er der
Hahn sein und sie mit seinen Klauen ausgraben.

— Dann bliebe ihr freilich nichts übrig, als sich in eitel Heu und Stroh zu verzaubern. — Er merkte die Falle und sagte: „Ein gesunder Schimmel frißt auch Heu und Stroh."

„Gut," sagte sie, „so bleibe ich das Hirtenmädel."

„Und ich der Hirtenknab'."

Sie legten sich gegenseitig die halbnackten Arme um die Nacken. Sie waren satt, nur empfanden sie Durst. Die Eulenschlucht, in der das Wasser rinnt, ist aber sehr tief. Wenn Ihr abstürzt, kein Mensch kann Euch finden . . .

Wenn Einer auf allen Vieren im Dickicht herumkriecht, und ist kein Thier; wenn Einer nach links schauen will, und lugt nach rechts; wenn Einer die Feinde todtschlagen will, und schlägt die Faust auf seinen eigenen Schädel; wenn Einer Geheimnisse hat und sagt sie laut in die Luft hinaus, so ist das ein Unding. Ein solches Unding, ein bitter armes heilloses Unding kauerte im grünen Anwuchs der Lärchen.

„Freilich, ei freilich!" kreischte es, „Du hast es gesehen von Denen da draußen, daß man mich kratzt und sticht!" Und brach mit seiner ungelenken Hand ein dürres Aestlein ab, das ihm über sein grinsendes, häßliches Gesicht gestrichen war. Es war der Hexen-Gauchel, eine arg verlästerte Creatur mit schielenden Augen, verkrüppelten Gliedern und boshaftem Herzen. Theils hatte ihn die Natur so gemacht, theils die Leute; er war als ein „Hexenkind" in Verachtung geboren, in Elend aufgewachsen und mit lauter Unrecht erzogen. Die „braven" Leute brauchen mitunter so Einen, den sie recht gründlich verachten können, damit sie sich selber um so achtens= werther vorkommen — sie brauchen eine personificirte Sünde, die so häßlich sein muß, daß ihr eigen bißchen Erträglichkeit dagegen wie die Sonne leuchtet. Sie brauchen mitunter so Einen und machen sich ihn.

Der Gauchel weiß nichts als seine und seiner Mutter Leidensgeschichte, aber die ist ihm gerade genug; er wiederholt sie alle Tage, wie Andere ihr Gebet; er erzählt sie dem Walde, aber das Reh läuft darob davon, der Uhu lacht ihn aus, darum spricht er jetzt mit dem gelbgefleckten Molch, der im Gekresse kriecht, der kann nicht laufen und nicht lachen, der ist recht.

„Bist sie? Bist sie?" spricht er dem Thiere zu, welches zäh und träge dahinkriecht, so daß der seltsame Mensch, auf den Füßen hockend, ihm von Zeit zu Zeit nachrückt. „Bist sie? — Sie soll ja auch als Molch auf den Wiesen herumgeschlichen sein und die grasenden Kühe verzaubert haben, daß sie nicht mehr Milch gegeben haben als der Stier; und den Stier verhext, daß er nicht mehr Kraft gehabt, als ein lahmes Kalb. Den Vortheil hat sie genutzt, die Hex. Ist dafür gepeitscht worden. Bei der nächsten Soldatenstellung haben sie alle Burschen vom Dorf behalten — das hat sie ihnen angethan. Ist wieder gepeitscht worden. Im nächsten Jahre haben sie Keinen behalten, nicht Einen; sind zu armselig gewesen. Das hat sie ihnen angethan, die Hex. Haben sie verbrennen wollen. Aber weil sie noch woltern jung gewesen, hat der Dorfrichter gemeint, alle Hoffnung solle der Mensch beim Menschen nicht aufgeben, und ein Mensch, sozusagen, wäre sie doch, die Schinder=Kres und er wolle mit Gotteshilf' versuchen, ob er den Teufel nicht sollt' austreiben können. Was geschieht, mein schöner Drach, was geschieht? Wie sie der fürtreffliche Mann aufsucht in ihrem einschichtigen Häuselein, wird er verhext. Sie schreit, was sie kann; er läßt sich nicht irren, treibt und treibt den Teufel aus. Das war zu Michaeli. Im nächsten Jahr zu Sonnwenden ist sie todt worden, die Hex, die verfluchte Hex — meine liebe Mutter."

Der Molch setzte seine schwammigen Vorder= und Hinterpfoten aus und eilte davon, so gut er konnte; der Gauchel kroch ihm nach über das Gras und über den kahlen, mit dürren Nadeln besäeten Boden.

„Das muß ich sagen," fuhr er fort, „standes= gemäß haben sie mich gehalten, die Leut'. Ein Hexenkind! Die erste Zeit, wie ich gemerkt: mir thun sie anders wie anderen Kindern, hat's mir weh' gethan; hab's aber nicht wissen können, daß die Leute was Besseres

essen, als die Säue und daß man auf einem Stroh=
polster feiner schläft, als auf dem Streukarren.
Nachher hat's auch geheißen, es wäre nicht gesund,
wenn der Gauchel auf der Streu schläft, das Vieh
im Stall fällt vom Fleisch ab und es ist doch was
in seinem Geblüt von der Kres. Fortgejagt bin ich
worden. Meine goldenen Zeiten sind im Kornschnitt
gewesen, da sind die Heidelbeeren zeitig und die
Sommerrüben schon groß. Nächtig trage ich die
Garben zusammen und baue mir damit ein Haus.
Einmal haben sich zwei Kinder, kaum daß sie das
Laufen gelernt, vom Dorf verlaufen auf die Heid'
und Weide. Daß die Würmer nicht verfrieren und
verkommen in der Nacht, habe ich sie mitgenommen
unter meine Garben. Wie der Morgen kommt,
finden sie uns schlafend im Nest auf dem Feld und
jetzt haben sie mir's gesagt, wer ich bin: Ich bin
der Kinderdieb und hab' ihnen wollen das Blut
aussaugen. Haben mich gebunden und mit einer
Zange gezwickt, bis ich's ihnen gelten lasse: ich bin
der Kinderdieb. Jetzt ins Loch. Im Arrest ist mir
ein gräulicher Bart gewachsen, und soweit ist's:
was mir voreh weh' gethan hat, das kitzelt mich
jetzt. Sie sollen mich nur peinigen, ich hasse sie, ich
räche mich — das ist von nun an meine Lust, die
ich um ein Königsschloß nicht möchte verkaufen. —
Wohin führst Du mich denn, Du goldflecksges
Rößlein?"

Der Molch drehte seine wässerigen Augen, kroch in den Wildklee, kroch wieder hervor und an einem Felsblock vorüber gegen die Lichtung hinaus; die Creatur von Menschen kroch ihm mit Händen tappend und auf den Knien hockend nach. „Diable gratias! wie es in meiner Messe heißt," fuhr er fort: „Nach langer Zeit suche ich mein liebes Dorf auf und spähe den richtigen Wind aus, der mir hilft, wenn ich das Nachtlicht anzünde. Der Wind ist gescheit und macht seine Sach' auf eigene Faust — bringt ein Hagelwetter daher, das alles in den Erdboden schlägt, als wär's nie herußen gewesen. Der Gauchel und das Hagelwetter! Der Bauer am Rain hat's gesehen, wie ich auf der Wetterwolke geritten bin. Ist ein feines Reiten, mein lieber Drach! — Da habe ich meinen Lohn bekommen, daß ich darauf einen Tag und zwei Nächte in der Wolfs= grube gelegen bin. Daß ich ihnen nicht beizeiten auf den Wolken davongeritten bin, ist dumm ge= wesen, meinst es? Heute geht's wieder, und Dir, mein schöner Drache, komme ich zur Noth noch nach. Wenn uns nur der Teufel begegnen wollte, ich hätte mit ihm zu reden."

Als der Gauchel diese letzten Worte gesprochen hatte, roch er den Rauch vom Feuer der Hirten= kinder, sah die Hirtenkinder selbst, und das Mädchen war die Tochter des Bauers am Rain, der so gute Augen gehabt hatte. Jetzt hockte der alte Krüppel da wie ein grinsender Faun und sah, was anfing. Da wurden ja wieder Rüben groß! Beeren reif! Der Gauchel denkt: „Heute will ich Mann und Weib zugleich sein — heißt das, Vater und Mutter vertreten an diesen Kindern."

In den weichen Abendlüften wehte schon der süß=betäubende Duft der Nachtschatten.

Die Kinder hatten Braten gegessen, jetzt wollten sie trinken. Der Gauchel zeigte sich; das Mädchen erschrak, der Knabe lachte auf und rief: „Komm nur her, Zauberer, ich fürchte mich nicht vor Dir. Hast Hunger?"

Als der Gauchel das braungeröstete Fleisch sah, das von dem kleinen Mahle übrig geblieben war und der Knabe jetzt herbot, vergaß er auf seinen Molch, kroch hastig zum Feuer und verzehrte das Stück mit wilder Begier.

Als er damit fertig war, zog er aus den Lappen seines Gewandes ein gelbes Krüglein hervor, zwinkerte mit den Aeuglein und sagte: „Jetzt werde ich dank=bar sein. Welches will zuerst trinken? Es ist süßer Wein.

Das Mädchen trank zuerst und bestätigte leuch=tenden Auges: es wäre sehr süß. Der Knabe trank ebenfalls und er hätte dem Inhalte sicherlich mit einem Schluck den Garaus gemacht, wenn ihm nicht der Gauchel den Krug aus der Hand genommen.

„Das glaube ich, daß es süß ist," sagte der Krüppel und schnalzte mit der Zunge. „Versucht's einmal, ob ihr mir das nachmachen könnt, so zu knallen!" und schnalzte wieder mit der Zunge. Der Knabe versuchte es, aber das Ding mißlang.

„Wenn Ihr denselben Ton wiederbringt, so könnt Ihr nochmals trinken." Er klatschte mit der Zunge.

Vielleicht ging es mit Anderem. Julia hielt zwei ausgestreckte Finger hin, Konrad streckte ebenfalls zwei Finger aus und gab den ihren damit einen Klapp. Es war aber nicht der richtige Schall. Hierauf versetzte ihr der Knabe mit den zwei Fingern ein Leichtes auf die Wange — es gab nicht den richtigen Schall. Der Gauchel machte es ihnen nochmals vor; der Konrad riß das Mädchen an sich und versetzte ihr einen Kuß auf die Wange, daß es schnalzte — das war's. Sie erhielten den süßen Trunk. Der Gauchel klatschte mit seiner Zunge weiter, sie machten ihm's nach und küßten sich auf den Mund. Er klatschte im Takt und wußte eine Art von Melodei zu knattern, bei der es sich tanzen ließ. Das Mädchen nahm den Knaben um die Mitte und begann zu reigen; sie tanzten und küßten sich und kreisten rasch und rascher um das Feuer. Der Gauchel bekam dabei ein aufgedunsenes Gesicht, die Augen quollen ihm hervor und er knatterte mit seiner Zunge und beschleunigte den Takt. Sie umschlangen sich fest und flogen fast wüthend im Kreise herum, bis sie plötzlich zu Boden stürzten.

Der Gauchel raufte mit den dürren Fingern Gras vom Boden und warf es in das Feuer, daß ein dichter Rauch zu wirbeln begann, der das hingestürzte Paar einhüllte — betäubte.

Dann kroch er unter dem Rauche dahin, und das letzte, was von ihm zu hören gewesen, war ein mark- und beinerschütterndes Lachen ...

Als am Abende die Schafe im Dorfe längs des Gassenzaunes zögernd dahinstrichen, die Mutterthiere träge, die Widder schläfrig, die Lämmer blöckend und alle miteinander planlos, da fiel es den vom Felde heimkehrenden Arbeitern auf, daß die Hirten fehlten. Von den Vätern der Kinder wurden Drohungen ausgesprochen; als jedoch der letzte Tagesschein vergangen war, der Himmel sternlos und bisweilen nur von matten Blitzen erhellt, wurde statt der Drohung die Besorgniß laut. Der Bauer am Rain und der Bauer am Schachen hatten plötzlich eine Ahnung, daß mit ihren Kindern heute etwas nicht recht herginge. Sie eilten in den Wald hinaus, sie zu suchen. Auf dem Anger schimmerte ihnen das verglosende Feuer entgegen. Neben dem Feuer lag das blutige Fell des Lammes, und neben dem Felle auf dem feuchten Gras lagen der Knabe und das Mädchen. — In welchem Zustande sie gefunden wurden, das hat man nicht erfahren. Die beiden Bauern, als sie ihre Kinder ins Dorf zurückgebracht, sagten nur aus, sie hätten dieselben ohnmächtig im

Walde liegen gefunden, es müsse sie ein Giftkraut betäubt oder ein Blitzstrahl berührt haben.

Der Gauchel war gar nicht mehr gesehen worden. Nach Jahren fand man in der tiefen Eulenschlucht das Gerippe eines Menschen.

Eine Winternacht.

Unsere Alpenhöhen werden nachgerade trivial. Sie halten sich zur warmen Jahreszeit nicht rein genug. Man sucht da oben die Erhabenheit und findet die Lächerlichkeit. Bäuerliche Kellner im Stadtfrack und Städter im Bauernrock; städtisch kokette Senninnen und ländlich ungezogene Stadtherren — allerlei Ungereimtheiten. Niedertracht, die zur Höhe steigt, Naturfreude, die sich erniedrigt. Die Natur hat ihr Recht und die Cultur hat ihr Recht, aber wo sich Ländlichkeit und Stadtthum unvermittelt vermählen wollen, da kommt Unsinn und Gemeinheit heraus.

Das städtische Sonntagspublicum hat die Reinheit unserer Alpennatur längst geschändet, aber kommen nur erst die Spätherbststürme — diese fegen alljährlich den Unrath in die Tiefe und auf den nebelumhüllten Berghäuptern und Felsenzinnen wohnt Niemand mehr, als die Größe und die Schönheit.

Ich habe den Göttern einmal ins Angesicht geschaut, doch nicht aus Vorwitz oder aus touristischen Gründen — meine Bergpartie im Winter hatte eine andere Ursache. Ich suchte in den Wildnissen des Eises und des Gesteines ein in Verlust gerathenes Kind.

Es sind nun Jahre vorbei, seit ich den Christmonat bei einem Freunde in Spital am Semmering zubrachte. Die kurzen Tage verlebten wir auf dem Schlitten und glitten durch das Alpenthal oder fuhren zum Semmeringsattel hinan, um ins schöne Oesterreicherland und in die Flächen Ungarns hinauszuschauen, oder wir fröhnten dem lustigen Eisschießen. Die langen Abende verbrachten wir in der warmen, gemüthlichen Stube bei heiteren Gesprächen, Spielen, guten Cigarren und freundlichen Frauen. Derlei Dinge machen die langen Abende sehr kurz und es war oft schon gegen Mitternacht, als ich in meine Schlafkammer ging. In dieser Kammer wurde ich einmal zur Nacht plötzlich aus dem Schlafe geschreckt. Draußen auf dem Wege, der am Hause vorbeiging, war Lärm, ein lautes Durcheinanderreden von männlichen Stimmen drang durch das Fenster und Fackelschein zitterte in schiefen Tafeln auf der Zimmerdecke dahin. Als der Auftritt vorbei war, rief ich in die untere Stube hinab, wo mein Freund und Gastherr schlief: was es draußen gegeben habe?

Eine Winternacht.

„Ja," gab Der unter mir zur Antwort, „einen sechsjährigen Schulknaben suchen sie. Der ist gestern nach der Schule in Verlust gerathen, wird sich berirrt haben. Soll gegen den Kaltenbach und Stuhleck hingegangen und seitdem nicht mehr gesehen worden sein."

„Dummer Junge," murmelte ich und kroch wieder unter die warmen Decken. Mir war darunter aber nicht mehr behaglich und nach einer Weile rief ich wieder in die untere Stube hinab: „Schläfst Du schon?"

„Nein," sagte mein Freund.

„Du," versetzte ich, „d'rin in Kaltenbach stehen ja ein paar Häuser."

„Ja, die stehen."

„Der Knabe wird doch so vernünftig gewesen sein und in einem derselben zugesprochen haben."

„Das glaube ich auch," lautete die Antwort, dann waren wir wieder still.

Doch mit dem Schlaf war's vorbei. Ein berirrter Knabe und eine Winternacht, und eine trostlose Mutter und etliche Menschen, die mit Fackeln in den Weiten umhersteigen und rufen — vergebens rufen, das sind Gedanken, die am Bette rütteln, an der Decke zerren, im Kopf wühlen und sich endlich ins Herz hineingraben.

Ich sprang aus dem Bette und rief in die untere Stube hinab: „Ich will suchen helfen, gehst Du mit mir?"

Keine Antwort.

„Wache auf!" schrie ich. In der unteren Stube blieb es still, mein Freund war schon fort.

Rasch zog ich mich an, faßte meinen Bergstock und ging davon.

Es war etwa zwei Uhr, die Nacht war finster und das Prickeln auf meinen Wangen und an meinen Händen sagte mir, daß es schneie. Aus der Schlucht, der Kaltenbach genannt, gewahrte ich ein paarmal das Schimmern der Fackeln. Dem eilte ich nach und erreichte einen Mann, der eine Laterne trug und Decken bei sich hatte, im Falle der Kleine halbverfroren aufgefunden werden sollte.

„Wem gehört denn das Kind?" war meine Erkundigung.

„Wenn es hin ist, so thue ich mir was an," sagte der Laternenträger.

„Also gehört es Euch?"

„Nein!" rief er, „aber meine höllische Dummheit ist schuld." Und etwas später erzählte er: „Ich bin beim Rochusberger der Knecht. Der Knabe ist das Kind von unserer Magd Christiana, die es im vorigen Herbst aus Nettenegg mit herübergebracht hat. Sind gebürtige Netteneggerleut. 's ist aus der Weis', wie dieser Bub' an seiner Mutter hängt, freilich sonst hat er Niemand auf der Welt und im Haus wird er auch nur so herumgeschummelt; am allerbesten aufgehoben ist so ein Wesen gerad' zu sagen in der Schul'."

„Das ist richtig."

„Wie er von der Schul' heimkommt, ist seine erste Frage allemal: Wo ist meine Mutter? So auch gestern Nachmittags; ich bin vor der Stallthür just im Streuhacken, kommt er dahergetrippelt: Wo ist meine Mutter? So ein balkert Fragen da! Wo wird sie denn sein! sage ich ärgerlich, denn ich habe just meinen Zahnwehtag. In's Rettenegg ist sie heut' hinübergegangen, kommt nimmermehr zurück. — Er schaut mich an, steht ein Randel (ein Weilchen) da und schaut umher — und ist nachher weg. Steht drauf nicht lang an, schaut seine Mutter, die Christiana, bei der Stallthür heraus: Ob das Franzerl nicht wäre dagewest? Ja, sage ich, wird ins Haus gegangen sein. Wie wir aber später zu der Jausenmilch ins Haus gehen, ist kein Franzerl da. Sein neues Lodenjöppel ist auch weg. Der Christiana schmeckt die Milch nicht, sie schaut zu allen Fenstern hinaus. Ich gehe um den Hof herum und schrei nach dem Knaben; da sagt mir eine Nachbarin, sie hätte das Franzerl vor zwei Stunden gegen den Kaltenbach hineingehen sehen. Jetzt ist die höchste Zeit, daß ich's sag', denke ich, wie er etwan meinen Spaß für Ernst gehalten hat. Unser Bauer schickt gleich ein paar Knechte aus, aber der Christiana haben wir noch immer nichts merken lassen, und hat es geheißen, der Junge ist bei anderen Knaben unten auf dem Eisschützenplatz. Im Finstern kommen die

Knechte zurück: sie hätten im Kaltenbach seine Spur verloren und wüßten nicht, was anfangen. Jetzt ist schon die Christiana da — ganz ruhig und kernfest, hätt's meiner Tag nicht vermeint, daß dieses Weibmensch so sein könnt' — und sagt, sie verlange, daß alle Männer vom Spitalerdorf ausgehen, den Knaben zu suchen, und sie geht voraus in den Kaltenbach. Da ist's schon lang finstre Nacht. — Der himmlische Vater geb's, daß wir ihn beim Leben finden!"

So hat's der Knecht des Rochusberger erzählt, und wir gingen weiter und weiter. Im Geleise des Schlittweges, auf welchem schon eine zarte Schichte neuen Schnees lag, sahen wir beim Schein der Laterne die Fußspuren Derer, die uns vorangegangen waren. Auf freien Blößen, wo in den vorhergegangenen Sonnentagen der Schnee festgebeizt worden war, trug uns seine Decke auch neben dem Wege, wozu ich bemerkte, das sei gut, weil wir nach Belieben herumsteigen könnten, und wozu mein Begleiter sagte, das sei nicht gut, weil der Knabe vielleicht nicht auf dem Wege geblieben sei, sondern über den tragenden Schnee hin abgelenkt haben könne, so daß wir jetzt gar keine Muthmaßung hätten, wohin er gegangen wäre.

„Weiß der Franzel den Weg nach Rettenegg?" war meine Frage.

„Den kann er wissen, weil er im Spätherbst mit seiner Mutter auf demselben herübergekommen ist."

„So wird es sein, daß er nach diesem Wege fortgegangen ist."

„Jesus und Maria!" rief der Knecht. „dieser Weg geht ja über das Gebirge. Das wäre gar keine Möglichkeit jetzt in diesem Schnee!"

Ich kannte das Gebirge wohl, es war das hohe Stuhleck mit seinen steinigen Kuppen und stunden= weit hingestreckten Almen. Im Sommer ist auf diesen Höhen viel Leben; Halter und Senninnen, Jäger und Touristen; für Letztere ist nahe an der Spitze des Stuhleck ein Schutzhaus erbaut worden; aber die Bauernburschen, die eifersüchtig auf ihre Alme= rinnen sind, haben den Städtern das Bergnest wieder zerstört. Auch die Jäger sind keine Freunde der Touristen, weil diese das Wild verscheuchen; der Bauer wieder fürchtet, daß die müßigen Alpen= geher in seinen Schwaighütten allzu viel unbezahlte Milch und Butter verzehren — und so ist ihnen das Touristenhaus gut weg. Das ändert aber nichts an der Lust, die zur Sommerszeit auf den Höhen herrscht. Selbst dem Wanderer, der auf dem fünf Stunden langen Weg zwischen Spital und Retten= egg geht — und mag's ihm noch so kümmerlich zu Muthe sein — ihm wird leicht, wenn er auf der Höhe ist und hinschaut über die sonnigen, von Gesang und Rinderglocken umklungenen Almen, über die fernen, blauenden Felsen der Rax, des Schneeberges, der Veitsch, des Hochschwab, und wenn

er niederblickt auf die grünen, von glitzernden
Wassern durchzogenen Thäler, wo die Menschen=
wohnungen sind, die so viel Kümmerniß bergen,
und die von Höhen aus gesehen so schön und fried=
lich daliegen. —

Solche Erinnerungen zogen wie dämmernde
Träume durch meine Seele zur Stunde, da wir
nächtig durch Frost und über Schnee dahinschritten.
Der Kaltenbachgraben ist lang; das Wasser, welches
vom Gebirge niederkommt und in den sommerlichen
Tagen so betäubend hinbraust, war streckenweise
verhüllt unter Schnee und Eis. Die Stege, die
darüber hinführten, waren schmal und schlüpfrig,
so daß es keiner der Suchenden unterließ, unterhalb
derselben mit seinem Lichte in den Bach zu leuchten.
Wir trafen mit mehreren Männern zusammen, Keiner
hatte vom Knaben eine Spur entdeckt. In einer der
letzten Hütten des Kaltenbaches — wir weckten die
Leute — wußte uns ein Weib zu erzählen, daß es
Tags zuvor, gerade schon ums Dämmern an der
Rabenwiese, die sich vom Thale gegen das Stuhleck
hinaufzieht, die mit einer glatten Schneeschichte
bedeckt war und über welche der Steig nach Retten=
egg führt, daß es auf dieser Rabenwiese ein schwarzes
Pünktlein gesehen hätte, welches sich ein wenig nach
aufwärts bewegte. Das Weib habe noch ein Randel
hingesehen und sich gedacht, was das denn sein
könne? für einen Menschen wäre es zu klein und

für einen Raben zu groß. Es wäre dann finster geworden und sie hätte nicht weiter mehr d'ran gedacht.

„Das ist der kleine Franzel gewesen!" sagten nun die Leute. Wir mußten auf den Berg. In meinem Leben sind mir auf einer Alpenpartie die Füße nicht so leicht gewesen, als diesmal. Die Wege waren verschneit, aber der Schnee war hart und trug uns. An den Hängen liefen wir Gefahr, auf der ehernen Kruste abzurutschen, wir mußten unsere Stiefel= absätze mit Gewalt in den gefrorenen Schnee graben.

„Hier kann der Knabe ja nicht hinauf gekommen sein," meinte ich.

„Zur Tageszeit und früh Abends ist der Schnee nicht so hart," belehrte mein Begleiter, „da klebt die Sohle daran und man kommt vorwärts."

So gingen wir weiter und wir kamen rascher vorwärts, als wir gedacht hatten. Die Steine und das Gestocke waren verlegt, die Schluchten von Schnee überbrückt. Oft standen wir still und riefen laut den Namen des Knaben. Auch an gegenüber= stehenden Bergen riefen Leute nach dem Vermißten — aber es war keine Antwort und keine Spur.

Als wir bis zu den Spitalerhütten empor= gekommen waren, wurde der Nebel, der uns ein= gehüllt hatte, ein wenig grau, so daß wir die Laterne auslöschen konnten. Die gar kleinen Hütten lagen öde und still da, halb vergraben im Schnee.

Wir wollten in eine derselben bringen, um auf Genossen zu warten, aber der Eingang war ganz und gar verweht und wie wir durch die Fensterlücken bemerken konnten, lag auf dem Tische, auf dem Herde der Schnee und ein paar Töpfe auf dem Schrank hatte der Frost gesprengt.

Wir eilten weiter. Der Schnee wurde lockerer, aber stellenweise auch seichter und unsere gefrorenen Stiefel klangen, so oft sie an einen Stein schlugen. Als der Nebel licht geworden war, standen wir an der Ruine des zerstörten Alpenhauses. Alles todt und starr. Ein scharfer Wind peitschte durch den Nebel und jagte Schneeflocken hin und her, und im Aufwirbeln des finsteren Gewölkes war es, als sollte zur Morgenstunde eine neue Nacht anbrechen.

— Ins Thal kommt jetzt vielleich ein Sonnenstrahl, aber auf den Höhen bauen sich die Vesten des Schnees, um die Felsriffe branden die Winde, und wenn in den Wolken schon keine Flocke ledig zu machen sein sollte, so fahren die Winde in die lockeren Massen des schon gefallenen Schnees, und wirbeln sie auf hoch über die Zinnen der Wände, daß sie diesen Schnee noch einmal und immer wieder als Flockenstaub niederschleudern können. Doch auch der Nebel waltet seines Amtes, er sammelt die Feuchtigkeit in allen Thälern, Schluchten und wo er sie findet, und braut und preßt und münzt daraus die wunderbaren Gebilde der Flocken und weht sie hin, emsig und nimmermüde, auf die einsamen Höhen. Die Thiere, die laufenden wie die fliegenden, haben sich längst geflüchtet niederwärts gegen schützende Wälder, die Nähe des feindlichen Menschen ist ihnen lieber, als das öde Schneeland, wo alles verdeckt und vertilgt ist, was sie brauchen. Wo der Wind den Boden kahl gefegt, da hat der Frost die schwarze Erde versteinert und es scheint, als ob Keim und Lebenskraft für alle Zeit vernichtet sein sollte.

Eine urgewaltige Herrschaft ist auf den hohen Bergen, gegen welche keine Menschenmacht siegen kann, eine Gewalt, die ewig mit der Sonne kämpft, im Frühjahre unterliegt, im Spätherbste wieder siegt und dann ihr Leben aufschlägt dort oben — ein Leben, das den Wesen des Thales zum Tode werden müßte. Mit dem Maßstabe der Jahrhunderte und nach den Traditionen der Geschlechter ist es zu messen, wie das Reich des Eises immer weiter vor= bringt und niederfließt gegen die Wohnsitze der Menschen. Es wird der große todte Winter kommen; das Schneegestöber wird in dem Maße aufhören, als die Niederungen erstarren; die Menschen auf beiden Hemisphären werden vom Winter dem Aequator zugedrängt, und im hohen Afrika, dort, wo heute die Sonnenglut jedes Hälmchen der Sand= wüste verbrennt, wird der letzte Mensch von — Eisbären getödtet werden.

Solch unbeschränkter Herrschaft trachtet der Winter zu, und die Alpen sind es, die er sich für unsere Jahrtausende zum Kampfplatze erkoren hat, und unsere langen Decembernächte sind es, in denen da oben bei den Bergkuppen, Felshörnern und Gletschern eine Macht waltet, von der die Bewohner des Thales oder der Ebenen draußen keine Ahnung haben. Das Meer gehorcht den Stürmen des Oceans, es ist ein Sichergeben des fügsamen Elementes; aber die Steinriesen der Berge trotzen dem Sturme, ragen, von feindlicher Gewalt umbraust, in finsterer Starrniß da, und die unendlichen Kräfte der Luft, die den Ocean vor sich hertreiben, zerschellen an den Felsen der Berge. Dieses ewige Gebrochenwerden und doch in ewiger Gewalt fortrasende Element der Winterstürme ist eben das Große, Erschütternde und Erhebende fürs menschliche Gemüth.

Den Felsriesen wird auch erst der Frühling gefährlich, und die Sonne, die das in den Klüften ruhende Eis schmilzt und auf diese Weise im Gebirge eine von Jahr zu Jahr wiederkehrende Sprengarbeit verrichtet, wird solchergestalt als Zerstörerin der Schutzwälle eine Verbündete ihres eigenen Feindes, des Winters.

Freilich giebt es auch im December und Januar Tage, da die Niederungen in Dämmerung und Nebelfrost schauern, während die Höhen, welche wie

Inseln aus dem Nebel ragen, sich des blauen Firmamentes und seines Sonnensternes freuen. Für Bergwanderer wären solche Tage noch gefährlicher, als jene des Frostes und der Stürme, weil unter den Füßen der Boden bricht. Mancher schon ist, verschlagen vom Sturm, verirrt im Nebel, in den Abgrund gestürzt; aber häufiger gehen Menschen zugrunde, indem der sie bisher getragene Schnee unter ihren Füßen allmählich anfängt einzubrechen; sie arbeiten sich noch eine Weile weiter, mühen sich ab, die Kräfte schwinden, sie haben das Bedürfniß nach einer kurzen Rast, der weiche Schnee wird dem hinsinkenden Körper zur bequemen Ruhestätte, sie schlafen ein, da kommt der Frost — und sie werden nicht mehr wach.

Wo unentbehrliche Pfade über das Gebirge ziehen, da hat man als Markzeichen hohe Stangen gepflanzt, die dem Wanderer die Richtung des Pfades andeuten sollen. Aber es giebt Stellen, wo man die längsten Stangen nicht sieht, weil sie aus dem Schnee nicht hervorragen. Man kann sich die Unmassen des Schnees denken, wenn in mancher Mulde noch im Juli und August so große Schneefelder liegen, daß Alpenunkundige Gletscher aus ihnen machen können.

Der Pfad, welcher von Spital nach Rettenegg führte, war nicht mit Stangen bezeichnet, weil derselbe zur rauhen Jahreszeit überhaupt nicht begangen wurde. Es vergingen die Wintermonate, ohne daß auch nur ein Mensch auf diese Höhen kam. — Mein Begleiter und ich standen nun allein mitten in dem Schneegestöber, welches uns in Dunkelheit und feine Flocken einhüllte und ganz so that, als sollten wir in kürzester Zeit begraben sein unter dem Schnee, so wie das Zirmgesträuche begraben war, ohne daß auch nur ein Zweiglein an die Oberfläche ragte. Keiner der Suchenden war uns bis zum hohen Stuhleck hinan gefolgt und mein Begleiter sagte jetzt, es sei, ganz unmöglich, daß der Knabe hierher gekommen wäre. Er habe, wenn er schon nach Rettenegg gehen wollte, sicher eine ganz andere Richtung eingeschlagen denn so viel er — der Knecht des Rochusberges — sich erinnere, sei an jenem Herbsttage die Christiana mit dem Knaben spät in der Nacht von Rettenegg nach Spital gekommen; wenn sie auch noch bei Sonnenschein aufs Stuhleck gekommen wären, so hätten sie doch den Weg abwärts und durch den Kaltenbachgraben im Finstern machen müssen.

„So ist der Weg dem Knaben vollständig fremd," meinte ich.

„Das wird sein," sagte der Knecht.

Mit Mühe fanden wir uns in dem von Minute zu Minute wilder werdenden Gestöber zurecht, mit Mühe und Gefahr erreichten wir den Kaltenbach. Der neue flaumige Schnee ging uns stellenweise bis an die Hüften, es war schon nach Mittags, als

Eine Winternacht.

wir erschöpft in Spital anlangten. Wir hatten gehofft, daß der Knabe mittlerweile aufgefunden sein würde. Aber die Leute waren unverrichteter Dinge zurückgekommen und einige derselben waren, nachdem sie sich ein wenig gestärkt hatten, wieder davongegangen, um den Vermißten zu suchen. Die Christiana hatte sich bereits auf den weiten Umweg über das Mürzthal und den Alpsteig gemacht, um Rettenegg zu erreichen und dort nach einem — wie die Leute sagten — Unmöglichen zu fragen, ob ihr Kind nicht angekommen wäre? Und auf diesem Wege, mitten in den Wäldern des Alpsteiges, ist ihr der Bote aus Rettenegg begegnet. Der wollte nach Spital zum Rochusberger und berichten, daß in der vorigen Nacht der sechsjährige Knabe der Magd Christiana mitten in Schnee und Wind mutterseelenallein in Rettenegg angekommen sei. Er hätte an der Thür des Ziehhofers geklopft, wo die Christiana früher im Dienste gewesen, er hätte nach seiner Mutter gefragt und dann sei er, bevor die Leute des Ziehhofers noch ein Wort von ihm herausbringen konnten, umgesunken und eingeschlafen. Morgens, als der Bote fortging, habe der Knabe in dem ihm bereiteten Bette noch geschlafen.

Hierauf ging der Bote nach Spital, zu sagen, daß sie nicht mehr länger suchen sollten; die Christiana eilte nach Rettenegg, wo sie spät Abends ankam.

Der Knabe schlief noch immer, aber sein Athem ging ruhig und seine Wangen waren leicht geröthet. Jetzt erst fing die Magd an zu weinen, und weinte so heftig und heiß, daß die Leute an sie herantraten und zu beruhigen suchten, aus Besorgniß, sie würde vor Aufregung erkranken. In der Angst, im bittersten Herzweh war sie still, schien gefaßt und ergeben gewesen, jetzt im unmeßbaren Glücke ob des wiedergefundenen Kindes brachen die Gewalten des Frauenherzens durch.

Am drittnächsten Tage kamen Mutter und Kind über den Alpsteig und Mürzzuschlag wohlbehalten in Spital an. Der Knecht des Rochusberger soll vor der Christiana niedergekniet sein und ihr seinen ganzen Jahrlohn angeboten haben für die Angst, die er ihr durch seine „Unsinnigkeit" gemacht. Sie sagte: das wäre mit Gut und Geld nicht zu zahlen, aber sie habe ihr Kind wieder, und so sei alles vergessen.

Wir Alle gingen, den Knaben anzusehen — es war ein sehr schöner, aufgeweckter Junge. Als wir ihn fragten, wie er denn nach Rettenegg hinübergekommen sei, antwortete er, er sei hinübergegangen.

„Auf welchem Wege?"

„Ueber den hohen Berg, wo mich die Mutter einmal herübergeführt hat."

„Kind! und hast Du den Steig gefunden? Bist Du denn nicht über die Felsen gestürzt?"

„Ich habe nichts gesehen, es ist finster gewesen."

„Und bist Du denn nicht erfroren?" rief der Rochusberger.

„Ich bin schnell gegangen."

„Und hast uns nicht schreien gehört?"

„Es ist der Wind so stark gewesen."

Weiter wußte er nichts anzugeben. So sagten die Leute: Hier sei ein Mirakel geschehen und der Schutzengel habe ihn geführt.

Im Thale war Schneien und Trübniß tage- und tagelang; was auf dem hohen Berge vorging, auf welchen das schwere Gewölbe des Himmels niedergesunken, das ist dem menschlichen Auge verhüllt gewesen.

Alte Bekannte.

Im Schatten der grünenden Bäume,
Da sitz' ich so gerne allein,
Da fallen mir goldene Träume
Der fernen Vergangenheit ein.

Die ersten Vacanzen waren kaum zu erwarten. Man sollte meinen, ein lernbegieriger Mensch, der sich so spät und so schwer in die Lehrsäle fand, wäre aus denselben kaum mehr herauszubringen gewesen. Und riethen mir ja meine Freunde, ich sollte über die zwei Ferienmonate hübsch in der Stadt bleiben und den erst vor wenigen Monaten begonnenen Unterricht durch Privatlehrer an mir fortsetzen lassen. Der Rath war gut, aber er machte mir übel bis in den Magen hinab, denn das Heimweh war in dem zweiundzwanzigjährigen Waldbauernbuben unendlich größer, als die Lernlust. Wenn meine Freunde und Lehrer nicht Seelenkenner gewesen wären und es nicht so eingetheilt hätten, daß ich mitten in meinem grünen Heimatlande und

Alte Bekannte.

selbst in den Waldbergen lernen konnte, ich wäre ihnen entlaufen, ich wäre daheim ein verkommener Mensch geworden und es wäre ein Elend gewesen.

Nun, die ersten Vacanzen waren endlich da, ich nahm meine Bücher in eine große Seitentasche und eilte aus der heißen, blendenden Stadt in die kühlen Berge, in deren Thälern der Duft der jungen Heumahd war und über deren Höhen der hochsommerliche Julihimmel lag.

Das Haus stand noch auf den Matten zwischen den Wäldern und es hatte sich in demselben gar nichts verändert, als daß die Schwalben wieder um die grauen Bretterdächer schwirrten, auf welchen bei meinem Fortgehen der Schnee gelegen war. Selbstverständlich, es war eine große Freudigkeit, als der Student einkehrte, und meinem Vater kam ich besonders recht. Es war die genöthige Zeit, ich sollte zu den Heuschöbern oder zum Vieh, was ich am liebsten wollte — so einem angehenden „Herrn" da muß man schon die Wahl lassen.

Es war ein böses Ding. Denn ich wußte, die Herren Professoren würden mich zum Beginne des neuen Schuljahres nicht nach Heu und Vieh fragen, sondern nach den Grundsätzen der deutschen Sprachlehre, der Rechenkunst u. s. w. Und wie auch sollte ich es von meinem Vater verlangen können, daß er mir Dach und Tisch gebe, und ich leistete nichts dafür! Dann die Nachbarn: Jetzt ist er schon wieder daheim und arbeitet nicht; der bringt seine Eltern noch an den Bettelstab!

Verstimmt ging ich über den Bergrücken nach Haustein hinaus. Der dicke, joviale Hausteiner Wirth, Herr Lorenz Haas hieß er, ein Mann, weit und breit bekannt wegen seiner Herlebigkeit, denn er warf jeden Gast, der ihm nicht zu Gesichte stand, zur Thür hinaus — wegen seiner Gutmüthigkeit, denn er verlieh und verschenkte allmählich den größten Theil seines Vermögens an die Leute — wegen seiner Wohlbeleibtheit endlich, denn in seinen besten Jahren mußten wir Schneider um ihn herumlaufen, wie um die alte Dorflinde, wollten wir ihm einen Rock anmessen. — Herr Lorenz Haas ließ mir jetzt zum erstenmale das Glas Bier auf einer blechernen Ehrentasse vorstellen und that die Bemerkung, ich hätte als Schneidergeselle ein lustigeres Gesicht gemacht, denn jetzo als Studiosus.

Da vertraute ich ihm denn, daß der Studiosus auf seinen Vacanzen kein Dach und Fach habe und sich werde bequemen müssen, seine Studien auf der Hutweide fortzusetzen.

Sagte Herr Lorenz: „Das wäre nicht übel!"

Sagte ich: „Es ist aber sehr übel."

Hierauf ließ er sich seinen feingeschliffenen Weinstutzen zur Hälfte mit Wein, zur anderen Hälfte mit Wasser füllen; dann sagte er rasch und schnarrend, als wäre es ein Befehl: „Ich wüßte Dir ein Logement."

„Gut wäre es gewesen, wenn ich in meiner Dach=
kammer zu Graz verblieben wäre," meinte ich.

„Das wäre gut gewesen," sagte Herr Lorenz
Haas, „aber noch besser ist, daß Du über die acht
Wochen zu uns heraus gekommen bist. Eine Wohnung
weiß ich Dir. Da steht ein Bett und ein Tisch und
ein Schrank d'rinnen, und zu den großen zwei Fen=
stern winken die grünen Birkenzweige hinein. Wenn
Dich nur die Nachbarschaft nicht genirt."

Deß wäre ich nicht heikel, meinte ich, aus Lärm
machte ich mir nichts.

„Meine Taverne oben auf dem Föhrenriegel,
die kennst?"

„Ja, recht gut," sagte ich, „bin in ihr ja einmal vier
Wochen in die Schule gegangen, zum Firmunterricht."

„Jetzt ist schon lang keine Schule mehr in meiner
Taverne, jetzt steht sie leer. In der früheren Schul=
stube hat der Küster das heilige Grab stehen, wel=
ches am Charfreitag in der Kirche aufgerichtet wird,
und die Bahrstangen, glaube ich, und anderes
Kirchengeräthe. Und im Stüblein, wo der Schul=
meister gewohnt hat, hätte jetzt prächtig so ein
fleißiger Studiosus Platz. Die Aussicht ist auch nicht
übel."

„Ja, über den Kirchhof hin," sagte ich.

„Macht Dir das was?" fragte Herr Lorenz.

„Das macht mir nichts," antwortete ich, „aber
der Miethzins?"

„Der wird Dir auch nichts machen. Mich soll es recht freuen, wenn Du Dich in meiner Taverne einlogierst, und zum Essen hast nur einen kleinen Weg herab in mein Haus. An einem Tisch, wo für Zehn gekocht ist, wird für den Elften auch noch ein Teller sein. Mach' Dir nichts d'raus, Waldbauern= bub', ich hab' Dich allfort gern gehabt, und jetzt sei bei mir daheim."

's war doch ein guter Mann. Und jetzt hatte ich eine Stunde von meinem Vaterhause eine ruhige Wohnung, wo ich unbeirrt von Heu und Vieh meinen Studien obliegen konnte.

Ich vergesse es auch nicht mehr, das Stübchen in der Taverne zu Haustein. Wenn ich des Morgens in meinem schneeweißen Linnen erwachte, war das eine Fenster voll von Wald, wie er jenseits des engen Thales am Berge stand. Das Dörflein tief im Thale, das sah ich nicht, es war versteckt unter den hellen, quellenden Büschen und unter den alten Ahornen und Linden.

Und am anderen Fenster zitterten die Schatten der Birkenzweige und zwischen den Birkenzweigen schimmerten die bemoosten Steine des nahen Föhren= riegels und die wettergraue Wand des Kirchthurmes, hinter dem die Sonne aufstieg, die so rein, wie ich sie seither nirgends mehr gesehen, durch die großen Glasscheiben auf die weißen Dielen meiner Stube fiel.

Und zwischen meiner Taverne und der Kirche lag ein grüner Anger, der ein wenig uneben, hie und da ein wenig ausgetreten und mit einer niedrigen Mauer umgeben war. Die Mauer hatte jene wettergraue Farbe, wie die Kirche, war aber mit manchem freundlichen Busch bestanden und dort und da war ein Holzkreuzlein an sie geheftet, das eben so grau, wie hier alles grau dämmerte, was nicht grün war. Wo es aber grün war, da glitzerten die Thautröpflein, und hinter der Kirchhofsmauer standen junge Tannenwipfel und Birken empor, und alles war so frisch duftig und sonnig, und wenn ich das Fenster öffnete, strömte eine kühle, von Vogelsang durchklungene Waldjugend herein. —

In der Pfarre Haustein sterben jährlich bloß vier oder fünf Menschen — und diese nicht einmal gern. Und der Boden des dortigen Kirchhofes ist so festgetreten und hat einen so dichten Rasen, daß man darauf wandelnd nicht jenes seltsame Gefühl hat, wie auf anderen Friedhöfen, wo mit jedem Schritte der Boden zu wanken und zu sinken scheint.

Meine Stube war in Ordnung. Die Bücher hatte ich schön hingestellt in den Schrank und das weiße Papier hingelegt auf den Tisch. Als ich jedoch das erstemal zum Frühstück hinabgestiegen war ins Haus des Herrn Lorenz Haas, da sagte ich: „Zum Studiren will sie mir nicht passen."

„Wer?" fragte Herr Lorenz.

„Die Taverne. Das ist ein so freundliches, stilles, einsames Haus, daß ich fast glaube, in ihm werde ich dichten."

„In Gottesnamen, so dichte."

Als ich wieder zurückkam in meine Stube, war das Bett und alles hübsch in Ordnung gebracht; da setzte ich mich an den Tisch und schaute zu den Fenstern hinaus, einmal in den besonnten Wald, das anderemal auf den bethauten Kirchhof, und in mir war das Gefühl des lieben, heimatlichen Friedens, der mit gleicher Größe ist über der lebendigen Welt und über dem Rasen der Schläfer.

In der Morgenstunde stieg auch der Pfarrer zur Kirche herauf und las sein Amt. Die Orgel klang sanft zu meinem Stüblein herüber. Dann schritten die wenigen Kirchengänger an meinem Fenster vorbei und guckten wundershalber auch ein bißchen herein auf diesen jungen Menschen, der auf der Welt so eigen herumregiert, jetzt als Waldbauern=bub, jetzt als Schneidergesell, jetzt als Stadtstudent und jetzt wieder wie ein Einsiedler bei den Todten — man kennt sich nicht aus, wie es mit seiner Seele steht -- ist so nahe an der Kirche und geht nicht hinein.

Dann ging vielleicht einmal ganz langsam und bescheidentlich die Thür auf und meine Mutter kam herein und schaute, ob ich in meiner neuen Wohnung wohl alles habe, was ich brauche, machte sich etwas zu schaffen, daß es mir gut sei und sagte dann gegen das Kirchhoffenster deutend: „Das Fenster ist Dir einmal gesund, kannst schön aufs Sterben denken."

Ein anderesmal kam mein Jugendfreund Eustach, der gab sich laut und lustig, und wenn ich ihm mit meiner Kirchhofspoesie anhub, lachte er mich aus und sagte, ich wäre ein Student, der auf die Todten= gräberei studire. Der gute, lebenslustige Bursche! Heute ist er Moder, aber nicht auf dem friedens= stillen Gottesacker zu Haustein, sondern im weiten, dürren, staub= und lärmumbrausten Leichenfeld einer großen Stadt.

Als er nämlich gehört hatte, mir ginge es gut und ich gedächte noch sein, kam er mir nach in die Stadt und ging in eine Fabrik. Von Woche zu Woche wurde er blässer; wenn wir am Sonntage miteinander gingen, rieth ich ihm stets, er solle wieder heimkehren zur gesunden, ländlichen Arbeit in der Waldluft. Er antwortete: nein. Und als ich ihn fragte, warum er nicht mehr heim wolle, ant= wortete er noch entschiedener: nein. Erst im Spitale gestand er mir, er möchte wohl sein Heimatsthal noch einmal sehen, aber er wolle der Leute Spott nicht hören. Er hätte bei seinem Fortgehen gesagt, er käme nur als „Herr" wieder zurück aus der Stadt; nun sei er aber noch ärmer geworden, als er · gewesen, und die boshaften Leute, die seinen

Fortgang verhöhnten, würden seine Rückkehr noch mehr verhöhnen. Da sterbe er lieber in der Fremde. Ich kam hierauf noch drei Tage nacheinander zu seinem Lager, wo er so emsig beschäftigt war, Athem zu holen, daß er dazwischen kaum noch einige Worte zu sprechen vermochte. Am vierten Tage war sein Bett leer und mit der Decke zugehüllt. Der Wärter bedeutete mir, er sei in der Nacht fertig geworden.

Ich ging in die Leichenhalle, sah lauter fremde Gesichter, aber das seine nicht. Ich ging in den Secir= saal und hatte mit den Herren einen Streit. Der Leib meines Freundes wurde dann unverletzt auf= gebahrt und in christlichen Ehren bestattet.

So ward es später mit Eustach, der einst meine stille Taverne am liebsten zu einem Tanzboden umgestaltet hätte. Er blieb selten lange bei mir und so war ich allein den langen Tag, nur daß draußen mit= unter der alte Bettler=Hiesel vorüberwankte, dem die Leute so viel Almosen gaben, weil sie ihn so sehr fürchteten. Der Bettler=Hiesel that nämlich solche Leute, die ihm zu wenig gaben, „in die Höll' hinabbeten." Das heißt, er hub mit seiner dumpfen, eintönigen Stimme langsam an zu fluchen, und wankte so, mit entblößtem weißen Haupt, tiefgebengt am Stabe, leise und beharrlich fluchend um das Haus, bis alle Einwohner mit Haut und Haar in die unterste Hölle verwünscht waren. Er that Jeden einzeln ab und nahm stets auch dessen Vater und

Mutter und ganze Verwandtschaft mit, sie mochten noch leben, oder schon im Grabe ruhen. Gewöhnlich geschah es dann, daß ein Nachtrags=Almosen aus dem Hause kam, was die Folge hatte, daß der Bettler anhub, die in die unterste Hölle Verwunschenen in die mittlere, von da in die obere Hölle heraufzubeten und von dieser sie endlich in den Himmel emporzusegnen. Beides, nach unten und nach oben hin, that er ohne Haß und ohne Liebe, nur mit Hinblick auf das Almosen. Er trieb auch sonst allerhand sonderbare Stücklein und die Leute nannten ihn einen Halbnarren, weil er ihnen für einen ganzen zu närrisch schien. Als er starb, hat man in seinem Strohsack viel Geld gefunden, was zum Theile die Priesterschaft eines Stiftes in Empfang nahm, um den Bettler=Hiesel in den Himmel hinauf zu beten.

Wenn nun aber um meine Taverne stundenlang kein lebendiger Mensch war und nicht einmal ein alter Bettler=Hiesel über den Kirchhof hinkte, erinnerte ich mich, daß der Herr Pfarrer zu Haustein gesagt hatte, ich solle mich doch bisweilen bei ihm anmelden. Es war damals die Zeit, wo jeder Simpel über religiöse Dinge rasch und wegwerfend aburtheilen zu müssen glaubte; ich setzte des Pfarrers Wein zu und führte dabei als Einer, der jetzt hoch im Studium sei, eine sehr naseweise Sprache. Der geistliche Herr war geduldig und sagte: „Gott beschütze Dich noch manches Jahr, die Klärung wird sich dann schon vollziehen."

Oefters ging ich in den kühlen Waldschluchten hin und wählte mir am rauschenden Bach ein Sitzplätzchen zum Studiren; als ich aber drauf saß, schaute ich auf die grünbemoosten Steine, um die das Wasser gischtete, oder in die finsteren Schatten zwischen den Baumstämmen hinein und es vergingen die Stunden. Dann ging ich auf den weißen Sandwegen der Berghöhen und schaute über die Birken- und Kiefernwälder bis zu den fernen blauen Bergen an der Feistritz und an der Raab, und über die ganze weite Gegend war der sonnige Sommernachmittag ausgegossen. Wenn ich endlich des Abends zurückgekehrt war in meine dunkle Taverne, da dämmerten die hellen Bilder noch lange in meiner Seele, ich setzte mich an das Fenster und schaute auf den Kirchthurm oder auf das Berghaupt, wo man das Farbenspiel der untergehenden Sonne sah, und that, was ich den ganzen Tag gethan hatte, ich träumte.

An einem solchen Abende war die Stunde, mit der meine zweiundzwanzig Lebensjahre voll wurden. Da sagte ich zu mir: Jüngling! Blut Gottes! ist es nicht schade um die kostbare Zeit, daß du sie verträumst?! Siehe da hinab in die Häuser und Hütten, die Menschen denken nicht an die Schönheit dieser Welt, aber sie lieben sie. Sie fügen sich zu-

Alte Bekannte.

sammen in warmen Freuden und begehen süße Stunden. Das wäre auch dein Verlangen, so gehe hin. Dem Schneiderjungen schon waren Herzen offen gewesen, dem Studenten mit den langen Locken werden deren noch mehr offen sein. Nur dreihundert Schritte brauchst du zu gehen — und selbst wenn es vierhundert wären — und du stehst vor Jemandem, der lange heimlich nach dir auslugt, der sich vor einem Kusse nicht länger sträuben wird, als es für's erstemal Sitte ist.

Die Kirchthurmspitze funkelte noch ein letztesmal in der Sonne und der Junge blieb sitzen am offenen Fenster, und sah den Abend dämmern und sah die Nacht werden.

Und in der Nacht, da spielte der sinkende Halbmond draußen auf der Kirchhofsmauer und in den stillen Büschen. Da waren blasse Streifen und Tücher gezogen über den Rasenplatz hin und es rührte sich einmal ein Zweig und es zitterte einmal ein Laub, und doch war es stiller, als still — die Kirchthurmuhr aber schmiedete in ihrem langsamen Tiktak an dem Ring der Ewigkeit.

Endlich, da der Mond vergangen war und die schwere Nacht über Allem lag, in welche ich auch noch eine Weile hinausstarrte, weil man in solcher Nacht fiebernde Gedankenungeheuer tief versenken und verhüllen kann — zündete ich endlich das Licht an und deckte mir mein Bett auf. Und als ich auf

dem Bette saß und noch immer wachend träumte
und mir leid war um den Tag, der verträumt
worden, und mir leid war um die Nacht, die ver=
schlafen werden sollte, flog plötzlich etwas zum offenen
Fenster herein, kollerte klappernd auf den Boden
und lag dann mitten auf demselben still. Ich schaute
hin, es war ein rundes, löcheriges Ding. Der Athem
blieb mir stehen, wie ich so darauf hinstarrte und
wie es so auf mich hergrinste. Es war ein Todten=
schädel.

Vor Entsetzen waren meine Glieder lahm und
meine Gedanken. Als ich zu mir kam, stellte ich mir
das tollste Zeug vor. Ich schloß das Fenster und
schloß die Läden, daß nicht etwa noch das ganze
Zugehör zu mir hereinspringen konnte. Endlich kam
ich mit mir dahin überein: Von selber kommt so
ein Ding nicht geflogen. Wenn es auch einmal ein
Menschenhaupt gewesen war, das Unsinn trieb, so
verläßt es jetzt doch nicht sein kühles Erdkissen, um
mitternächtig eine Geburtstagsvisite zu machen. Mein
wunderlicher Gast — er blieb liegen, wo er lag
und grinste mich an — war eigentlich ganz jugend=
lich, er hatte noch alle Zähne — vielleicht waren
wir zusammen in die Schule gegangen. Fürs Erste
verrammelte ich nun die Thür und setzte mich in
Wehrstand — nicht gegen den Knochen, sondern gegen
den, der ihn wohl aus dem Beinhause in die Stube
geschleudert haben mochte. Aber draußen regte sich

nichts. So wurde ich allmählich dreister, hob den Todtenschädel auf und stellte ihn auf den Tisch.

Aber mit einem solchen Gesellen ist's schwer, eine Unterhaltung anzuknüpfen. Wie wir uns eine Weile so still gegenübersaßen, war es sehr langweilig. Ueber Sein und Nichtsein, das wäre ein nicht unpassendes Gesprächsthema gewesen.

Nachdem das erste Grauen sich verzogen hatte, wurde unsere Bekanntschaft insofern intimer, als ich den Schädel in die Hände nahm — so ein Ding wiegt viel leichter als man glaubt — und ihn einmal über und über betrachtete. Und jetzt war auf einmal alle Beklemmung weg, mit der Berührung der Materie war das gespenstische Phantom zerstoben. Wie der Tod im Grunde doch harmlos ist! Nur das Leben bäumt sich so närrisch dagegen auf und stößt jenen gräßlichen Angstruf aus, vor dem es dann selbst bis ins innerste Mark erschrickt.

Und dann ertappte ich das Ding bei einer menschlichen Schwäche. Ich nahm wahr, daß ein Vorderzahn des Oberkiefers mit einem lockeren Metallstift am Kiefer befestigt war. Also falsche Zähne! Sollte in diesen Höhlen das Gehirn einer Frau geherrscht haben? Kannte ich nicht auch einen Mann, der sich einen vorderen Oberzahn, den er sich beim Clarinettblasen ausgebissen, zum Behufe des Clarinettblasens wieder ersetzen ließ? Der lustige Musikanten-Jakel, Gott habe ihn selig, er starb in jungen Jahren, nachdem er aufgespielt hatte, was das Zeug hielt. Bei meines Vaters Hochzeit soll er der Lustigmacher gewesen sein; der Mann hatte Grize gehabt da drinnen in dieser Beinbüchse. Ja, wahrlich, das war niemand Anderer, als der Schädel des Musikanten-Jakel — erschienen, um mir das Geburtstagsständchen zu bringen.

Die Nacht war übrigens geruhsam. Am frühen Morgen stieg ich hinab zu meinem Frühstück. Herr Lorenz hatte mir heute das Tischchen mit einem rothblumigen Tuch bedecken und darauf einen Rosenstrauß und einen Gugelhupf stellen lassen.

Ich fragte, seit wann in Haustein die Gratulanten nächtlicher Weile zu den Fenstern hereinflögen?

„Wie so?" sagte Herr Lorenz.

„Der Musikanten-Jakel hat mich aufgesucht."

„Der ist ja schon seit vierzehn Jahren todt!" rief mein Gastherr.

„Freilich ist er todt," sagte ich, „und das ist eben das Verdächtige. Da seht ihn!" — Und hielt den Schädel hin.

Herr Lorenz entfärbte sich.

„Junge," sagte er dann, „mit solchen Sachen treibt man keine Späße."

„Aber solche Sachen treiben sie mit uns. Um Mitternacht ist er mir zum Fenster hineingeflogen."

Jetzt hörte ich hinter dem großen Backofen, in welchem die berühmten Hausteiner Semmeln gebacken wurden, ein gurgelndes Lachen. Saß der alte Bettler-Hiesel dort und lachte mich aus. Jetzt stand's nicht lange an, so wußten wir, wer den Knochen in meine Stube geschleudert hatte. Herr Lorenz schritt sehr rasch auf den Alten zu und hob sein fünffingeriges Hausgericht drohend über das weiße Haupt. Mir gelang es noch rechtzeitig, die Gefahr abzuwenden, worauf der Bettler-Hiesel sich erhob, sich feierlich vor mich hinstellte und anfing in langsamer, eintöniger Art etwa so zu reden: „Vergelts Gott, Herr. Hundertmal vergelts Gott, Herr. Glück in Dein Haus und Dach und Fach. Dein Rath und That soll gesegnet sein. Vergelts Gott, Herr. Deine arme Seel' soll in den Himmel fahren. Deiner Vater und Mutter Seelen sollen in den Himmel fahren. Deine Freunde in den Himmel fahren. Deine Feinde in die Höll' fahren. Vergelts Gott, Herr. Der heilige Erzengel Michael soll Dein Kutscher sein. Der heilige Erzengel Gabriel soll Dein Diener sein. Im ersten Himmel ist Dein Vorhof. Im zweiten Himmel ist Dein Hochzeitsmahl. Im dritten Himmel soll Dein Ehebett sein. Gott der Vater wird Dich krönen. Gott der Sohn wird Dich umarmen. Gott der heilige Geist wird Deine Freud' und Seligkeit sein in alle Ewigkeit, Amen. Vergelts Gott, Herr. Vergelts Gott, Herr." —

Es muthet mich seltsam an, heute, da diese Dinge in meinem Gedächtnisse wieder aufstehen. Es ist die Fluth einer fremden Welt darüber hingefahren, aber sie verlief und aus dem Schlamme steigen die alten Gewächse, die mich wie Schlingpflanzen stets von Neuem umweben. Andere sehen die Zukunft in leuchtenden Farben, die Vergangenheit ist ihnen dunkel geworden, sie wenden sich von ihr ab, als von einem unwiederbringlich Verlorenen. Mich däucht, nichts ist so sehr unser Eigenthum, als unsere Vergangenheit, die uns aufgebaut hat, die wir sind. Es sind unbedeutende Dinge aus meiner Vergangenheit; mag wohl nicht immer gerechtfertigt sein, daß ich sie erzähle, denn so kann ich sie nimmer vor die Seele der Leser stellen, als sie vor meiner eigenen stehen — so traumhaft bunt und magisch, so wehmuthsreich und mild, daß ich mir nach meinem Tode gar keinen anderen Himmel wünsche, als den, meine Vergangenheit noch einmal durchleben zu dürfen. Auch die bösen Tage — die oft sehr bösen Tage — ja selbst den gestrigen, den heutigen noch der eben zu Ende geht und der hart war und einen neuen Splitter in mein Herz gestoßen hat. Wenn der Bettler-Hiesel die Macht gehabt hätte, den Menschen ihr vergangenes Leben zurückzubeten, so hätten ihn wohl Viele vielleicht zur Thür hinausgewiesen, ich aber hätte ihm alles, alles dafür gegeben, was heute mein ist.

Ich wäre ja doch wieder dazugekommen.

Geldfragen.

Ich habe erzählt von den einzig schönen Vacanzen, die ich als Student in der Taberne zu Kathrein am Hauenstein verlebt hatte. Allein, ich habe von diesen Vacanzen noch viel mehr verschwiegen, als erzählt, und ich habe auch heute keine Lust, in meinen Berichten erschöpfend zu sein. Das Gute und Beste will ich schon sagen, aber das Allerbeste, das ist ganz mein eigen, das gebe ich nicht aus, es sei denn, daß hie und da zwischen den Zeilen Etwelches davon zerstreut wurde, wie bisweilen Körner zwischen den Furchen liegen, die dann von den leckeren Vögeln aufgepickt werden mögen.

Ich war auf Vacanzen und schaute durch das klare Fensterglas hinaus und plante, wie denn dieser junge, freie und lustige Bursche einstweilen am besten zu verwenden wäre? Das Fensterglas wurde alsbald trübe, weil ich ihm mit dem Munde zu nahe kam. Und mit vielem Anderen ist es auch so: die größten Freuden werden oft trüb oder vergehen gar, wenn sie der Hauch des Mundes berührt. Studenten kümmert das nicht und ich zeichnete auf die trübe Scheibe mit dem Finger ein kräftiges M. Und durch dieses M lachte mir der grüne, sonnige Wildhag herein, in welchem es so scharfe Dörnlein und so schöne Röslein gab.

Jetzt war hinter mir auf einmal ein Räuspern und da stand der Ortsvorstand von Kathrein am Hauenstein. Er hatte höflich den Hut abgezogen und glättete nun mit der Hand sein graues Haupthaar und schaute mich sehr gutmüthig an.

„Muß doch ein wenig nachsehen, was Du machst — wenn man noch Du sagen darf!" lautete seine Anrede.

Du sagen, ja das versteht sich. Der Schenker-Karl — und das war der Ortsvorstand — ist mir während der Handwerkerzeit einer meiner liebsten Menschen gewesen, weil er gar gutherzig war und weil er eine so ganz besondere Art von Töchtern gehabt — doch, das gehört auf einen anderen Fleck. Kurz, beim Dusagen blieb's, und so sagte denn der Vorstand: „Hättest nicht Lust, morgen mit mir eine Lustreise nach Vorau zu machen? Das Chorherrenstift ist schön anzuschauen und die geistlichen Herren haben einen guten Wein."

Es waren Gründe da, mich zu besinnen.

"Ich habe dort so ein verwunderliches Geschäft," fuhr der Karl fort, "und weil mir durch den großen Wald allein woltern die Zeit lang wird, so wär's mir frei ein Gefallen, wenn Du mitthun wolltest. Daß ich Dich zehrungsfrei halten thät, müßtest mir halt nicht für Uebel nehmen."

Die Gründe, mich zu besinnen, waren nun nicht mehr da. Mit Freuden war ich zur Lustreise nach Vorau bereit.

"Ein klein bissel was zu tragen haben wir halt auch," sagte der Vorstand, "wir wollen damit brüderlich abwechseln und so wird's für Einen nicht schwer sein. Vielleicht passirt Dir ein solches Tragen Dein Lebtag nicht mehr."

"Was wird's denn sein?" fragte ich.

Nun streckte er seinen Zeigefinger aus und sagte: "Da will ich Dich einmal rathen lassen, Studiosus. Morgen ums Sonnenaufgehen kommst zu mir aufs Frühstück, vielleicht hast Du's bis dahin fertig."

Ich hatte an demselben Abende vor dem Einschlafen richtig ein paar Stunden simulirt, was wir denn nach Vorau zu schleppen haben würden. In Vorau war das Bezirksgericht, das nimmt allerhand Sachen, aber diesmal mußte es nach den Andeutungen des Karl was Besonderes sein.

Ums Sonnenaufgehen war ich da; auf dem Tische dampfte schon der Kaffee, der in der Morgenfrische, die zu den offenen Fenstern hereinströmte, überaus köstlich duftete. Und auf dem Tische lag die braune Seitentasche des Schenker-Karl, die er auf seinen Kaufmannsfahrten nach Graz — er war ja der Ortskrämer — stets mit hatte und an deren behaarter Decke noch die Klauen des Rehbockes waren, von dessen Haut die Tasche stammte. Diese Tasche war heute ganz gewaltig vollgepfropft, war schwer wie Blei und klirrte ein wenig, wenn man sie hob und schob.

Anfangs trug sie der Karl, später nahm ich sie über die Achsel.

„Wie schwer schätzest Du sie?" fragte mich mein Genosse.

Ich berechnete nach dem mir damals noch immer am nächsten liegenden Anhaltspunkt.

„Das sind zum wenigstens drei Bügeleisen," sagte ich, „wiegen zwölf Pfund."

„Hast nicht schlecht geschossen und wenn ein Pfund Silberthaler auch so schwer ist, als ein Pfund Bügeleisen, so schleppen wir heute zwölf und ein Viertel Pfund nach Vorau."

„Wir werden doch keine Silberthaler schleppen?" war meine Frage.

„'s wird aber doch nicht weit gefehlt sein," sagte der Karl.

„Ja, wachsen denn heuer in Kathrein am Hauenstein die Silberthaler auf den Bäumen, wie Holzäpfel?"

„Auf den Bäumen, wie Holzäpfel nicht, aber unter der Erde, wie Erdäpfel. Ja, Studiosus, wie Du itzt dahertrabest, hast Du einen vergrabenen Schatz über der Achsel hängen. — Bist durstig, so wollen wir beim Mostmichel abrasten."

Beim Mostmichel im Narrenhof nahmen wir ein Labniß; und dort, wo der Vorauerwald beginnt, der den stundenlangen Bergrücken bedeckt und zu beiden Seiten weit hinabgeht in die Lehnen und Engthäler, wo dann am Saume die Bauernhöfe und kleinen Dörfer hängen, an der Straße also, wo dieser Wald beginnt, setzten wir uns in den Schatten und rasteten eine Stunde lang.

Der Karl sah mich von der Seite an und rief hernach, auf die Ledertasche schlagend: „Na, was sagst Du dazu?"

So richtete ich mich denn empor, that den Mund auf und sagte: „Da kann ich gar nichts sagen."

„Und ich sag'," versetzte der Karl, „ich sag', das Geld ist eine harte Sach'!"

„Ja besonders wenn's von Silber ist —"

„— und nicht Dem gehört, der's tragen muß."

„Gehört es also nicht Dir?" fragte ich.

„Schau mich an, Student. Kann ein Mensch der so ausschaut wie ich, Silbergeld haben? Wird ein Kaufmann seine Barschaft anderswo vergraben, als in abgestandenen Waaren? Kann ein Mensch, der jetzt im neunten Jahr Ortsvorstand zu Kathrein am Hauenstein ist, einen vergrabenen Schatz besitzen?"

„Ich weiß es wohl, Karl, daß Du als Vorstand für die Leute, die gepfändet werden sollen, die Steuern oft aus Deinem eigenen Sack zahlst. Wie oft hast Du den Stegbauer ausgelöst, den Schachenhans, den alten Grabentickel!"

„Den alten Grabentickel," murmelte der Karl, „ja, ja, den Grabentickel habe ich richtig auch ein paarmal ausgelöst. Die Witwe von ihm ist erst vor etlichen Wochen gestorben."

„Der hast gewiß auch Du das Begräbniß bezahlt!"

„Beileib' nicht, die hat Geld genug gehabt, schier so viel, daß zwei Männer, ein junger und ein alter, d'ran zu schleppen haben. Ja, Studiosus, dieser Ranzen voll Thaler ist von der Grabentickelin! Sie hat ihn mir auf dem Todtbett anvertraut."

„Dahinter steckt gewiß eine merkwürdige Geschichte."

„Ah, versteht sich, und die soll ich Dir nun erzählen," sagte der Schenker-Karl. „Ja, ich habe mir oft schon gedacht, wenn ich einen alten Silberthaler in der Hand gehabt: Wüßte Einer die Geschichte von Deinem Lebenslauf!"

„Bisweilen wird's besser sein, man weiß sie nicht."

„Das sag' ich auch. Aber bei den Thalern der Grabentickelin kann man sich seinen Theil heraus=

nehmen — heißt das, nicht aus dem Ranzen, sondern aus der Geschichte. — 's ist noch nicht vier Wochen aus," erzählte der Karl, „just am Magdalenatag ist's gewesen, daß ich aus der Kirche eilends zur kranken Ticklin gerufen werde. — Bin ja kein Arzt und kein Priester, sage ich. — Macht nichts, meint der Bote, sie wolle just den Vorstand haben, den Schenker-Karl. — D'rauf bin ich in ihr Häusel gegangen und hab' sie woltern krank gefunden. Ich muß mich gleich zu ihr setzen, sie nimmt mich bei der Hand und sagt, daß sie zu mir das Vertrauen hätte, und hebt an zu erzählen; von ihrem Mann, dem Grabentickel, zuerst, wie er sie geheiratet hat. Er ist Holzknecht in Kreßbach gewesen. Und da wäre der Tickel halt alleweil so viel unruhig und aufgeregt gewesen, und sie hätte nicht gewußt, warum. Nachher, am ersten Tage nach der Hochzeit habe er ihr's frei mit Zittern und Fiebern vertraut, er wäre nicht so arm, wie die Leute von ihm meinten, er habe von seinem Vater her noch ein Erspartes und er selber hätte sich auch was erwirthschaftet; er habe das Geld zwar gut verwahrt oben unter dem Hausdach, zwischen den Brettern, die doppelt übereinanderliegen und wo kein Dieb hindenke, aber er sei halt immer in der Angst, daß es ihm gestohlen werden könne. — Die Tickelin soll den Tickel sehr gern gehabt haben, doch sie hätte sich nicht viel aus dem Geld gemacht: ist's da, so ist's gut, und ist's nicht, so lebt man wie andere Leut', die auch nichts haben, als den lieben Gesund und den Fried. Sie haben aber nicht gelebt wie andere Leut', sie haben schlechter gelebt und der Tickel soll sich halb zu todt gearbeitet haben, daß sich nur um Gotteswillen das Geld alleweil vermehren möcht'. Und dabei die immerwährende Angst, ob nicht doch auf einmal wer einbricht, oder das Haus niederbrennt, oder das Silbergeld auf andere Weise zugrunde geht. Endlich hat ihm darüber gar kein Essen mehr geschmeckt, er hat die lieben, langen Nächte nicht schlafen können, und was ihm das Weib auch zugeredet hat, er sollt' sich sein Leben doch nicht mit dem Geld verderben; wenn er's schon verderben wollt', so sollt' er's lieber mit Essen und Trinken thun. Soll nichts genutzt haben, noch alleweil ärger soll es worden sein mit der Angst und mit dem Geiz beim Tickel, bis das Weib dem Geld spießfeind worden ist. — Was meinst, Student, was wird jetzt geschehen sein?"

„Den Verstand wird er verloren haben," muthmaßte ich.

„Nein," sagte der Karl, „das Geld hat er verloren. Denn wie das Weib jetzt fest davon überzeugt gewesen: Tickel, dieses Silbergeld ist Dein Unglück! hat sie es ihm heimlich weggenommen und vergraben für eine Zeit, wo sie den Sparpfennig einmal gut brauchen möchten."

„Vergraben!" rief ich in meiner Entrüstung (ich verlegte mich damals stark auf das Gescheitmachen des Landvolkes), „vergraben und nicht in die Spar=casse gelegt?"

„Die Tickelin da oben im Kreßbachwald hat von einer Sparcasse all' ihrer Tage nichts gehört," belehrte mich der Karl, „oder hat sich darunter einen Thontiegel mit einem Loch vorgestellt, durch das man die Thaler hineinstecken, aber nicht mehr heraus=kriegen kann. Anstatt das Geld für Papier in fremde Hände zu geben, hat sie gemeint, es wäre gescheiter, dasselbe in einen Eisentopf zu thun und sicher zu vergraben."

„Und was hat denn ihr Mann dazu gesagt?"

„Der Tickel soll freilich schauderhaft wild und schier verrückt worden sein, wie er wahrgenommen, das Geld wär' weg und sein Weib hat ihn beim Glauben belassen, daß es Diebe fortgetragen hätten. Nachher soll der Tickel ein Anderer worden sein. Wenn's mit dem Sparen so ausgeht, ist's gescheiter, den Verdienst flottweg wieder verbrauchen, soll er gesagt haben und von dem Tag an — hat mir die Ticklin erzählt — sollen sie brav gegessen und ge=trunken und keine Noth gelitten haben. Jetzt sind auch die Sorgen weg gewesen, von wegen des Gel=des, und der Tickel — nu, Du hast ihn ja auch noch gekannt, Student — ist dick und fett worden. Freilich soll er ein paarmal, wie er so ein Häuflein

Geld vor sich liegen gehabt, vom Aufsparen gesprochen haben, aber sein Weib hat allemal gesagt, für Diebe wollten sie nicht fleißig sein, und hat ihn nicht mehr anfangen lassen. Und richtig ist's so gegangen, daß sie von dem heimlich vergrabenen Gelde keinen Kreuzer benöthigt haben. Der Tickel hat in Frieden gelebt und ist auch so gestorben. Und wie die Tickelin auf dem Todtbett gelegen ist, hat sie mir das alles anvertraut und ich habe nachher in Gegenwart von Zeugen das Geld ausgegraben und die Sach' bei Gericht gemeldet."

„Was geschieht jetzt mit dem Geld," war meine Frage.

„Das geht zum Bezirksgericht und will warten, bis sich ein Herr dafür findet."

„Darauf wird's nicht lang zu warten brauchen," war meine Ansicht.

„Vielleicht recht lang," sagte der Schenker-Karl. „Es sind keine Verwandten da. Ein Brudersohn vom Tickel soll noch leben, aber man weiß nicht, wo er ist. Wird er in Jahr und Tag nicht gefunden, so ist das Geld verfallen."

Nun wußte ich die ganze Geschichte. Hierauf rückten wir wieder an.

Zu Vorau im Stifte, vor dem Herrn Bezirksrichter, hat der Karl das Silbergeld in eine große Lade geschüttet, daß es gar merkwürdig geklimpert hat. Die Beamten in den anstoßenden Kanzleien haben gestanden, sie hätten Zeit ihrer Praxis niemals ein solch' volles und schönes Klimpern gehört. Der Herr Bezirksrichter selbst unterließ es nicht, mit seinen Fingern die Silberstücke ein wenig aufzukrausen und wir weideten — zu Lohn für das Tragen — unsere Augen. Uralte Münzen waren dabei, aus aller Herren Länder und Zeiten. Die meisten trugen wohl das Bild Leopolds und der Maria Theresia. Sie waren gar abgegriffen, so daß man die Prägung oft nicht mehr erkennen konnte. Manche waren durchlöchert, beschnitten und gar nicht mehr rund. Etliche waren so groß, daß der Karl sagte: „Helle Kaffeetopfdeckeln!" — Hätte ich damals nur einige numismatische Kenntnisse besessen, ich wüßte sicherlich Wunderdinge zu berichten über diesen Schatz des Grabentickel.

Endlich, nachdem das Geld von Berufenen geschätzt worden und alles in Ordnung befunden war, schob der Bezirksrichter die schwere Lade zu und wir konnten nun gehen.

Wir thaten uns was zugute im Wirthshaus und dann gingen wir leicht und lustig heimwärts. Ein paar Tage lang hatte die Haut meiner rechten Achsel, auf welcher der Riemen gelegen, einen blauen Streifen. Dann vergaß ich auf die Sache und erst jetzt, nach vielen Jahren, ist mir jenes Geldtragen nach Vorau wieder in Erinnerung gekommen. Ob sich für das Silbergeld des Grabentickels der recht=

mäßige Erbe gefunden hat, das weiß ich nicht. Vermuthlich haben die schönen Thaler ihrem neuen Herrn bessere Dienste erwiesen, als ihrem alten; möglicherweise auch noch schlechtere. Geld ist ein gefährlich Ding.

Eine Begegnung.

Bisweilen besuche ich sie gern, die alten, wohl=
bekannten Wege. Ich finde auf denselben die
graubemoosten Kalksteine noch, aber kein barfüßig
Waldbauernbüblein hüpft mehr darüber. Es sind
die klaren Brünnlein noch, aber die Holztröge liegen
abseits vermodert. Es sind auch die Ameishaufen
noch an den nämlichen Stellen, wie einst, aber der
Ameisgräber Nobel ist längst dahin. Wo dazumal
— zu meiner Zeit — die Wälder gestanden, da
breiten sich jetzt die Lichtungen der Schläge; wo
dazumal die Schläge gewesen, grünt heute junger
Wald, und auf den Aeckern, wo ich einst den Pflug
geführt habe, stehen heute schlanke Fichtenbäume,
die zwei= und dreimal so hoch sind, als ich bin. O,
hier in diesen stillen Bergen stehen die Zeichen der
Jahre, die an mir so spurlos vorübergegangen zu
sein scheinen, aber im Innern den alten jungen

Menschen mitgenommen und den neuen alten geschaffen haben.

Dort dehnt sich noch der wagrechte Bergzug der Fischbacheralpe mit der stundenlangen, schnurgeraden Linie seines Horizontes. Seine Lehnen sind Wald, seine Mulden und Gräben sind Wald, seine Hochflächen sind Wald — schwarzer, üppiger, herrlicher Fichtenwald, ein würziges, bis ins Herz erfrischendes Meer von Luft und Duft um sich verbreitend. — Dort steht noch der blaue Wall des hohen Wechsels und dort ragen die Matten und Kuppen der Rattner- und Pretulleralpe wie schwellende Busenhügel auf. Die fernen Wände der Schneealpe und der Veitsch grüßen auch noch immer herüber auf die alten Fichten, unter denen das Haus steht. Das verfallende Haus mit seiner verfallenden Umzäunung. Die modernden Wände, die moosigen Bretter kennen mich nicht mehr — und da ist ein Druck in meiner Brust und in meiner Stirne — und da ist es besser, ich laß' Dich allein, Du liebe Kindeswelt, ich laß' Dich versinken und kehre rasch in die Gegenwart zurück, die laut ist und heiß ist, die mich belebt und verzehrt.

's ist längst vorbei, machen wir das Kreuz darüber, wie über ein Grab. Aber dort am Rain sitzt eine Bauersfrau, mustert gesammelte Pilze, schaut mich an und schreit: „Noch gar nicht lang ist es her, daß Du in meiner Stuben als Schneidergesell' bist gesessen."

Sie ist dieselbe geblieben, wie der graue Zaun=
pfahl, an dem sie sitzt.

„Allerdings, Frau Agnes, ist es erst fünfzehn
Jahre her, aber Dein splitteriges Haferbrot, das
Du mir dazumal vorgesetzt, könnte ich doch nicht
mehr essen, auf Deiner Gewandtruhe, den Hanfsack
als Kopfkissen, könnte ich heute nicht mehr schlafen."

„Das glaube ich," sagte sie, „Du bist ein Herr
geworden."

„Der war ich damals," sagte ich, „heute bin ich
der Knecht der Gewohnheiten. Behüte Dich Gott in
Deiner Jugend."

Sie lacht mich aus — und wenn ein armes
Bauernweib einen Stadtherrn auslacht, so ist das
allemal am tollsten. Ich gehe davon.

Das war auf meinem Waldgange in den Ferien.
Ich ging den Weg gegen das Thal der Mürz
zurück. —

In den Wäldern, durch die der Alpsteig zieht,
war bisweilen der Schall eines Jauchzens zu hören.
Das Jauchzen kam näher, und ich begegnete einigen
Burschen aus Alpel, die lustig plaudernd und schäkernd
von Krieglach zurückgingen. Sie boten mir einen
guten Tag, den gab ich ihnen zurück und fragte, ob
dieser gute Tag denn ein Feiertag sei, weil sie im
Sonntagsgewand vom Pfarrdorfe herkämen.

„Nein," sagten sie, „im Kalender steht heut'
ein steinharter Werktag, aber bei uns in Alpel ist

spazi, weil wir eine Leich' nach Krieglach getragen haben."

"Ah so," sagte ich, "also darum seid Ihr so lustig!"

"Freilich," antwortete Einer unter den Burschen, "traurig sind wir auswegs gewesen mit der Leich', hat aber nichts genutzt, und so haben wir gedacht, wollen wir heimwegs wieder lustig sein."

"Wer ist denn gestorben?"

"Die Schneidhofer=Tochter, ein jung Dirndl, neunzehn Jahre alt."

"Und da vergeht Euch das Jauchzen nicht?"

"Sie hat das Lustigsein niemalen verschmäht."

"Was ist ihr denn widerfahren?"

"Vor zwei Wochen ein Kirchtagstanz," war der Bescheid, "hat d'rauf kalt getrunken und hat sterben müssen. Dort kommt ihr Vater."

Sie gingen ihres Weges. Ein alter Mann schritt daher, der hatte seine beiden Arme auf den Rücken gelegt, sein Haupt war vorgebeugt und die grauen Haarsträhne lagen ihm auf den breiten Schultern.

Das ist ihr Vater. Der Schmerz beugt ihn, was soll ich ihm für ein gutes Wort sagen? Es giebt gar viele wohlgemeinte Worte, die in berlei Fällen bitter ins Herz schneiden. Daß ich nur kein solches erwische!

"Grüß Gott, Schneidhofer!" sagte ich und hielt ihm meine Hand entgegen. Er schlug den Blick auf,

um zu sehen, wem diese weiße, magere Hand an=
gehöre.

„Der Peter," murmelte er hierauf, „bist auch
wieder einmal ins Alpel heraufgestiegen?"

„Ja," sagte ich, „aber Ihr habt, wie ich höre,
nicht gut gewirthschaftet, habt Eure Tochter ver=
halten (verloren)."

„Ja freilich wohl," antwortete er traurig.

„'s ist hart, ein so junges Geschöpf," sagte ich,
„man muß sich halt nur denken, sie ist gut aufgehoben."

„Das wohl, das," meinte er, „aber gar so viel
hart g'rathen (entrathen) thun wir sie. Sie hat
schon so brav alles arbeiten können und jetzt mitten
im Heumahd ist sie auf einmal weg."

Jetzt erst habe ich die ganze Tiefe seines Schmerzes
begriffen. Sie hat brav arbeiten können!

Weiter unten, wo der junge hellgrüne Lärchwald
anhebt, saß im Schatten dieses Lärchenwaldes ein
Bursche und ein Dirndl. Sie wollten, als sie meine
Schritte hörten, auseinanderstieben, aber da sie sahen,
ich wäre schon zu nahe, blieben sie sitzen, und als
sie sahen, wer es wäre, genirten sie sich nicht weiter
— der Bursche war eben beschäftigt, dem Mädchen
ein Ringlein vom Finger zu ziehen. Das Mägdlein
wehrte sich nicht sonderlich, hatte aber ein Gesicht=
lein, das gerötheter war, wie sonst die Gesichter
hübscher Mädchen zu sein pflegen, die sich nicht an=
strengen und so ruhig dasitzen.

Die Zwei sind gewiß auch beim Begräbniß gewesen, dachte ich mir, und — wie ich später erfuhr — es war so. — Der Bursche war der Liebhaber der Verstorbenen gewesen; was war natürlicher, als daß er sich zu trösten suchte, so gut es ging. Und es ging leidlich gut. Ich sagte ihnen einen guten Tag, sie gaben mir ihn nicht zurück, sie behielten ihn selber.

Ich ging fürbaß und dachte bei mir: Wie es doch im Walde schön ist! Der Tod kommt nicht auf. Er mag mitten in den Reigen fahren und das blühendste Leben knicken, er kommt nicht auf — Ichliebe und Lebenslust wuchern auf über seinen kahlen Schädel und er kann nichts thun, als kriechend an den Wurzeln nagen.

Es war schon der Abend, als ich am Krieglacher Friedhofe vorbei ging. — Du hast mit ihren Leidtragenden Bekanntschaft gemacht, nun magst sie selber auch besuchen. Ich dachte es, und ging dem frischen Hügel zu. Dort saß der alte Bettler-Hiesel. Er schnitzte ein Kreuz aus Weiden.

„Ist sie Euch verwandt gewesen? fragte ich.

Da antwortete er unwirsch: „Kein Mensch auf der Welt ist mir verwandt gewesen."

„Ihr lästert, Ihr habt Vater und Mutter gehabt."

„Nein," sagte er, „ich hab' nicht Vater und Mutter gehabt; nur daß einmal ein paar Leut' gewesen sind, die ein Kind weggethan haben, und daß wieder

Leut' gewesen sind, die es aufgehoben haben und ausgenutzt, bis ich wieder zum Wegwerfen bin gewesen."

„Aber man hat Euch alten Mann doch den Unterhalt nicht versagt. Ihr wäret ja lange schon gestorben, wenn man Euch zum Leben zu wenig gegeben hätte."

„Oho!" rief er heiser, „ich lebe nur, weil sie mir zum Sterben zu viel gegeben haben. Und das thun sie, weil sie mich noch lange narren und verachten wollen. Schaut Euch an die da unter dem Rasen liegen, nicht Einer ist dabei, der so dumm, boshaft, jämmerlich gewesen wäre, wie der Bettler-Hiesel; und liege ich da unten, so gehöre ich auch zu den Rechtschaffenen und Braven. Das wäre doch Schade, gelt!"

Er war noch immer der bissige Alte, wie einst.

„Darf ich vielleicht nicht sitzen da?" fragte er giftig.

„Ich wehre Euch's nicht, nur wissen möchte ich warum?"

„Möchtet Ihr? Weil ich der Schneidhofer-Dirn ein Andenken aufstell'. Das ist halt meine Wohlthäterin gewesen. Die Leut' haben mich ausgespottet, sie nicht — niemalen. Sie hat etlichemal ein gutes Wort für mich gehabt, das mir getaugt hat — so viel getaugt. Gott trage sie hinauf! in den Himmel hinauf! in den dritten Himmel hinauf! Und vom Bettler-Hiesel soll sie ein Andenken haben. So, da steckt's."

Das Kreuz stak auf dem Hügel.

Arme Schneidhofer-Dirn! Dein Liebster, Dein Vater und Deine Verwandten sind von Dir gegangen — der alte, grämige Bettelmann ist Dir dankbar und treu geblieben bis ans Grab. — 's ist doch absonderlich bisweilen, auf dieser Erden!

Die Zuflucht.
(Ein Stimmungsbild.)

Also nur noch diese Nacht und dann — heim. Schlaflos lag ich in meinem Bette und schaute auf die Zimmerwände hin, die stellenweise durch die Gaslaternen von der Straße herein beleuchtet waren. Ich sah die Umrisse des schimmernden, staubigen Wustes, den ein siebzehnjähriges Verhältniß mit Stadt und Welt um mich aufgehäuft. Ich hatte genug, ich hatte tausend verschiedene Dinge um mich, die mein Eigenthum waren, und jedes hatte mich ärmer gemacht, als es kam, um zum Bedürfniß zu werden. Tausend Wünsche sind mir erfüllt worden in diesen Mauern, der Drang nach Wissen und Kunstgenuß, die Wünsche der Liebe, des Ehrgeizes erfüllt, und jede Erfüllung hat mir etwas von der Schwungkraft des Herzens geraubt. Von dem großen Triebwerke der Welt hat sich eine Kruste lähmenden Staubes um meine Seele gelegt. Nun will ich gehen und mich baden in der Luft der stillen Berge.

Als es Morgen ward, trug mich der Dampfwagen davon; als es Mittag ward, ging ich die Waldstraße des Alpsteiges hinan, ohne auch nur ein einzigesmal umzuschauen. Hinter mir ging mein Bursche; was der auf dem Rücken tragen konnte, das nahm ich mit, das war jetzt mein Besitz. Ich fühlte, daß hinter uns die ganze Welt wie eine große Seifenblase zergangen war.

Oben und hinten im Gebirge, wo mein Morgen gewesen, sollte nun auch die Ruhe sein. — Etwa sechshundert Schritte von meinem Geburtshause über die Matten hinan, wo der Hang sich sanft dem Scheitel des Berges zuzuflachen beginnt, ist der Waldrand. Es stehen hier alte, aber kleine, verkrüppelte Fichtenbäume, zwischen welchen die warme Sonne sich niederlegt auf das graue Moos des Sandbodens oder auf das kümmerliche Heidekraut, oder zwischen welchen in trüben Tagen der Nebel hinkriecht, oder welche Bäume an ihren spröden Aesten oder Flechtenbärten vom Winde zerzaust werden, ohne daß sie sich weiters viel biegen und beugen.

Auch auf der flachen Matte, über die seit Jahren weder Pflugschar noch Sense gegangen, stehen schon kleine Lärchenbäumlein auf, wie sie eben wachsen, wo Niemand als Gott Heger ist.

Die Zuflucht.

Auf diesem Flecke, zwischen dem alten verkümmerten Walde und der ansprossenden Matte ist mir das Haus gebaut worden. Es führte kein Weg dahin, als der, welchen die Zimmerleute getreten, denn es fällt sonst Niemandem ein, dort etwas zu suchen. Das Haus stand so, daß es, vor Nord= und West= stürmen geschützt, gegen Sonnenaufgang schaute und gegen Mittag. Alle Berge und alle Waldrücken, die hinausgehen bis ins fernste Blau, scheinen niedriger zu liegen als meine Hochmatte, und es ist ein großes, stilles Reich ringsum und das Echo dieser Wälder dichtet den Gesang der Drossel und den Schlag des Donners und den Schrei des Hirsches nach. Aber Kirchenglocken haben hier niemals geklungen und der Pfiff des Dampfwagens wird niemals gehört werden in diesen reinen Lüften.

Das Haus ist aus zwölf wohlgetrockneten Wald= stämmen gezimmert gewesen. Meine Landsleute, die mich einst als Knaben mißachteten, weil ich sozu= sagen ein Fremder war unter ihnen, hatten ihre schönsten Bäume gefällt, um dem „Heimkehrenden" eine Ruhestatt zu bauen. Das Haus hatte drei Gelasse. Durch die äußere Thür kam man in die Küche, von dieser in die Kammer des Burschen und endlich in meine Stube, die zwei freundlich blinkende, viereckige Fenster hatte. Und war es, wenn die Morgensonne zu dem einen Fenster herein, zu dem anderen schräg wieder hinausstrahlte, daß die zwei jungen Lärchenbäumlein, die vor dem letzteren im blauen Schatten des Hauses standen, gleichsam von der Stube aus rothgolden beleuchtet wurden. In der Stube war die Comfortfrage, die in der Welt Tausende von Werkstätten beschäftigt, Tausende von Köpfen verwirrt, auf das einfachste gelöst: ein Stuhl, ein Tisch, ein Schrank, ein Bett. Und alles so stark und fest gefügt, als sei es für einen Unsterblichen gezimmert.

Um das Haus war keine Planke und kein Gärt=
lein; nichts als der grüne Rasen und die jungen Bäume, wovon einige schon bis an das vorsprin= gende Dach hinanragten, die anderen aber noch klein und weich waren, wie einjährige Kindlein, die zum erstenmal das Stehen versuchen. An der Hausthür stand kein Spruch geschrieben, denn hier wollte ich nicht in mich hinein, sondern aus mir heraus lesen.

Dieses Waldhaus war meine Zuflucht in den Tagen, da die Welt mich verletzte oder mich in den falschen Wirbel ihres heißen Begehrens und ihrer ver= meintlichen Ziele ziehen wollte. Ich strich durch den Wald, und das weiche Lärchengezweige des jungen Anwachses fegte von meiner Seele den städtischen Staub. Wie freute ich mich zu sehen, daß die jungen Bäume sachte emporwuchsen über das Haus und es ein= woben, so daß die Sonne nur mehr in goldenen Fäden und Sternen zwischen den Stämmen zum Fenster hereinleuchten konnte und so, daß es in stürmischen

Nächten, wenn über dem Dache die Wipfel rauschten, war, als sei ich mit meinem Heim in den Grund eines fluthenden Meeres gesunken. In solchen Stunden wurde ich inne, was die wenigsten Leute wissen, nämlich, daß in dem zweibeinigen Wirbelthiere eigentlich doch ein Mensch steckt, ja mehr noch, das ganze Menschenthum mit seinen inneren Kämpfen und Zweifeln und Siegen und Freuden. Der Frieden der Ursprünglichkeit, der Segen der Bedürfnißlosigkeit, dem Weltkinde sind sie verächtliche Dinge; aber wahr ist das: die wildesten Conflicte des Herzens lösen sich nicht in Thränen und nicht in Blut, sondern nur im reinen Thaue des Waldes.

Vom Morgenfenster aus sah ich noch die Gebäude meines Geburtshauses, die mit ihren Stroh- und Bretterdächern da unten am Berghange kauerten. Ich bin der Erste gewesen, der einst das Haus verlassen hat; Vater und Mutter, Bruder und Schwester schauten mir traurig nach. Jetzt bin ich wieder da und sie sind alle fort. Sie sind mir nachgegangen, nur die Mutter ist mir vorausgegangen; sie ist zum Himmel emporgestiegen, um von oben auf die Erde zu schauen und ihr Kind zu suchen. Die Anderen sind zerstreut in der weiten Welt. Das Haus ist leer. —

Mein Bursche war ein ausgedienter Soldat, anstellig, scharf und pünktlich wie eine Uhr, die man wöchentlich mit einem Silberstück aufzieht. Dreimal die Woche mußte er in das Mürzthal hinaus wandern, um die Lebensmittel zu holen. Er kehrte einmal mit der Nachricht zurück, der Herrgott säße schon wieder in den Wolken und thäte Seifenblasen machen.

„Soll's. Ich bleibe im jungen, grünen Wald, bis er über mich zusammenwächst."

Mein Bursche meinte zwar einmal, das Ding, im Walde zu lungern, hätte an sommerheißen Tagen und wenn die Erdbeeren und Heidelbeeren reif wären, allerdings sein Hübsches, wäre im Großen und Ganzen aber doch ein wenig langweilig. Er träume nächtlicherweile dann freilich etwas stark von der lustigen Welt.

Er möge es doch nicht so ernst nehmen, tröstete ich, die Welt sei eigentlich eben nur ein Spaß.

„Aber ein guter!" meinte der Bursche.

„Wer ihn versteht," sagte ich. In diesem Gespräche unterbrach uns ein Pochen an der Wand. Am Fenster wurde das gehörnte Haupt eines Rehbockes sichtbar, das ans Glas schnupperte und dieses wunderliche Menschennest wohl auch für nichts Anderes als einen guten Spaß halten mochte.

„Ob das Gewehr geladen wäre?" flüsterte mir der Bursche zu.

„Du bist Einer von Denen," gab ich ihm zur Antwort, „geh', Hans, geh' in Deine Welt hinaus, für den Wald bist Du zu wild."

Die Zuflucht.

Das ließ er sich nicht zweimal sagen, und nun war ich allein.

Bisweilen ging ich hinab in das dämmerige Haus. Die Luft darin war schwer und die Schritte tönten hohl in der alten Zimmerung. Ich setzte mich an den dicken Ahorntisch, wo die Mutter und der Vater gesessen waren. — Sie kommen alle wieder. Ich mache nur die Augen zu, da heben die Thüren an zu gehen, ich höre die langsamen Schritte des Vaters, die treue, traute Stimme der Mutter. Ich höre das Lärmen der kleineren Kinder, das Lachen der Mägde und zwischen Allem durch das muntere Ticken der Schwarzwälderuhr — alles ist da und mitten drinnen ich, der dumme Junge, und darüber das leuchtende Himmelsgewölb mit seinen seligen Geheimnissen.

Da klopft es ans Fenster, es ist der Wind. — Vorbei. Aber ich weiß für den Einzelnen und ich weiß für die fieberhaft hastende und doch todesmüde Menschheit keine erquickendere Rast, als das Wieder= träumen längst vergangener Kindschaft. Die Geschichte der Menschheit ist blutig und rostig, wie ein altes Kriegsschwert. Aber es ist das Schwert eines Königs, an seinem Griffe geschmückt mit Perlen und Dia= manten. Diese Edelsteine breche ich aus und reihe sie an ein artig Kettlein und hänge sie als ein holdes Erbe aller Vorzeit mir oder der Liebsten um den Hals.

Mit solchem Talisman durchstreifte ich die Wälder und es war eine Freude in mir, die ich nicht beschreiben kann. Bisweilen begegnete mir ein Bauersmann, so steif, so alltäglich, so inhaltslos, wie ein altes Stück Holz. — Der ist arm, dem möchte ich was schenken.

„Guter Freund, setzt Euch ein wenig zu mir in den Schatten; ich vertraue Euch einen Gedanken an."

Er hat nicht Zeit, er muß Geld erwerben. Es ist einer von Denen.

Ein Anderer, dem ich eine Perle geben will aus dem Idyllen- und Märchenschatze der Vorfahren, höhnt mich, ein Stück Koth sei seinem Felde nützlicher als ein Tropfen Thau. Nützlicher! Das ist einer von Denen.

In der kühlen Waldschlucht begegnet mir ein munteres Mädchen. In der Tiefe rieselt der Bach über dem Haupte weht der Blüthenschnee eines wilden Apfelbaumes.

„Halt' still, mein Kind, und schau," sage ich, „der vor Dir steht, das ist ein Weber, der Dir jetzt aus diesem Blüthenflaum ein Hochzeitpfaiblein weben will."

„Und wirst mich auch heiraten?" sagt sie. Heiraten! Das ist eine von Denen.

Heb' Dich weg, Ungeheuer, Du erinnerst mich mit Deiner Zumuthung an die moderne Welt. Weißt Du denn nicht, daß sowohl die neuen Roman-, als auch Schauspielschreiber und andere daran Betheiligte die Ehe zu einem Prostitutionsinstitut gemacht haben? Heiraten! Ei, Kind, schlag' Dir solche Gedanken aus dem Kopf und bleibe brav. — Wenn mich jetzt auf einmal derlei weltliche Gedanken und gesellschaftliche Erinnerungen anflogen, wie ein Bremsenschwarm das Reh, fuhr ich ins Jungtannicht hinein, in das dichteste Gesträuche, als sollte mir das scharfe und das weiche Reisig die lästigen Anflüge wegfegen.

Und wenn ich in solch tiefem Schatten einmal ein Veilchen fand, so kniete ich zu ihm nieder und schaute es an — mich lockt nur die keusche Natur. O je! wird man sagen, das ist einer von Denen.

Gerne ging ich hinüber auf den Platz, wo anstatt Bäume und Preiselbeerkraut graue Steine aus dem Erdboden quellen, und setzte mich auf einen der warmbesonnten Blöcke und schaute den Eidechsen und kleinen Nattern zu, die sich dort herumtummelten. 's ist doch ein Gezücht, weil der Rücken fröstelt, wenn man ihnen nahe kommt! Wie es in allen Gräsern und Moosen und Zweigen lebendig ist! Schlage an den Strauch des Heidekrautes, lockere die Rinde des Baumstammes, rücke den Stein aus dem Erdreich, allüberall wirst Du Welten von kleinen und kleinsten Thierchen entdecken, und die Steinnelke und die Enziane und das wilde Veilchen lächeln Dir zu: leben! Und auf hohen Wipfeln die

Finken, die Meisen, die Falken im Himmelsblau
jauchzen Dir zu: leben! —

Ich ging in die Schlucht hinab, aus der Wasser=
rauschen drang, ohne daß man auch nur einen
Tropfen sehen konnte. Wie viele tausend Jahre das
nur schon so rauschen mag! Wieso die Luft nicht
müde wird, allimmer und immer diesen Schall durch
die Schlucht zu zittern! Und wieso nun auf einmal
ein Wesen daher steigt, das nach derlei fragen kann!

Am Hange stehen finstere Tannen, die graben
ihre breiten Wurzelklauen krampfig ins lockere Erd=
reich; 's ist ein mählicher, aber gewaltiger Streit,
den sie um ihre Existenz führen; in den Tiefen
wühlen die Wässer, vom Hange gleiten die Lawinen,
hoch in den Kronen rütteln die unsteten Lüfte. Von
diesen Kronen flattert jetzt, wie Schneegeflocke,
zartes, buntgeflecktes Gefieder herab. Oben ringen
zwei Häher auf Leben und Tod.

Ist denn auch im Walde kein Rasten und kein
Frieden zu finden? — Ei doch. Lerne einen Unter=
schied erkennen, Mensch, zwischen dem, was die
rohen Elemente thun und was Du Dir selber thust
in Deiner hohen Entwickelung. Die Sünden der
Jahrtausende Deines Geschlechtes mögen Dir den
äußeren Frieden verderben, den inneren mordest Du
durch persönliche Schuld.

Gegen Sonnenniedergang hin breitet sich das
Berggelände zu einer Hochebene, die ganz von Leg=

föhren und Wachholderbüschen bewachsen ist und im Aether der Sonne wie ein dunkelblauer See daliegt, der in weiter Entfernung von Almen und stumpfen Felsriffen begrenzt wird. Wenn man von der Gegend meines Hauses hinschaute auf diesen blauen Niederwald, so sah man aus demselben ein hochzinniges Schloß emporragen in die Stille der Einsamkeit.

In den Vormittagsstunden schimmerte es herüber wie eitel Silber, am Abend, wenn die Sonne hinter ihm stand, ragte es als dunkle, viereckige Masse auf, und in der Nacht war es, als hauche diese Burg in bläulichem Schimmer die Sonnenstrahlen aus, die sie über Tags eingesogen hatte. — Es war aber kein Menschenbau, sondern ein einzeln stehender Fels, der wie ein Würfel unvermittelt auf den Waldplan hingelegt schien. Das Merkwürdige an diesem Stein war, daß sich trotz seiner auffallenden Lage und Gestalt weder Mythe noch Sage an ihn knüpfte. Die Leute nannten ihn den Stein und sahen ihn, ohne ihn zu sehen. Nur an eine einzige verklungene Mär erinnerte ich mich, die sich auf ihn bezog: Auf diesem Stein würde am jüngsten Tage der Richter sitzen. Aber den Leuten mußte solche Kunde nicht heimlich genug sein, sie trugen sie nicht von Mund zu Munde.

Ich sah an diesem Steine, wenn ich vorbeiging und ihn betrachtete, mehrmals einen kleinen alten Mann hocken und sich sonnen und an dem Röhrchen einer Tabakspfeife saugen. Wir sprachen mehrmals miteinander, er verwunderte sich, daß ein feiner Herr, wie ich geworden sei, so viel im finsteren Wald umhersteige, und wenn er an meiner Klause vorbeigehe, da denke er allemal: Dem wachsen die Baumäste jetzt schon zum Fenster hinein, und wenn sie in der Stube drinnen sind, wird er sich daraufsetzen.

Dann wieder bedauerte er meine Füße, die für den Tanzboden angethan wären und nun den steinigen Weg wandeln müßten, der durch die Schlucht heraufführe. Aber er werde mir den Weg ebnen.

Das zusammengeschrumpfte Greislein war sonst ein wenig einfältig und blöde, aber es hatte die Gabe, Jedem, dem es begegnen mochte, ein gutes Wort zu schenken — oder vielmehr zu verkaufen, denn man griff in den Sack und reichte ihm eine kleine Gabe, allemal eine Spende, die den Geber reicher macht, als den Nehmer. — Wenn die Armuth nicht wäre, o mein Gott, woher nähme der Besitzende Labniß und Befriedigung für sein Herz! —

In diesem sommerlichen Waldfrieden blieb ich so lange, bis er in mir jene Unruhe zu erzeugen begann, die den Menschen überall verfolgt und gerade in den scheinbar sorglosesten und glücklichsten Zeiten am lebhaftesten antritt. Für Viele ist es eben ein Bedürfniß, ja vielleicht ein Genuß, unstet zu sein; der Mensch ist ein ewiger Wanderer, nicht für das Ziel geschaffen, sondern für den Weg.

Die Zuflucht.

So stieg ich denn endlich gerne meinem Burschen nach. Ich hätte mich erholt und gekräftigt, sagten die Leute und begannen die Waldfrische an mir so rasch als möglich wieder abzunutzen. —

Im nächsten Jahre zur hohen Sonnenwende schnürte ich wieder das Bündel und stieg ruhebedürftigen Herzens hinan gegen mein Waldland. Heiß dürstete ich nach dem Schatten und Odem meines grünen Lärchenwuchses.

Dort, wo die Wiesen zu Ende gehen und das Bestände anhebt, an der Zaunthorsäule traf ich da Greislein vom Stein. Es zeigte ein großes Behagen und sagte, es hätte wohl gewußt, daß ich bald kommen müsse, und darum wäre es die letzten Tage her fleißig gewesen. Ich würde schon sehen.

Der gute Alte hat mir oben in der Schlucht gewiß die Steine aus dem Weg geschafft! Das war mein erster Gedanke; dann ist ein blinkend Münzlein von mir ihm zugegangen.

Als ich zur Schlucht kam, sah ich, daß sich auf dem steilen Wege seit einem Jahre die Steine nicht vermindert, sondern stark vermehrt hatten. Ein Wildwasser war dagewesen im Lenz und hatte wieder einmal seines Amtes gewaltet. Als ich weiter emporkam, fiel es mir auf, daß alles so licht und frei war. Und dort, auf der kahlen Höhe, nackend und bloß ragte mein Haus. Jetzt sah ich's, wie der alte Bettler fleißig gewesen: der junge Lärchenwald, der

auf dem Hochgrunde gestanden und das Haus um=
friedet hatte, war weg, umgehauen Baum für Baum
— zerstört. Da lagen sie in Kreuz und Quer, einer
über dem anderen, und lebten nimmer. Ihre Seele
strömte aus in einem starken Harzgeruch, und fliegende
Käfer und wilde Hummeln summten hin und her
und wußten so wenig als ich, was da anzu=
fangen.

Ja, da war wieder einmal eine Bauernthorheit
zur That geworden. Nur keinen Wald! Im Wald
ist's langweilig, da sind die wilden Thiere und die
Räuber. Einen weiten Ausblick muß man haben,
und daß die Sonne herscheinen kann. Wenn der
Stadtherr schon so weit heraufsteigt, so soll er
wenigstens nicht im öden Baumwerk hocken müssen
wie ein Wildhase. Weg mit dem Zeug! — Gewiß,
er hat mir's gut gemeint, der alte Mann. Und ich
war jetzt mit meiner Freude fertig.

War mir doch heilig nicht anders zu Muthe, als
hätte mir Einer die Haut abgezogen. — Soll ich
mich nun in Armseligkeit hier niederlassen und auf
das Schlachtfeld hinausblicken? Soll ich weichmüthig
der Zeiten gedenken, da es anders gewesen? Soll ich
die Todten wegschaffen und ein junges Geschlecht
pflanzen und warten, bis es dereinst dem Greisen=
haupte Schatten giebt? Oder fortziehen und das
Berghaus verfallen lassen und einen Schmerz haben,
so oft ich daran denke?

All das taugt nicht. Diese Zuflucht im Walde
ist zu schön, als daß ich sie absiechen sehen könnte,
es muß ein anderes, ein würdiges Ende sein. —
Als ich noch Knabe war, kam eines Tages die Katze
in unsere Kammer und erhaschte das Amulet, ein
auf rothe Leinwand gezogenes Bildniß der Wunden
Christi, ein uraltes Erbstück der Familie. Groß=
mutter, Mutter und Tochter hatten es fromm unter
dem Hemd verborgen an der Brust getragen. Jetzt
hatte es auf einmal die Katze und zerrte daran mit
den Tatzen und mit der Schnauze und spielte damit,
wie mit einer Maus, und als wir dazukamen, war
das Heiligthum in Fetzen zerrissen.

Ich wollte mir die Stücke noch betrachten und
eigentlich dort anheben, wo die Katze aufgehört
hatte, allein meine Mutter sagte: „Das ist keine
Sach' zum Gespiel, das muß man in Ehren dem
Herrgott zurückgeben!" Nahm die Fetzen des Amulets,
küßte sie und warf sie in das Herdfeuer. —

Diese Erinnerung war in mir wach, als ich
langsam auf den Höhen umherging und den Abend
erwartete. Er kam. Aus dem schwarzen Waldgrund
dort ragte rothglühend im Abendschein der „Stein"
auf. — Der Richter, wenn er wird erscheinen, ob
er auf dieser Erde nicht mehr Kluge, denn Gute,
nicht mehr Thoren, denn Böse finden wird?! — Der
Schein verlosch, und das weite Hochland des Waldes
lag um mich hingesenkt, wie eine ungeheure schwarze

Scheibe. Ueber den fernen Fischbacher Wäldern glimmte das erste Sternlein; bald unweit davon ein zweites, über dem „Stein" war auch eins; hoch im Zenith zuckten mehrere, und an jedem Fleck des Himmels, wohin das Auge blickte, glühten, wie von diesem entzündet, die Sternlein auf. Jetzt war mir's wie einst in Kindeszeit, wenn ich abendlich auf diesen Höhen stand: die Sternlein klangen. Als zuckten sie bisweilen an die Himmelsglocke an, so klangen sie leise und zart — und mir war selig zum Vergehen.

Nun schritt ich dem Hause zu, das wie ein schwarzer Klumpen dastand, und ging hinein und zündete einen Kienspan an, den ich in eine Spalte der Wand steckte. Hierauf nahm ich einige Dinge zu mir und verließ das Haus und setzte mich unterhalb desselben auf einen Baumstrunk. Mein Herz war warm und lebendig, als entsteige demselben ein Gedicht. Aus den Fenstern grüßte der Schein, der allmählich lebhafter zu wogen begann und schön war. —

Endlich klingelte eine Scheibe, und die Flamme lohte heraus. — Sie züngelte die Wand hinan in das Dach und der Rauch wallte in rosigen Qualmen dem Himmel zu. Mir graute. Und doch, was ich gethan, es war das Beste. Zeitweilig zur Rast ein Zelt baue Dir im Walde, aber ein Haus nimmer.

Kaum eine Stunde, und es war vorbei wie ein Traum.

Ich wendete mich zu Thale. Wieder einmal bei lieben Menschenherzen will ich meine Zuflucht suchen. Wenn hier oben die erschlagenen Bäume vermodert sind, und aus der Asche von neuem junger Wald aufsteht mit seinem heiligen Leben und Weben, dann mag mein Sohn emporsteigen, um das Gegengewicht der Welt und damit das Gleichgewicht des Herzens im Walde zu suchen, wo ich es gefunden habe.

Aber im Walde verbleiben — nein.

Wer von den Menschen und ihrem Jammer einmal weiß, den duldet's nimmer im stillen Lärchenwald, der muß zu ihnen. Nicht ihre Freuden werden ihn locken, denn diese sind der Lerche Morgenlied auf einsamer Au nicht werth; ihr urewiger Streit, ihr glühendes Weh, ihr klägliches Weinen, ihr heiseres Lachen oder ihr lautloses Ertragen werden ihn rufen, ihn an seinem Herzen fassen, wieder hineinziehen in den wirbelnden, taumelnden Menschenkreis, daß er mit zugrunde gehe.

Manchen haben sie von den Höhen herabgetragen im weißen, harzduftigen Schrein; ich stieg noch immer mit meinen Füßen nieder in das weite Thal, dem entlang die kupfernen Saiten gespannt sind, in welchem die Finger der Zeit das große Schicksalslied des Menschengeschlechtes spielen.

Eins vom alten Meister.

Im Sommer 1882 kam eines Tages eine muntere Stadtgesellschaft in mein Landhäuschen geschwirrt und lud mich ein zu einer Gebirgspartie in die heimatlichen Wälder.

„Mit Vergnügen!" sagte ich.

„Aber Sie seufzen ja!" rief ein ältliches, doch rührsames Fräulein, das sie Comtesse nannten.

„Ich habe nur aufgeathmet," war meine Entgegnung.

Die Partie war reich an hübschen Naturbildern, zu denen ich den mündlichen Text zu liefern hatte. Ich that's nach bestem Wissen und Dichten. Die Herren waren theils übermüthig, theils gelehrt und theils geistreich. Die Damen waren überaus gefühlsselig und poetisch gestimmt; erst als auf dem Rückwege ein großer Durst in sie kam und wir kein Wasser fanden, trat die Natur in ihre Rechte und etliche der Hübschesten und Liebenswürdigsten wurden launenhaft. Nur das ätherische, alte Comteßchen blieb in seiner schwärmerisch bonhomen Stimmung und ließ das Herz ausfließen über die lieben, guten Leute, so oft ein zerzauster Hirtenjunge vorüberhüpfte oder ein altes, keifendes Weib vorbeihumpelte. Ich hatte tüchtig zu thun, die fortwährenden Reminiscenzen und Vergleiche der Dame zwischen meiner Vergangenheit und den gegenwärtigen Waldleuten zu schlichten.

Nun kamen wir zu einem kleinen, gar einsam im Walde stehenden Hause. Eine Schüssel Milch oder Trinkwasser heischend traten wir in die dunkle Stube, und da drinnen saß ganz allein und still niemand Anderer, als mein alter Meister Natz beim Schneidertisch.

Ich war unbesonnen genug, in der ersten Freude des Wiedersehens seinen Namen auszurufen und den guten Alten als meinen voreinstigen Lehrmeister der Gesellschaft vorzustellen. Da hatte ich denn was Schönes angerichtet! Der Natz hatte sich anfangs gestellt, als sehe und kenne er mich nicht und hatte sein Haupt mit dem dünnen Silberkranze der Haarreste tief auf sein Lodentuch niedergebeugt; als er nun aber doch auf die alte Bekanntschaft eingehen mußte und mir treuherzig die Hand reichte: „Grüß' Gott, Peter! Er ist halt wieder gewachsen!" da brach auf ihn der Ansturm der Frauen los. Sie überhäuften ihn mit Schmeicheleien und Fragen;

sie gaben ihm Blumensträuße, die sie im Walde ge=
pflückt hatten, und die Eine wollte dafür von ihm
eine Nadel geschenkt haben, die Andere einen Faden;
die Comtesse fahndete gar nach einer Haarlocke und
legte hingegen Semmel und Zwieback und Chocolade
auf den Tisch zu seinen Gunsten. Der Natz wußte
sich vor Verlegenheit nicht zu helfen; so viel Un=
schickliches auf einmal war noch niemals über den
alten Mann gekommen, als jetzt, da der Nudel
Städter sein ärmliches, bescheidenes Wesen umgau=
kelte. — Was denn das für Leute sind, die mir
Der ins Haus bringt! mochte er sich denken, was
diese stockfremden Herrlichkeiten doch mit mir für
ein spaßiges Gethue haben! Das Leben kunnt ich
ihnen gerettet haben, just so treiben sie's. Man weiß
nicht, wie man's nehmen soll, ist's ihr Ernst oder
wollen sie mich foppen. — Ich wußte es freilich,
es war ein wenig Neugierde, und ein wenig Ko=
ketterie, und ein wenig Duselei, und ein wenig
Fopperei, und ein wenig wirkliche Herzlichkeit —
aber in dieser Fassung nimmt sie der Bauersmann
nicht. Er nadelte und sagte kein Wort.

Ableitend that ich nun die Frage, ob die Frauen
nicht was zu trinken haben könnten?

„Die Hausleute sind halt auf der Wiesen," sagte
jetzt der Natz, „und ich bin nur auf der Ster da
und fremd und darf nichts. hergeben. In einer
schwachen Stund' krieg' ich meine Jausenmilch;

wenn Ihr wollt, dann kann ich schon damit aufwarten."

Comtesse hatte über ein solches Anerbieten schon Thränen im Auge, aber die Uebrigen entschieden sich für das Wasser, das in einem großen Kübel neben dem kalten Feuerherde stand.

Und als sie getrunken hatten, setzten sie sich um den Tisch, so daß der Meister mit seinem Arbeitszeug eng zusammenrücken mußte, und betasteten und beschauten Scheere, Pfrieme, Nadelkissen und fragten, ob er im letzteren etwa nicht noch eine von dem poetischen Schneidergesellen stecken habe? Und beguckten das Bügeleisen, ob es noch jenes wäre, das der Waldbauernbub geschleppt? Und betrachteten die Elle, ob mit derselbigen der Lehrling —?

Jetzt ließ der Meister das Nähzeug auf dem Knie ruhen, erhob sein Haupt und sagte sehr ernst und ruhig: „Ich habe mehr als ein halb' Dutzend Lehrlinge gehabt, aber geschlagen habe ich keinen."

Da hatten sie denn einmal was Neues gehört, die klugen Städter, die sich keinen Lehrling ohne Prügel denken können.

Plötzlich fiel es jetzt einer Dame ein, ich sollte mich spaßeshalber einmal neben den Meister hinsetzen und versuchen, ob ich noch schneidern könnte. Heller Beifallsjubel der Anderen, und ich wollte mich schon anschicken, ihnen ein possirliches Schaustücklein zu bieten, erstens des Spaßes halber und zweitens, um zu zeigen, daß ich das Handwerk noch nicht vergessen hätte. Der Mittelfinger meiner rechten Hand dehnte sich schon nach einem Fingerhut und in die übrigen Finger kam sogleich die Bewegung und Empfindung des Nadeleinfädelns, als wären nicht siebzehn Stunden, geschweige siebzehn Jahre verflossen, seit ich das Zeug aus der Hand gelegt. Plötzlich aber und fast unwillkürlich zog sich mein Arm zurück. „Nein, ich thu's nicht, ich kann's nicht mehr."

Der Meister rieb sich die Augen; es wollte nicht mehr recht gehen mit dem feinen Zwirn, auch zitterte seine Hand schon, so daß es nicht ganz mehr die glatten, gleichen Stiche wurden, die einst dem Lehr= buben so anstrebenswerth erschienen waren. Ja freilich, mit siebzig Jahren!

„Es ist Zeit zum Aufbruch!" gab ich nun zu bedenken und half den Damen, daß sie wieder wanderfertig wurden. Mit Mühe gelang es mir nach vielem Drängen, den Meister zu befreien, und so führte ich hernach meine Truppe waldabwärts gegen das Thal der Mürz. Als ich sie auf die breite Straße des Alpsteiges gelenkt hatte, stellte ich ihr vor, daß sie sich jetzt nicht mehr verirren könne, daß sie dieser Weg ganz sicherlich zum Bahnhof leiten würde; ich müsse mich hier verabschieden, da ich im Walde noch Verwandte aufzusuchen hätte. Da die

Comteſſe ſofort wünſchte, auch dieſe kennen zu lernen, ſo verlegte ich das Haus der Verwandten raſch auf einen ſo unwirthlichen Berg, daß die Beſteigung desſelben den Füßchen einer zarten Dame unmög= lich zugemuthet werden konnte.

Endlich war ich allein und eilte nun in das Haus zurück, wo mein alter Meiſter arbeitete, um mich für meine wunderliche Geſellſchaft zu entſchul= digen und ihm vielleicht ſonſt irgendwie zu zeigen, daß ein braver Geſelle — er ſei wo und was immer auf Erden — ſeines Meiſters nimmer vergißt. Er ſaß noch allein dort, denn die Hausleute hatten ſich draußen auf der Wieſe ſo ſehr in das Heu verbiſſen, daß ſie des alten Schneiders vergaßen, der in der dunkelnden Stube ſeiner Jauſenmilch wohl mit Geduld, aber gewißlich auch mit Ver= langen entgegenſah.

Ich ſetzte mich nun zu ihm und auf meine Be= merkung ſagte der Meiſter: „Ah na, den Stadt= leuten iſt das nicht aufzumeſſen, aber Du hätteſt geſcheiter ſein können, Peter, und d'rauf eingehen, wie ich gethan hab', als thäte ich Dich nicht kennen. Aber Du biſt halt ſchon doch über Deinen Namens= patron, der hat ſeinen Meiſter verleugnet, Du haſt es nicht gethan, ſchau, und das freut mich doch wieder. — Und noch mehr hat es mich gefreut, daß Du — ich ſag' halt gleich noch alleweil Du zu Dir, ich mag Dich nicht anders heißen — daß Du, ſag' ich, vorhin, vorhin, wie sie Dich haben schneidern sehen wollen, nicht gleich zur Nadel hast g'riffen. Du bist sonst jetzt schon stark mit den Stadtleuten und habe ich wohl etwelches von Dir gehört, was mir nicht gefallen. Aber Eins hast Gottlob doch noch: Die Arbeit hast noch in Ehren, mit dem Handwerk, das Dir vorzeit Dein Brot gegeben, treibst keinen Spaß. Das gefreut mich von Dir. Sie hätten woltern gelacht dazu und ihre Ergötzlichkeit gehabt und ich hätt's nimmer vergessen können, daß ich einmal Einem das Handwerk gelernt, der nachher damit für Andere den Lustigmacher gespielt!"

„Wissen möchte ich's aber doch, ob ich noch was kann," meinte ich nun und machte mich bereit zum Nähen, denn mich dünkte, daß es weder mir noch dem Meister schaden könne, wenn ich ihm die paar Stunden etliche Nähte besorgte, während sich seine alten Augen und Finger ein wenig ausruhen möchten.

„Ist recht," sagte er, „probir's mit dem Aermling da. Schau, greifst es nicht schlecht an; flink bist alleweil gewesen bei der Arbeit. Ich weiß es recht gut, just in dieser Woche wird es zweiundzwanzig Jahr, seit Du bei mir eingestanden bist. Was ich Dir im Handwerk gelernt hab', heut' kann ich's schier selber nimmer. Wer fünfzig Jahr Meister ist, der verlernt's wieder. Und ich kann bei keinem Meister mehr einstehen als Lehrling, mich verlassen die

Augen schon. Bei den jungen Leuten ist das ein ganz neumodisches Tragen heutzutag, das ich nicht versteh'. Den alten Leuten in der Hinter (in der Einöde), die es nicht heikel raiten, denen bin ich noch recht. — Peter, Du hast jetzt den Loden verkehrt auf dem Knie liegen; auf solche Weis' kriegt die Naht gern Falten; und nur fest anziehen, sag' ich alleweil, der Bauernzwirn reißt nicht."

So war ich auf einmal wieder mitten in der Schneiderschaft — in der Lehrzeit. Fast überkam mich ein Gefühl, wie beim Erwachen nach einem lebhaften, phantastischen Traume. Eine lichte Welt versunken mit Qualen und Freuden, ein Leben mit bunten Dingen versunken und nichts mehr um mich, als der kleine kümmerliche Alltagskreis des bäuerlichen Handwerkerlebens. Aber den Weltbrauch, das Spintisiren, konnte ich doch nicht mehr lassen. Und so berechnete ich nun, da ich den Greis im langen Tagwerk vor mir sitzen sah, wie viel dem fleißigen und tüchtigen Natz seine fünfzigjährige Meisterschaft eingebracht haben könne. Wenn's gut ging, im Jahre hundertfünfzig Gulden Arbeitslohn, wobei der Meisterprofit von Gesellen und Lehrlingen schon mitgerechnet ist! Wenn ich's jetzt dem Meister gesagt hätte, daß er sich in seiner Lebenszeit mehr als siebentausend Gulden verdient habe — er würde seine runzeligen Hände zusammengeschlagen haben über das viele Geld und sich für einen Verschwender ausrufen, der in fünfzig Jahren mehr als siebentausend Gulden verzehrt und verbraucht! Alle Sonntage ein Seitel Wein beim Hausteinerwirth oder sonst wo, wenn er schon einmal eine besonders lustige Welt im Kopfe haben wollte. Er würde sich darob bittere Vorwürfe machen, denn sein Alter, das bereitet ihm Kummer.

Sind das nicht saubere Zustände, wo der tüchtige und fleißige Handwerker nach fünfzigjähriger Arbeit auf diesem Punkte steht!

„Dir ist ja mein Fingerhut zu groß worden!" rief der Meister, indem er sah, daß das Messingkäppchen auf meinem Finger allzu locker saß, um der Nadel in den festen Loden hinein den nöthigen Nachdruck zu versetzen. „Doch nicht etwan, daß es Dir schlecht geht, Peter?"

„Mager wird der Poet, aber Gottlob, fünfzig Jahre dauert's bei ihm nicht."

„Meinst, daß Dir das Handwerk besser anschlagt, zu jeder Stund' kannst bei mir einstehen. — Geh, zeig' her Deine Arbeit ein wenig."

Er nahm den Rockärmel, den ich zusammengenäht hatte, zog die Naht auseinander, hielt sie mir vor die Augen und sagte ganz leise: „Schau her da!"

Die Naht klaffte, die Stiche des grauen Fadens grinsten hervor.

„Vergessen," sagte er mit seinem guten Lächeln, „vergessen hast das Handwerk noch nicht, das sehe ich, Du machst noch Deine alten Fehler. Da hast ein Messer. Wenn Du Acht giebst, daß Du mir den Loden nicht zerschneidest, so kannst die Naht auftrennen, sonst thu' ich's."

„Auf das möchte ich nur wissen, ob der Meister sein Wort noch anhält — wegen meinem Einstehen!" so sagte ich nun mit einer ganz merkwürdigen Mischuug von Aerger und guter Laune.

„Warum denn nicht?" versetzte er, „Du bist noch jung, und wenn ich dort anheben darf, wo wir vor siebzehn Jahren aufgehört haben, so getraue ich mich einen richtigen Schneider aus Dir zu machen."

Die Verhandlung wurde unterbrochen, es kam die Bäuerin nach Hause, und als sie mit der Schüssel in die Stube trat und meiner ansichtig wurde, rief sie aus: „Uh Halbesel! jetzt sind zwei Schneider da! Nachher hab' ich zu wenig Milch!"

Alsogleich versicherte der gute Meister, er trinke heute keine, er sei noch rechtschaffen satt vom Mittag her. Gott möge es vergelten, wie er noch satt sei! — Hierauf stritten wir eine Weile um das Recht, wer dem Anderen die Jausenmilch überlassen dürfe, bis wir uns endlich dahin einigten: Wir nehmen Jeder einen Löffel beim Stiel und essen zusammen, so lange was da ist. Das war ein langweiliges Essen! Der Meister machte sich dabei mit dem Loden, dem Zwirn, dem Nadelkissen zu schaffen, fuhr heute und morgen einmal in die Schüssel, füllte den Löffel

kaum halbvoll und kaute und biß nach jedem Löffel=
zug derart lange, als ob die sauere Kuhmilch aus
eitel Zwieback wäre. Mich verdroß es, daß er mich
überlisten wollte, ich warf den Löffel weg und rief:
„Vorhin da draußen auf dem Rain Wildkirschen
essen und jetzt saure Milch d'rauf — das kunnt eine
hübsche Metten geben!"

„Ja, wenn sie sonst Niemand ißt," meinte er,
„Gottesgab' soll der Mensch nicht verschmähen."
Und machte sich über die Schüssel her.

So habe ich's doch endlich erreicht, daß er zu
seiner Jause kam.

Nun hatte ich aber noch ein Anliegen. Es war
wohl Zeit, daß ich mich auf den Weg machte, wenn
ich noch vor der Finsterniß mein trautes Nest im
Thale erreichen wollte. So mußte ich endlich hervor=
rücken.

„Meister," sagte ich und machte mir mit meinem
Hutband zu schaffen, das ich löste, um es wieder
knüpfen zu können, denn es giebt Augenblicke im
Leben, wo man dem Nächsten nicht offen ins Ge=
sicht schauen mag. „Meister," sagte ich, „hat sich der
Meister das kleine magere Fräulein angesehen, das
vorhin bei der Gesellschaft war?"

„Die ihre Haare wie ein Mannsbild geschnitten
gehabt hat?"

„Dieselbige. Das ist ein merkwürdiges Weibs=
bild gewesen. Wenn sie in einem Buche stünde, man

müßte sagen, sie wäre erdichtet. Eine steinreiche Gräfin ist sie und ihr Vater soll sich des Geldes wegen dem Teufel verschrieben haben. Jetzt will aber die Tochter dem Teufel die Seele wieder abspielen und giebt auf diese Meinung alle und alle Tage, die Gott vom Himmel fallen läßt, einem armen Menschen was Goldenes. Und wie sie heute den Meister gesehen, hat sie mir aufgetragen, ihm das, was in dies Papier gewickelt ist, zu übergeben. Ich richt's aus — da wär's."

Damit schob ich das kleine Ding über den Tisch hin, er schob es aber mit dem Zeigefinger zurück und sagte: Ihm gehöre es nicht, er sei kein armer Mensch.

„Habe ich gesagt ein **armer Mensch**?" wollte ich mich verbessern, „dann weiß ich nicht, wo ich heute meine Gedanken habe, einem **arbeitenden** Menschen, sagt die Gräfin, muß sie alle Tage was geben."

„Der braucht's nicht," entgegnete der Meister kurz. „Peter, vor lauter Gutheit unredlich sein, das mußt ein andersmal nicht thun. Schau, wenn Du mir offen sagst: Meister, Er ist schon ein alter Mann, ich will Ihm was schenken, so werde ich offen antworten: Dank' Dir Gott, Peter, so lang' ich arbeiten kann, ist's nicht vonnöthen. Geht's einmal nicht und Du hast mehr als ich, dann wird's für Keinen eine Schand' sein, wenn Du mir einmal was Gutes thun willst — und brauchen wir keine merkwürdige Gräfin dazu." —

Fast gedrückt verließ ich das einsame Haus, das ich so selbstbewußt betreten hatte. Was er leistete, konnte ich nicht; was ich konnte, brauchte er nicht. — Was ich sein mag und was er ist, das muß ich mir sagen: Er ist trotz Allem und Allem bis auf den heutigen Tag mein Meister geblieben.

Als Hans der Grethe schrieb.

„Ist sie daheim, die Kühgretl?" rief eine schnarrende Männerstimme zum Fenster herein in den Stall, „ein Briefel von der Post hätt' ich da, gehört der Margarethe Krautwascherin. Schreibst Dich ja so, Gretl?"

Die junge, rothwangige und flachshaarige Magd, die just unter der scheckigen Kuh saß, den Melkzuber zwischen den Beinen, erhob sich jetzt: „Die bin ich, die Gretl, ja freilich bin ich sie, und von wegen — gelt, Er ist so gut und thut ein Eichtl warten, da muß ich wohl den Bauern fragen, ich sag', 's steht wo zu lesen und er wird's wissen, wie ich mich schreiben laſſ'. Mich däucht wohl, Krautwascherin, ja, mich däucht wohl." Und etwas leiser, zutraulicher: „Auf dem Briefel steht's 'leicht drauf? Und von wem denn?"

„Gar von einem Kaiserlichen. Ist zu weiten Landen, kann selber nicht mehr durchs Fensterl

rucken, ruck halt Du, sein Brieferl, hinein. Wirst ihn
nix kennen, Gretl, Hans Kinigl heißt er."

„Uh Jessas, aber na!" jauchzte das Mädchen
auf, „bin ich aber erschrocken! Autweh!" Die Milch
sickerte zur Hälfte auf die Streu. Dann leise mur=
melnd: „Jetzt hab' ich aber Schaden than, uh mei,
jetzt hab' ich Schaden than!"

Der Bote war fort. Die Gretl wischte ihre Arme
und Finger säuberlich an der Schürze ab, und nahm
dann völlig schamhaft das Brieflein vom Fenster=
brett. Sie guckte es an, sie kehrte und wendete es:
„Mein Lebtag, der Hansl hat geschrieben. Und ver=
petschirt ist er auch, ganz verpetschirt. Wer macht
mir ihn auf? Ich nicht, ich trau' mich nicht d'rüber."
Sie guckte noch lange, sie ging in den dunkelsten
Winkel, weil die Scheckige gar so interessirlich her=
überglotzte. „Brauchst derweilen just nicht alles zu
wissen." Im Geheimsten öffnete sie den Brief mit
Müh' und Noth — was er denn schreibt, wie's ihm
denn geht? Gesund wird er mir leicht doch sein. —
Daß er gar zuletzt muß kriegführen gehen?

Die Kuh schellte an der Kette und schnupperte.
Sie kannte den Hans recht gut; wie er in dersel=
bigen Nacht stecken blieben ist im Fenster, das ist
eine dicke Glasscheiben gewesen.

Endlich war der Brief offen, entfaltet und über=
rascht rief die Gretl aus: „Der Närrisch, das ist
aber ein rechter Närrisch!" Sein Conterfei war oben

Als Hans der Grethe schrieb.

an der Ecke des Briefes, sein leibhaft Conterfei mit dem Czako, dem weißen Röckel und der blauen Hose, frisch und hell gemalt, und der Schnurbart dabei. „Jegerl, uh mein! Aber sauber ist er, freilich wohl rechtschaffen sauber. Und wie er ihm gewachsen ist, so viel gewachsen, der Schnauzbart! — Na, der Hansl, was wird er denn schreiben? — — Jessas, jetzt kann ich nicht lesen! Wer hätt' mir's denn gelernt? Daß so ein Briefel kunnt kommen, auf so was hätt' Eins von Klein auf gar keine Gedanken. Aber na, daß ich nicht lesen kann!"

Sie preßte das Papier wohl zum Mund und langsam glitt die Hand damit nieder gegen den Busen so jung und zart — ließ den Brief dort ruhen. Plötzlich aber zuckte sie ihn weg: „Sapperwald, Hansl, das darf nicht sein! Nein, Hansl, das darf nicht sein!" Und noch lebhafter flüsternd: „Ich bitt' Dich um alles in der Welt, sein darf's nicht!"

— Dann später, wie aus einem Traum erwachend, ganz ruhig: „Weil Eins meint, er wär's selber — wie er da so sauber gemalt ist."

So lehnte sie im dunklen Winkel an ihrem Bette. Da zeterte draußen vom Hofe her plötzlich eine Stimme: „Gretl, ja weiger, was ist denn das heut', bist 'leicht in den Milchzuber gefallen? Hast keinen Fuß nit? Hast keinen? So ein junges Mädel wie Du, hat meine Mutter allfort gesagt, soll nit so lang müßig sein, als eine Taube ein Korn aufpickt. Ich, wie ich in den jungen Jahren bin gewesen, über drei Zäun' bin ich gesprungen, hab' ich ein Federl sehen liegen. Und heutzutag. — Muß ich Dir weiterhelfen vom Kuhstall heraus?"

Die Bäuerin war's. Schnell verbergen den Brief unter dem blauen Busenplatz, an dem heut' ein Schnürchen war zersprungen, und der Arbeit zu. Im Dienst, im Bauerndienst! 's ist halt eine schwere Sach'; wenn so ein Mägdelein auf einen Buben wollt' denken, beileib nit, das wär' Sünd', so viel Sünd'!

Die Gretl hatte an demselbigen Tag alles verkehrt angefaßt. Die Streu im Hof kratzte sie mit der Mehlschaufel zusammen, und als sie auf der Tenne Korn in den Mühlsack fassen sollte, wollte sie es mit der Streugabel thun, und als sie zu Mittag die Suppe salzen sollte, da hat sie das ganze Salzfaß in den Waschkessel geschüttet. Sie hatte ja das ungelöste Räthsel des Schreibens auf dem Herzen — die arme Gretl.

Am Nachmittag, als sie die galten zwei Kühe einspannte und damit auf die Granitzwiese um Futter fuhr, sagte sie zu sich selbst: "Die Christl kunnt schon lesen, sie braucht ja ein Betbüchel in der Kirchen, die Christl."

Die Christl war des Schwanenwirths Weibdirn, die an Kirchtagen auch die Gäste bedienen half, die auch den Hans Kinigl kannte, rechtschaffen gut kannte.

Und die Christl war Gretl's G'spanin, wenn's am Frohnleichnam zum Kranzelaufsetzen kam. Indes, ohne daß Eine von der Anderen wußte, allbeide waren dem Hansl verbunden; er hat nie was d'rein geredet, wenn sie, weiß gekleidet, das Kranzel im Haar, bei der Procession gewesen sind; er hat, wie's ja Recht und Sitte ist, die Knöpfchen seines Rosen= kranzes abgebetet und nicht ein Wörtl hat er ge= plaudert.

So ist er nachher gestellt worden, haben ihn abgemessen — er ist halt lang genug gewesen — ist blieben beim Militär. Ein sauberer Soldat ist er worden, der Kaiser nimmt halt von seinem Land' die schönsten Leut'. Ich thät's auch. Jetzund ist seitdem schon ein ganzer Sommer vorbei.

Die zwei Kühe trotteten hin über den Steinweg, der Granitzwiese zu, und der Karren knatterte und die Gretl, die drauf saß und in süßen Gedanken war, wurde recht arg dabei geschüttelt. Freilich so ein Schütteln und Hopsen ließe man sich gefallen, wenn Eins nur das Lesen hätt' gelernt. Versterben kunnt man, hat man seinen Brief in der Hand und weiß nicht, was er schreibt.

Sie war schon dort, wo der Wald aufhört und die Wiese anhebt — that sie auf einmal einen Juch= schrei und sprang vom Karren. Sie hatte die Christl gesehen, die hinter dem Zaun drüben Eschenlaub sammelte.

„Bist 'leicht auch da, Christl?" schrie sie hinüber, „geh', magst nicht ein Eichtl herüberhupfen zu mir, ich zieh' Dir zwei Stangen aus."

Aber die Stangen waren störrig und die Lücke in den Zaun nicht so leicht gerissen. So lehnten sich beide nur daran und ließen die Stangen und Stecken, wie sie waren, dazwischen.

„Wirst es nicht meinen, ich hab' was Neues bei mir," sagte die Gretl freudestrahlend, „einen Soldatenbrief von Hans — ja, von Hans, freilich, und sein Pultree (Porträt) ist auch dabei, und für mich, für die Margaretha Krautwascherin gehört er, der da!"

Die Christl hatte mit beiden Händen emporgezuckt: „Geh', lass' schauen!"

Sie sah den gemalten Krieger an. Sie steckten die Köpfe zusammen, Christl's Hände zitterten fast und wollten der Anderen das Papier aus den Fingern zerren.

„Na, Du, auslass' ich ihn nit!" sagte die Gretl, „aber dasselb' bitt ich Dich, lesen thu mir ihn; kannst dafür wissen, was d'rin steht. Gelt, Christl, lesen, das wirst mir nicht versagen, nit, gelt?"

Da versetzte die Andere: „Weißt, Gretl, das ist halt so, sagen will ich Dir's wohl, wie's ist. Drucklesen schon, aber Schriftlesen, weißt, das hab' ich halt nicht gelernt. Vom Herzen gern, daß ich's thät."

Die Gretl war durch dieses Wort niedergeschlagen. „Ja so," sagte sie dann kleinlaut, „das Schriftlesen, dasselb' kannst nicht. Das ist mir aber schon rechtschaffen unlieb; jetzt, was heb' ich an? — Ja so, nur Drucklesen. Und Schriftlesen, dasselb' nicht, meinst. Nu, wenn Du's halt nicht kannst. Aber na, ich weiß mir jetzt frei keinen Rath. Ich weiß mir keinen Menschen in der Gemein und ich trau' mich nicht; freilich trau' ich mich nicht. — Ging Dir halt nicht von statten, meinst, das Schriftlesen? Wenn Du's aber dennoch im Gottesnamen thät'st probiren — leicht ging's, Christl.

„Einen thät ich wohl wissen, der's kunnt," sagte die Christl nach einigem Nachdenken, ein wenig unsicher, wie lauernd; „will Dir's wohl sagen, der alt' Schmiedrochel ist ein grundgelehrter Mann."

„Der alt' Schmiedrochel, meinst?"

„Kennst ihn doch, den alten, tauben Mann — stocktaub — kennst ihn ja."

„Freilich wohl, aber — Christl, weißt, das ist so, der soll's halt nit wissen, das mit dem Hansl. Mein Vormund ist er, der Rochel."

„Um so besser," rief die Christl.

„Nein, ich — weißt, er soll's halt nicht wissen, und — wirst steh'n bleiben, Scheckin! Obst mir gleich steh'n bleibst, Scheckin! — Er leid'ts nicht, daß ich mit dem Hansl was hab' — ich weiß, daß er's nicht leid't — freilich nit."

„So braucht er auch von der ganzen Geschicht' nichts zu wissen," sagte die Christl schalkhaft; „mußt ihn den Brief denn gerad' still im Gedanken lesen lassen? Laut soll er ihn lesen, Dir vorlesen soll er ihn, und ich sag' Dir's, bei seiner Taubheit, er versteht kein Wort davon — kein Wort."

Da hob die Gretl ihr frisches einfältiges Gesichtchen: „Meinst? Ja — weißt, ich versteh' das zu wenig, hab' mein Lebtag keinen Buchstaben angeschaut, mein Lebtag keinen. Aber, ich hätt' doch gemeint, wenn er den Brief selber lesen thät, daß er's 'leicht wissen kunnt, was d'rin steht."

„Aber ich bitt' Dich gar schön, Gretl, was Du heut' für einen Unsinn redest! Wenn er laut liest und kein Wort hört, wie soll denn das sein, auf alle Mittel und Weis'!"

„Ja freilich wohl, ich lass' Dir's gern gelten."

„Sagst halt, mußt ihm's aber ordentlich ins Ohr schreien' mir thät' er zugehören, der Brief, von meiner Muhm in Kirchbach, und ich hätt' Dich damit geschickt und ließ ihn bitten, er soll Dir ihn lesen, daß Du mir's kunnt'st sagen, was d'rin steht."

„Das ist gescheit — wird wohl gescheit sein," versetzte die Gretl, „bist ein' ausbündige Dirn, Du. Du wärst die Erst' bei der Hochzeit, thät' mich der Hansl heiraten. — Wie's aber grasen, meine Küh; wollen 'leicht das Futter lieber im Magen, wie auf dem Karren heimbringen. Schaut völlig so aus. Dank

Dir Gott, Christl, für den guten Rath, und lass' Dir Zeit und Weil zum Laubrechen -- ja, lass' Dir Zeit!"

Das Mädchen eilte zu den Kühen, mähte das Futter, füllte den Karren in hoher Schicht, spannte an, fuhr heim.

Die Christl aber lauerte hinter dem Zaun und kicherte: „Leicht ist sie wirklich so dumm und zeigt den Brief ihrem Vormund. Und weiß der alte Luzifer die Geschicht von Hans und Gretl, nachher stehen die Zwei nimmer zusammen. Nachher, mein lieber, sauberer Schatz, weiß der Briefbot' mein Fensterl auch zu finden. Hi, Hansl, Hott, Gretl!" Und laut: „Kei (kippe) die Fuhr nicht um, Gretl!"

„Selb gieb ich schon Acht, freilich, selb gieb ich schon Acht!" rief diese noch aus dem Walde zurück.

Die gute Gretl ging neben ihren Kühen her. Wieder zog sie das Briefchen hervor: „Schau, Scheckin, das schickt mir der Hans!" Sie hielt das Papier den Rindern hin, diese glotzten es an, lesen konnten auch sie nicht.

Und als es Feierabend war, schlich die Gretl fort vom Haus, wo sie diente, und hinein in die Thalschlucht, gegen die kleine Schmiede. Aus dem Schornstein sprühten Funken, der Alte war noch in der Werkstatt.

Mit Bangen und Zagen nahte sie ihrem Vormund, ihrer einzigen Stütze, seitdem Vater und Mutter gestorben.

„Die Dirn ist da," brummte er, als sie in die Schmiede trat. Mägde und Weibervolk genug, aber „Dirn" gab's ihm nur eine einzige auf der Welt, seine Mündel; Dirn, das war ihm der zärtliche Ausdruck für Schützling, Tochter, Kind.

Ehe das Dirndel noch ordentlich über die Schwelle kam, es stolperte schier, rief es: „Von der Schwanenwirth=Christl bin ich geschickt, den Brief da soll mir der Vatermann lesen und laut, daß ich's ihr kann sagen, der Schwanenwirth=Christl."

Dreimal mußte es die Worte dem Alten ins Ohr schreien, ehe dieser seine rußigen, mächtigen Glasaugen hervorholte.

„Was wird's denn sein? So einen Brief lesen, wird auch just keine Hexerei sein!" Er machte sich aber doch wichtig.

„Von der Schwanenwirth=Christl ihrer Muhm' ist er!" rief das Dirndel schnell.

Der Alte wendete sich gegen die ausschnaufende Esse, daß der Brief, den er nun öffnete, roth beleuchtet war: „Kreuz und Eisenstern übereinand, da ist ja gar ein Kaiserjäger oben!"

„Halt ja, ein Soldat, halt ja," zitterte die Gretl, „der Schwanenwirth=Christl ihrer Muhme ihr Sohn." —

„Der Schwanenwirth=Christl ihrer —"

„Muhme ihr Sohn. Ja freilich, freilich wohl. Laut, nur gleich laut lesen, weil — weil ich nicht recht Zeit hab'. Muß gleich wieder heim, aber gleich wieder."

Der Alte verstand kein Wort. Er las bereits. Mit dem einen Fuß trat er den Blasebalg, daß er an der Esse eine Leuchte hatte. Mit dem anderen stand er fest, recht fest. „Du verschwefelt's Volk!" rief er plötzlich. „Also vorlesen soll ich Dir die Schrift, vorlesen? Recht gern. Innigstgeliebte Margaretha! — steht's geschrieben."

Da war's dem Mädchen wie zum Umfallen. — Taub ist er freilich, aber so heraus hat er's geschrien, er kunnt's verstanden haben. „Just gar so laut, dasselb' ist keine Nothwendigkeit, Vatermann."

„Ich grüße Dich tausendmal und wünsche, daß Dich mein Schreiben in bester Gesundheit antreffen möge. Ich bin Gott sei Dank gesund und mache Dir zu wissen, und daß ich vor etlichen Tagen zum Corporal avancirt bin und ich in ein' Jahr auf Urlaub zu Haus kommen werde, was mich wegen Deiner so freut, vielgeliebte Margaretha, und ich denk' bereits Tag und Nacht auf Dich, und Dein Zellerpreberl trage ich auf der Brust, daß mich mit Gottes Hilf' kein' Kugel trifft. So schau' ich aus wie das Gemal (Gemälde) da oben, und ich bitte Dich, daß Du mir getreu bleibst, und glaube der Leut' Reden nicht, weil sie einen Neid haben auf uns Zwei. Und ich möcht' auch wissen, das von der letzten Kirchweih, wie ich fortgegangen bin, wird Dir nicht geschadet haben."

Der Alte hielt inne, starrte das Mädchen an. Dieses sagte mit einer packenden Keckheit: „Hör' schon, Vatermann, recht gut hör' ich, freilich!" Und der Alte fuhr fort:

„Und sei so gut, thu auf mein tuchenes Gewand schauen, von wegen die Schaben, und schreib' mir paar Zeilen, wie es Dir geht und was Neues ist, und für den Brief brauchst nicht zahlen. Und auf Dich kann ich nicht vergessen bis in den Tod, innigstgeliebte Margaretha, und so vielmal als Stern sein am Himmelszelt und Tropfen im Meer und Blümlein auf der Welt, sollst Du von mir gegrüßet sein. Halt mir nichts für Uebel, und ich schließe mein Schreiben im Schutze Gottes und verbleibe bis ins kühle Grab

Dein   Johann Kinigl,

Corporal, 27. Infant.=Reg. König der Belgier."

Der alte Schmiedrochel schüttelte sehr lange den Kopf. — „Für die Muhme das!" sagte er endlich.

„Ja," rief die durch den Brief entzückte Gretl, „der Schwanenwirth=Christl ihrer —"

„Dirn!" rollte jetzt die Stimme des Alten da= zwischen wie ein niederstürzender Eisenklumpen. Da sah die gute Gretl alles verrathen, verloren. Still war's, nur der Blasebalg pfauchte.

„Er hat mir's versprochen," hauchte das Mädchen, ihre Finger ineinanderhäkelnd und sehr laut, „'s Heiraten hat er mir versprochen und es hat so sein müssen, weil der Herr Pfarrer hat predigt, die Ehen werden im Himmel geschlossen."

„Ja, und die Thorheiten auf Erden begangen. Heiraten! Und einen Habenichts vom Militär! Hörst, Einer, der einmal den Tornister auf dem Buckel trägt, gewöhnt sich den Höcker nicht mehr ab, hängt, hat er sonst nichts, den Bettelsack um."

„'S schickt sich nicht, daß ich was red', Vatermann, aber mich däucht halt, rechtschaffen fleißig bei der Arbeit wär' der Hansl, rechtschaffen fleißig und brav; thut nicht trinken und nicht spielen; kann schreiben wie der Herr Verwalter und thut manigsmal gern in den Büchern lesen —"

„Ja, in solchen 'leicht, wo man die Blätter mit dem Knie umwendet. Marsch in Deinen Stall, Dirn! — Mein Lebtag hab' ich noch kein Mädel gesehen, das Einen heiraten will, der gar nicht da ist. — Kommt der Hans heim und er red't noch wie heut', und Du hast ein' ehrliche Frag' — ich halt Dich nit auf. Jetzt weg mit dem Wisch da, den brauch' ich nit!"

Glückselig erfaßte sie das Papier und seine Hand zu Dank und eilte ihrem Hofe zu.

Am nächsten Sonntag besorgte der Vatermann das Antwortschreiben in ihrem Namen:

„Lieber Hans!

Das Schreiben laß' bleiben. Kommst heim, bist brav, sollst mich haben.

Margaretha Krautwäscherin."

Wie war sein Brief so gut und treu und „gotts= unmöglich schön," und wie war diese Antwort so kurz und kalt. Die Gretl litt viel Marter und Pein, aber sie vermochte nichts über den Alten, nur daß sie noch heimlich zwei Blümlein in den Brief zu schmuggeln verstand. Ein Vergißmeinnicht und eine brennende Lieb'.

Wie der Blindschleicher zu Einer gekommen ist.

—

Der Blindschleicher war ein hübscher Bursche — aber dumm. Man sollte also meinen, daß er bei den Weibern sein Glück gemacht hätte. Aber die Zesendorferinnen sind ein besonderer Schlag; „keinen Bibling allein mögen sie nit", wie eine ihrer Wortführerinnen einmal dargethan hatte.

„Ich bin ja kein Bibling (Rumpf) nit!" hatte sich hierauf der Blindschleicher scharf vertheidigt.

„Du bist ein Bibling!" rief sie, „weil Du keinen Kopf hast."

Daß er alsogleich mit beiden Händen nach dem seinen griff, war ein Beweis, daß sie Recht hatte.

Bestätigt hatte den Umstand erst die Militärcommission bei der Recrutirung. Den sechs Schuh langen Kerl ließen sie heimgehen, „weil er um einen Kopf zu kurz sei".

Indes wußte der Blindschleicher recht gut, daß man die Weiber nur mit Schmeicheleien besticht;

und daß zum Schmeicheln und Courschneiden gerade nicht viel Kopf dazu gehört, das weiß männiglich. Aber der hübsche Gärtnergehilfe hatte nachgerade gar nichts Gangbares in seinem Obertheil — und gar nichts ist doch zu wenig. Er war süß wie eine gezuckerte Feigensuppe. Wenn er ausging, hatte er seine Knopflöcher voll Rosen und Knospen. Wenn schon eine Rose reizend ist, wie sie Andere tragen, meinte er, so würden mehrere wohl noch reizender sein. Alsdann die Haare mit Schweinefett glatt und glänzend gemacht, und wie ein fescher Wiener an beiden Ohren „Sechser" gedreht! Aber einmal zeigte ein vorbeitreibender Kuhhirt nach ihm und sagte: „Das ist ja kein Sechser!"

„Was denn?" fragte der Blindschleicher.

„Das ist ein Fünfer!"

Das wollte den Gärtner schier verdrießen, denn es war ihm, als ob man in der Bauernschaft auch einfältige Leute „Fünfer" nenne. Und hatte hierin nicht Unrecht.

Das Halstuch trug der hübsche Bursche stets in Fahnen, und zwar in hellfarbigen. Das zeigt Flottheit an und lockt die Mädchen. Doch anstatt der Mädchen gingen die Truthühner auf ihn los, die ihn öfter als einmal gackernd durchs halbe Dorf jagten.

Mit Männern war er etwas ungeschlacht und wich ihnen gern aus, weil sie ihn entweder auf-

Wie der Blindschleicher zu Einer gekommen ist.

zogen oder unbeachtet ließen, je nachdem sie übermüthig oder ernsthaft waren. Bei den Weibern that er gar holdselig, und oftmals seufzte er in sich hinein: „Ich möcht' Eine haben! Wenn ich nur Eine kunnt kriegen!" Lange Zeit hatte er nicht gewußt, warum das Plangen war, aber allmählich sickerte das Gefühl in einem Punkt zusammen und endlich wuchs es sich heraus, warum er Eine haben möcht! Nämlich, daß er sagen könnte: „Wenn Ihr mich auch hänselt, kriegt hab' ich doch Eine!" — Besonders Eine war, vor deren Angesicht er zerschmolz, wie Butter in der Sonne.

Das war die Rothruben-Liese, Jungmagd im Zaunhof. Das war die Lebfrischeste im Gau und nach Der stand sein Sinn.

Aber der Blindschleicher klagte es seinem Freund, dem Nachtwächter, als sie in einer Nacht durch das stille Dorf hinschritten. „Mein Mensch," klagte er, „Du glaubst mir's nicht, was ich für ein Kreuz hab'. 's ist eine Schand und ein Spott, wie mir nach der Rothruben-Liese plangt!"

„So greif' zu!" rieth der Nachtwächter.

„Greif' zu, Narr, wenn sie nichts von Dir wissen will!"

„Von mir braucht sie nichts zu wissen. Ich hab' meine Alte höllisch fest an mir."

„Von mir will sie nichts wissen!" sagte der Blindschleicher. „Was ich ihr schön thu', Freund! Und fie! Wenn ich fag' zu ihr: Liefe, guten Morgen, Liefe! fo fagt fie: Leck' Salz! Und wenn ich fag': Du bift fo viel fchön, Liefe! fo fagt fie: Und Du bift fo viel gefcheit, Burfchl."

„Und gefreut Dich das nicht?" fragte der Nacht=
wächter.

„Wie kann's mich denn gefreuen, wenn fie nach=
her wieder fagt, fie mag nur einen Dummen. Das
ift fchon eine Verfchwefelte, die Liefe! Und wenn
ich ihr ein Röfelein geben will und fag': So bift
Du, wie das Röfelein da, fo roth bift Du und fo
gut riechft Du und fo fcharf ftichft Du! — nimmt
fie mir das Röfelein fo lieb aus der Hand und hält
es der Geiß hin zum Freffen."

„'s hat eilf gefchlagen!" rief der Nachtwächter
laut, „und Du, mein lieber Blindfchleicher," fetzte er
leife bei, „Du mußt es ganz anders angehen, wenn
Du Eine haben willft."

„Ich möcht' fchier verzagen," klagte der Gärtner=
burfche und es war ihm traurig um's Herz, hell
zum Weinen. „Und wie oft hab' ich ihr fchon gefagt:
Goldene Liefe! Diamantene Liefe! hab' ich gefagt,
Du fchmeckft wie Butter und Honig, ich ftreich' Dich
auf mein Brot, ich freff' Dich vor lauter Gernhaben,
hab' ich gefagt, ich küffe Dir die Fußfohlen und
falbe Dir die Ferfen mit meinem Bart, habe ich
gefagt, wie das Sauerkraut in dem Kübel, fo kannft
Du mich treten mit Deinen Füßen und mit den

Wie der Blindschleicher zu Einer gekommen ist.

Knien mich zerquetschen, wie Du willst, von Dir thut mir gar nichts weh. Du kannst mir mit Deinen Armen den Hals zusamm'schnüren und mich mit Deiner Wang' ersticken, 's thut mir gar nichts weh', Du bist mein himmlisches Paradeiserl. — So schön hab' ich gesprochen, denn ich, wenn ich einmal anfang'! Bedenk' mein glutheißes Blut! hab' ich gesagt!"

„Und was hat sie Antwort geben!"

„Geh' zum Bader aderlassen, hat sie mir Antwort geben. Oh, sie ist ein Stein, mein Mensch, sie ist ein Stein."

„Sei getröstet, Junge," sagte der Nachtwächter, der ein braver und erfahrener Mann war. „Wenn sie ein Stein ist, so laßt sich reden. Steine hebt man nicht mit Winseln und Streicheln, mein Holder. Den Stein auf dem Erdboden muß man erst mit einem tollen Stoß locker machen, dann kann man ihn heben. Verstehst mich?"

„Meinst, daß ich ihr in die Seiten rennen soll, der Liese?"

„Nicht ganz so scharf. Es giebt auch Gleichnisse auf der lieben Welt, mußt Du wissen, und wenn ich Dir zum Beispiel sag': Du bist ein Esel, so ist das nicht gerade so aufs Wort gemeint, es ist nur ein Gleichniß."

„Ja, ja," versetzte der Blindschleicher, „schau, wenn Du mir so was sagst, so verstehe ich's leicht,

Du bist auch nicht grob und Du bist mein liebster Freund. Aber wenn ich nur 's Mädel haben kunnt!"

„Die Weiber," so belehrte jetzt der Nachtwächter, indem er stehen blieb und sich auf seinen langen Spieß stützte, „die Weiber sind eine ganz besondere Art Gottesgeschöpf. Der erste Mensch, der ist dem Gottschöpfer nicht gar gut gerathen, wie's halt schon geht, so lang man's noch nicht in der Hand (Uebung) hat. Ist ein simpler, hölzerner Mann d'raus worden. Aber der zweite Mensch, der zweite — mußt betrachten — der ist ihm schon besser gerathen, ist gar was Wunderliches d'raus worden, viel anders beschaffen, als der Mann — so viel fein, so viel fein. Ich sag' Dir's kurz: Der Mann ist des Gottschöpfers Lehrbubenarbeit, das Weib ist sein Meisterstück. — Sie haben ihre Eigenheiten, daß es gar nicht zu glauben ist! Aber ich kenne sie doch, die Weiber, ich kenne sie! So ein alter Nachtwächter, mein Lieber, der alle Stund' der Nacht sein Aug' offen hat, der kennt die Sachen! Wenn Du Eine mit Feinheiten und Süßigkeiten nicht gewinnst, so denke, daß man alle Vögel nicht mit Zucker ködert. Versuch's mit Deiner Liese, beleidige sie einmal. Nicht so halb und halb, sondern tüchtig; thu' ihr was an, daß sie an Dich denkt, und daß sie was schmerzt, wenn sie an Dich denkt; sie wird schon aufhören zu hänseln, Du wirst ihr nicht mehr gleichgiltig sein, sie wird Dich vielleicht sogar hassen, aber,

Wie der Blindschleicher zu Einer gekommen ist. 421

mein Freund, Du mußt wissen, daß der Haß viel näher bei der Liebe steht, als die Gleichgiltigkeit. Ich kunnt Dir Geschichten erzählen, wo just die größte Lieb' mit Zorn und Schmerz angefangen hat. Und das meine ich mit dem Stoß, und daß der Stein nur einmal locker wird. Eine herbe, rücksichts= lose Mannesthat, mein Lieber! Probir's mit der Liese, verlieren kannst nichts. — Es hat zwölfe g'schlagen!"

Ob die Stunde schon aus war, ist nicht er= härtet, aber gerufen hat er sie. „Denk' nach darüber," sagte er noch.

Der Blindschleicher ging seiner Wege und traf umfassende Vorbereitungen, darüber nachzudenken. Er ging stundenlang zuerst den Bach entlang; aber wie kann Einem denn was einfallen, wenn das Wasser so rauscht! Dann schlich er über die Felder, da waren es wieder die Grillen, oder es stand dort eine schwarze, räthselhafte Gestalt, die möglicher= weise ein Geist sein konnte. Zwar hatte ihm der Schulmeister einmal gesagt: „Blindschleicher, ich gebe Dir mein Wort, vor einem Geist kannst Du sicher sein!" — aber wer weiß! Es ist ja doch ganz sünd= haft, so in der stillen Nacht was ausdenken, wie man der Liebsten was Böses anthun kann. Meinetwegen, auf die Sünd' schau' ich nicht, wenn ich sie nur bekomm'.

Erst als er in seiner Kammer die Stiefel aus= zog, fiel's ihm ein: „Auf dem Kirchweg', wo es

alle Leut' sehen, schlagst ihr einen Haspel (ihr ein
Bein stellen, einen Fuß ausschlagen), daß sie auf
die Straßen fällt." Als er jedoch im Bette lag,
gefiel ihm diese Sache nicht recht. Da ist's vielleicht
vernünftiger, er thut das, was der Holzfranzl seiner
untreuen Geliebten einmal gethan hat, er führt sie
ins Wirthshaus und läßt ihr abgeschmälzte Zwetschken=
körner vorsetzen. Nur ist es wahrscheinlich, daß
die Liese gar nicht mitgeht. Am tiefsten freilich,
meinte er, würde er ihr damit weh' thun, wenn er
hinginge und sagte: „Liese, Du liebst mich nicht,
lebe ewig wohl, ich geh' sterben!" — Das war ein
Gedanke! Der Blindschleicher erschrak nachgerade
darüber, daß in seinem Haupte ein so gewaltiger
Gedanke aufgestanden war, der konnte darin kaum
aufrecht stehen, er stieß überall an — schließlich that
dem armen Burschen der Kopf weh', und am nächsten
Morgen, als er aufstand und die helle Sonne auf
die Blumen des Gartens schien, war er sich darüber
klar: Blindschleicher, vom Sterben sagst nichts.

Derselbe Tag war ein Sonntag, er zog also ein
strammes, aschgraues Beinkleid an, eine gelbgeblümte
Weste mit der kirschrothen Cravattenfahne darüber,
besteckte die Knopflöcher des blauen Jaketels mit
Rosenknospen, auch das braune Rundhütchen mit
Rosmarin, strich die Haarsechser in zierlichster Ord=
nung gegen seine beiden Wangen heraus, that dem
sprossenden Bärtlein etwas zugute, und wie ihm

Wie der Blindschleicher zu Einer gekommen ist.

nun der Spiegel bestätigte, daß er unwiderstehlich sei, schwoll sein Herz plötzlich in der Ahnung: "Blind=schleicher, heut' ist ein besonderer Tag, heut' wirst Du Eine kriegen!"

Es war ein fast feierlicher Gang hin durch die schattige Kastanien=Allee gegen die Zesendorfer Kirche, und bei diesem Gange nahm er sich vor: am heutigen Nachmittag will er die Liese aufsuchen und schwer beleidigen. Sie weint, sie schmollt, er bittet ihr's ab, dann steht die Sache schon ganz anders. — Sollte aber dieses äußerste Mittel bei der Rothruben=Liese nicht verfangen, so thut er auf sie nicht weiter speculiren, sondern beleidigt eine Andere. Beleidigen läßt sich eine Jede, das ist das Wenigste!

"Da geht schon wieder der Dirndljager!" kicherte ein loser Junge, als der Blindschleicher an einer Gruppe von Burschen halb hochmüthig, halb be=fangen vorüberschlich. Den, der da gerufen, möchte er nun auch beleidigen, aber doch um ein Anderes, als die Mädchen.

Als er zur Kirche kam, wo sie gerade zum Hoch=amte läuteten, so daß sich die Leute zu Thür hinein=drängten, that als guter Christ auch der Blind=schleicher mit. Und wie er im Gedränge so zurück=blickte, wer's denn hinten gar so eilig habe, sah er ganz nahe an sich — die Liese. Sie kicherte mit mehreren Burschen, die sich neben sie heranpreßten. Der Blindschleicher sah den Weihbrunnkessel, worin jeder die Finger eintauchte, um sich und die Fernerstehenden, die nicht zum Kessel gelangen konnten, zu besprengen. In dem Augenblicke fiel dem Gärtnergehilfen ein: Jetzt thu' es, jetzt beleidige sie. Tauchte seine gehöhlte Hand ins Wasser, rief: „Da ist auch Eine, der man den Teufel austreiben muß!" und schüttete der Rothruben=Liese den ganzen Inhalt der hohlen Hand ins Gesicht.

Die Liese that einen Athemstoß, sagte hell und laut: „Er ist schon heraußen!" und versetzte dem Burschen mit klatschender Hand Eine auf die Wange.

Und das ist die Geschichte, wie der Blindschleicher zu Einer gekommen ist.

Eine Eisenbahngeschichte.

Und sieben Plagen kamen über Aegypten. — Es wären sicherlich acht gekommen, aber die Eisenbahner sind damals noch nicht gewesen. — So ergänzte ein Landmann des G.=Thales das zweite Buch Moses, zur Zeit, als sie im Thale die Eisenbahn bauten. Die „Eisenbahner", wo sie das erstemal einfallen, sind der Schrecken der Gegend. Die böhmischen Erdgraber graben nicht allein dort, wo die Bahn werden soll, sondern auch auf allen Erdäpfeläckern der Nachbarschaft. Die italienischen Steinschlager schlagen nicht allein Steine, sondern auch Bauern, wo sich diese den Fremdlingen entgegenstellen. Aber die schlimmsten dabei sind die deutschen Ingenieure selbst. Da kommen sie mit ihren Schnüren und Meßstangen und fahren Dir d'rein, Bauer, über Wiesen, Felder und Gärten, die bisher Dein und Deiner Vorfahren unangetastetes Eigenthum sind gewesen. Im Grundbuch steht's und da ist es fest wie der Erdboden. Kein Erdbeben und kein Feuer hat dieses Eigenthum angegriffen, das Wasser hat vielleicht einmal den grünen Rasen zerrissen, aber den Platz hat es nicht mit fortgeschwemmt. Als vor vielen hundert Jahren der Dobratsch niedergebrochen war, da hat er wohl das Thal begraben, aber er hat einen Berg dafür hingestellt, auf dem wieder was wachsen konnte. Und selbst die Franzosen, als sie da waren, haben das Eigenthum der Leute geschont. Und jetzt kommen auf einmal die Ausmesser und sagen: „Hier wollen wir unsere Eisenbahn bauen und diesen Weidegrund und diesen Garten mußt Du uns dazu geben!" — „Nein," sagst Du, „der ist meinen Voreltern nicht feil gewesen und ist auch mir nicht feil." — „Wir bieten Dir dafür diese oder diese Summe," sagt der Ingenieur, „dann aber mußt Du uns den Grund abtreten!" — „Mußt?! Was ist denn das für ein Eigenthum," sagst Du, „das man mir in einem Rechtsstaat nehmen kann, wann man will? Mir ist gerade an diesem Fleck Erde gelegen und um Geld ist er nicht feil."

Es hilft Dir nichts, das Gesetz ist stärker als Dein Wille, Bauer, und — das ist gut. — Wenn's auf Euch Bauern ankäme, lebten wir heute noch wie die Wilden und das Eigenthum wäre erst recht nicht gesichert. Ueberall und zu jeder Zeit, wo es geordnete Staaten gab, hat der Einzelne zum Wohle des

Ganzen opfern müssen. Warum zahlt Ihr die Steuern, warum laßt Ihr Eure Söhne in den Krieg? Feldfrucht und Söhne sind doch auch Euer Eigenthum. Ihr seht die Nothwendigkeit des Krieges nicht ein — ich auch nicht — und Ihr gebt doch die Soldaten. Ihr seht die Nothwendigkeit der Eisenbahnen nicht ein, aber ihr werdet sie nicht hindern können, denn alle Welt weiß: da die Eisenbahnen einmal sind, so müssen sie sein, und kein Mensch wird sie mehr aus der Welt schaffen.

Wer sich widersetzt, der geht zugrunde.

Das Gesetz verlangt, daß dem Bauern für ein der Eisenbahn abgetretenes Grundstück um ein Erkleckliches mehr gezahlt werde, als es unter Brüdern werth ist. Das Gesetz ist also auf Seite der Bauern, dann aber zwingt es.

Beim Schotterhans haben sie's nicht auf den Zwang ankommen lassen und ist zu Nutz und Frommen eine Geschichte davon zu erzählen.

„Ei geht, ei geht," sagt der Schotterhans, „da mögt Ihr reden, was Ihr wollt, was mein ist, ist mein, und ich geb' meinen Grund nicht her. Ich laß' mein Haus nicht niederreißen, in dem meine Voreltern gelebt haben; ich will sterben in dem Haus, in welchem meine Voreltern gestorben sind." Aber die Eisenbahn ist so trassirt, daß dieses Stück Grund gar nicht zu umgehen ist und just, wo des Schotterhans Haus steht, muß die Bahn darüber. Das weiß der Hans recht gut. Es ist ihm insgeheim auch nicht der Vorfahren wegen, man erinnert sich noch, wie er seinen alten Vater auf dem Todbett behandelt hat. — Aber der Vorwand ist schlau, Hans, und viel Geld läßt sich herausschlagen.

Nicht mehr als viertausend Gulden ist die ganze Besitzung werth, das Haus ist schon im Einfallen. Aber man bietet dem Hans achttausend.

„Nein!" schreit der und denkt: Haben müssen sie's, sonst können sie ihre ganze Eisenbahn nicht bauen.

„Nun denn, Schotterhans, wie viel verlangt Ihr eigentlich für dieses armselige Anwesen, das kaum zehn Klafter in der Breite hat?"

Da nimmt der Hans den Mund voll und sagt: „Sechzehntausend Gulden."

— Gut, denkt sich der Ingenieur, bei sechzehntausend Gulden hört bei ihm seine Pietät auf. Die Bahn hier geht auf einem Damm. Was kostet eine Brücke über Haus und Grund des Schotterhans? — Hier wird eine eiserne Brücke gebaut und der Hans kann im Hause seiner Vorfahren leben und sterben.

Nach wenigen Monaten braust über das Dach des Schotterhauses das Locomotiv hin. Der Hans starrt das schwarze Ungeheuer drohend an. Es pfeift auf ihn.

Der Hans will Proceß führen; die Doctoren weisen ihn ab, die Leute lachen ihn aus. Grund

und Boden gehören ihm, aber nicht der Raum über seinem Giebel.

Um tausend Gulden möchte er nun das Anwesen unter der Brücke verkaufen. Er findet keinen Käufer. Er wird wahnsinnig und stirbt — wie er's stets gewünscht hatte — im Hause seiner Vorfahren.

Graf Adlerstamm auf der Hahnenjagd.

―――

Im Ramsauerthale steht die alte moosbärtige Fichte, an welcher das Wunder geschehen ist. Dort hat der Graf Adlerstamm den Hahn und der Preiner-Michel den Bock geschossen.

Im Frühjahre war's, als der Graf in Nimrods kecker Rüstung ins Thal fuhr. Der Oberförster — Hans Schrödinger heißt er, der uns nachher die Geschichte erzählt — hatte für Jagd und Wild zu sorgen. Er war rathlos. In die nahe Holzknechthütte ging er hinüber, hieß den Vorhacker, den Preiner-Michel mit sich, und als sie allein durch den Wald gingen, und der Michel seinen Tabaksbeutel vom Rücken herüberzog, wo er ihn im Gurte stecken hatte, und seine Pfeife füllte, sagte der Förster: „Möcht' ich wissen, wie wir das anfangen."

„Ist was anzufangen?" fragte der Michel.

„Der Graf ist da und will morgen Früh einen Auerhahn schießen."

„Dem gehört die Jagd, der kann's thun."

„Der kann's **nicht thun**," sagte der Oberförster.

„Warum? Heuer giebt's ja Hähne genug, weiß selber einen oder zwei. Der Herr Graf muß halt gut auf den Stand geführt werden."

„Das ist zu wenig, mein Lieber, der Graf trifft nichts. Es muß was geschehen. Jetzt, denk' Dir einmal, ist's heuer das zehnte Jahr, daß der Herr auf den Hahn kommt, und hat noch nicht ein einzig Federl geschossen. Er wird Dir endlich verzagt, verkauft die Jagd, und das wär' arg; Du weißt, Michel, er giebt —" und machte mit den zwei Gebefingern eine bedeutsame Geste. „Kurz, er muß morgen den Hahn schießen. Aber wie, Freundchen, wie? Wenn ich mir das nur anzuschicken wüßt'."

„Binden wir ihm den Hahn auf den Baumwipfel," meinte der Preiner-Michel, nahm seine angestopfte Pfeife zwischen die Vorderzähne und steckte den Tabaksbeutel wieder in den Gurt.

„Anbinden," sagte der Förster, „d'ran habe ich schon gedacht, aber es ist zu wenig; er trifft ihn nicht."

„Wenn er zwei- und dreimal hinaufbrennen kann?"

„Trifft ihn nicht. Der Graf ist kurzsichtig, das weißt, hat keinen festen Ansatz und keine sichere Hand und keine Geduld und Ruh'; dem fehlt nicht mehr als alles zum Jäger."

„Nachher kunnt ich keinen Rath geben," sagte der Michel.

„Es giebt nur Ein Mittel," versetzte der Förster mit leiser Stimme, als traute er nicht einmal den Bäumen, „und weil es das einzige ist, so muß es ausgeführt werden."

„Nachher ist's ja recht."

„Aber dazu brauch' ich Dich, Michel. Los' einmal."

Und sie blieben stehen und der Förster brachte dem Vorhacker was bei.

„Na Du," sagte dieser plötzlich laut auflachend, das thu ich nicht!"

„Kannst es ganz ruhig thun; 's ist gar keine Gefahr. Er schießt zum mindesten eine Klafter weit an Dir vorbei."

„Zu dem Geschäft such' Dir einen Anderen, Förster."

„Nun, zu Deiner Beruhigung — Du weißt ja, daß ich dem Herrn den Büchsenspanner abgebe — werde ich das Gewehr blind laden."

„Das ist eine Red. Jetzt hast mich. Wo will der Herr Graf den Hahn schießen?"

„Oben im Donnerwald, etwa bei der Zwiselfeichten. Je weiter und schwieriger der Weg, desto größer das Vergnügen. Kennst ja das von den hohen Herren. Und um drei Uhr, wo's g'rade noch die rechte Finstern hat. Nicht vergessen aufs Balzen!"

„Ist recht."

Sie verabredeten noch Manches und verloren sich im Walde. —

Um Mitternacht wird der Herr Graf höflich geweckt. Er beladet sich mit Allem, was dem alten Jägersmann an den Leib steht. Und wenn der Förster meint, das oder das sei heute nicht nöthig, so sagt der Graf fürsichtig, 's wär' immerhin besser, man hätt's bei sich. Es ist eine klare stille Nacht.

„Excellenz!" sagte der Förster unterwegs, „heut' gilt's Einen. Ich sag's. So schön ist mir noch Keiner gestanden, wie der heutige."

„Soll Sein Schade nicht sein. Doch — hat Er's gehört, jetzt? Ist das nicht ein Schuß gewesen?"

„Wahrhaftig," lachte der Förster, „aufs Haar wie ein Schuß; das hat mich anfangs auch immer getäuscht. Nein, Excellenz-Herr, eine Lawine ist im Höllgraben drüben abgegangen. Das ist um diese Zeit nichts Seltenes."

Je höher sie emporkamen gegen den Donner=wald, desto leiser wurde ihr Gespräch. Als sie bei der Rothbuche waren und horchten, hörten sie das erstemal balzen. Nun hub das Laufen an, um dann, während der Hahn wieder schwieg, starr wie ein Baumstrunk still zu stehen.

So waren die beiden Jäger allmählich zur Zwiselfeichten gekommen, in deren buschigem Ge=

wipfel das Thier schnalzte und balzte, daß es eine Lust war.

Der Förster führte den Grafen auf den rechten Standpunkt und fragte flüsternd, ob er dort oben den Hahn wohl sehe.

„Wohl, wohl! 's ist ein safrisch mächtiger Kerl."

„Natürlich, das schwarze Bündel dort ist der Baumwipfel. Daneben, der kleine Punkt . . . ."

„Gut, gut!" entgegnete rasch der Graf und fuhr mit dem Schaft zur Wange. — Puff! war auch schon der Knall da. Man meinte, schier zu früh, aber siehe — diesmal Glück! Das Thier rauschte herab von Ast zu Ast und schwer fiel es nieder auf den Boden.

Der Graf sprang hinzu, jauchzte, jubelte; es war auch ein prächtiger Vogel. — Das Telegraphenamt! Alsogleich berichten der Gemahlin, den Freunden: Vivat, den Hahn geschossen. Morgen großer Schmaus! —

Ein herrlicher Vogel fürwahr! und gerade mitten in die Brust getroffen! Aber — was hängt doch daran? An den Klauen hängt ein Knollen — was das sein mag? — Sogleich ist Licht gemacht — welch eine Erscheinung?! In den Klauen verhaft lag ein vollgedunsener Tabaksbeutel.

„Verdammter Esel!" fluchte der Förster für sich, und rasch setzte er bei: „Der erste Fall in meiner Praxis, Excellenz-Herr, wo mir das vorkommt, was erzählt wird, daß Auerhähne bisweilen in die Nähe der Holzarbeiter bringen und verschiedene Gegenstände, die die Leute irgendwo beiseite gelegt, mit sich forttragen. Ich wette, diese Tabaksblase ist ein solcher Raub. Seltsam, seltsam!"

Der Graf starrte drein und sagte kein Wort. Den Vogel ließ er liegen; auf dem kürzesten Weg eilte er dem Bahnhofe zu. Und der Michel kletterte verzagt von der Zwiselfeichten, von welcher er früher den todten Vogel herabgeschleudert hatte.

"Was kann denn ich dafür!" betheuerte er dem Förster, "Ihr seid zu früh dagewesen. Wie der Schuß fällt, hängt der Vogel noch fest an meinem Gurt. Ich reiß' ihn eilends los, nu, und hab' halt meinen gottverblitzten Beutel mit hinabgeworfen."

In acht Tagen war das Revier verkauft.

Studentenpulver.

Da gingen einmal drei Studenten auf Vacanzen. Sie machten eine Bergreise im Salzburgischen und hatten viel Courage und wenig Geld. Der Eine, Markus Frischer, hatte in Berchtesgaden wohl eine kleine, zierliche Dose herausgefeilscht und dieselbe hübsch mit Schnupftabak gefüllt, um dem zu besuchenden Pfarrer in Sanct Barbara damit ein Geschenk zu machen. Das sollte bei dem geistlichen Herrn — einem weitläufigen Verwandten Frischer's — eine feine Aufnahme und noble Bewirthung bezwecken. Als sich der Herr „Vetter" aber nur mit einem einzigen Glase sauren Weines und etlichen Stücklein Brotes, die er selber vorschnitt, einstellte, ließ der Enttäuschte in den Wirren des Abschiednehmens die Berchtesgadner Dose heimlich wieder mitgehen.

Dann kamen sie ins Pinzgauische hinüber, in das Wildschützenland.

Studentenpulver.

„Hier wohnen lauter fromme Leute," sagte Studio Grußing, Candidat der Juristerei, der größte und kühnste von den Dreien, „in den Bauernhöfen, wo wir zusprechen, wollen wir fleißig geistlich werden und einstens unsere heiligen Messen lesen für die Wohlthäter. Werden dabei nicht verhungern, versteht Ihr? Aber Geld! Es giebt pulverisirte Tausender genug zerstreut im Lande, es wäre beim Zeus doch schmählich für so drei Kreuz=köpfeln —"

„Freunde!" rief Stroche, der älteste und verschlagenste vom Kleeblatt, „Ihr wißt, ich kenne diese Gegend und die Leute, die ihres Aberglaubens wegen so berühmt sind, wie etwa die Oberammergauer ihrer Passionsspiele halber. Es giebt anderswo auf der ganzen Welt keine Pinzgauer mehr. — Und jetzt habe ich eine Idee."

„Ah, Ideen hast Du viele," rief Grußing, „zeige endlich nur einmal, daß Idealisten auch praktisch sein können, denn die böse Welt will das nicht glauben."

„Ich werde sie überzeugen," versetzte Stroche trocken. „Frischer, willst Du mir zum allgemeinen Besten Deinen Schnupftabak zur Verfügung stellen? Die Dose magst für Deine alten Tage behalten. — Und Du, Bruder Grußing, willst Du Dich einmal ein bißchen todtschießen lassen?"

„Oh, mit Vergnügen!" rief der Gefragte.

„Schön," sagte Stroche, „so werden wir morgen Geld haben. — Der schwarze Hannes ist wieder ausgebrochen, merkt Euch das!"

Sie lugten ihn an und dachten: Ist ein komischer Kauz, der Stroche.

Dann stiegen die Drei ins Gebirge hinan, einem Hirtenhause zu, das versteckt war zwischen Wald und Wänden.

Unterwegs hatte Stroche mit dem „Jusdoctor" viel zu reden, und es wurden in einem Verstecke die Kleider umgekehrt und der Plaid in Form eines alten Bauernmantels aufgeheftet, es wurde mit ausgepreßtem Kräutersaft das Gesicht Grußing's braun gefärbt, es wurde das Hinken auf dem linken Fuß eingeübt und Mehreres dergleichen. Dann gingen die Zwei, Stroche und Frischer, in die Halterhütte. Der Halter — Duckmichel hießen sie ihn — war ein kleiner, rühriger und doch unbeholfen und blöd aussehender Mann; nur in dem stets halbgeschlossenen Auge hatte er jene stechende Glut, die bei fanatischen und abergläubischen Leuten so häufig zu bemerken ist. Und die ganze Hütte war inwendig mit geweihten Weidenzweigen, Amuleten, Alraunen u. s. w. behangen.

Die beiden Studenten — Stroche war nicht ganz fremd im Hause — wurden mit bäuerlicher Höflichkeit empfangen und mit Brot, Butter und süßer Milch bewirthet. — Thäten allbeide auf geistlich studiren, hätten ein heißes Jahr hinter sich — die siebente Schul', wo der Theolog mit dem Teufel die erste Bekanntschaft machen müsse.

„So, so," sagte der Duckmichel und klopfte an dem Fingernagel des Daumens die Asche seiner Pfeife aus. „So, so! Thuen die Herren nur essen und trinken! Gesegne Gott, wir haben noch was in der Kammer. Ist wohl vergunnt! — Die siebente Schul', die schwarz' Schul' heißt's, mein' ich —? Na, gelt, weiß es ja. — Viel dicker aufs Brot streichen, junger Herr, die Butter! Recht schad', daß uns der Honig ist gar worden. — Schau, schau. — Vor nächst Jahren sind auch einmal so Herren her= oben gewesen; die haben dem Nachbar da unten, dem Schlederer=Ferl — heißt er — der Müh werth ein bissel ein Studentenpulver gegeben."

„Aha," murmelte Stroche, seinem Genossen einen recht absichtlich vielsagenden Blick zuwerfend, „ägyp= tisches Pulver meint er."

Der Halter lugte und lauerte, war überzeugt, sie hätten Studentenpulver bei sich. Dieses ist ein gezaubertes Schießpulver, das nicht knallt — für Wildschützen eine gute Sach'.

Stroche erhob sich nun einmal und ging hinaus ins Gebüsch, wo Grußing im Brombeerlaub lag. „Du," flüsterte er zu diesem, „es geht prächtig, der Dummkopf ist allein zu Hause und er hat selber von dem Pulver angefangen. Puppe Dich eilig in

Deinen Räuberstaat, schleiche dort auf die Felsbank und pflück' Erdbeeren so lange, bis ich vor der Hütte laut rufe: „Feuer!" Dann wird der Hahn knacken und wie Du das hörst, so stürze zusammen — vergiß nicht drauf!"

Es war schon früher alles verabredet gewesen, und so genügte die kurze Weisung, nach welcher Stroche sogleich wieder ins Haus eilte. Darauf kam der Halter mit Ingwerbranntwein. Der Student blickte zum Fenster hinaus auf die gegenüberstehende Felswand.

Der Duckmichel hätte gern vom Studentenpulver gesprochen, man merkte es ihm an. Er redete so herum von Venedigerkapseln, deren Feuer den Schuß die doppelte Weite trägt; von Suchkugeln, die jenes Ziel — sei es wo immer — aufsuchen, an welches der Schütze beim Losbrücken denkt. Dann fragte er: was denn immer Neues in der Welt?

„Neues genug, aber nicht viel Gutes," sagte Stroche, auf die gewohnte Sprechart der Landleute eingehend. „Habt's schon gehört, in der Kufsteiner= festung — der schwarze Hannes ist wieder aus= gebrochen."

„Soll's doch wahr sein?" rief der Halter und blinzelnd: „Der braucht den Hörndlbuben" (Bezeich= nung für den Teufel).

„Siehst Du, der Mann sagt's auch!" rief der eine Student dem anderen zu. „Sakra, bei dem wär' ein Geld zu verdienen!"

„Wieso das, mit Verlaub?" fragte der Halter und machte einen langen Hals gegen den Sprecher, auf daß dieser das Ohr für die Antwort näher hätte.

„Ei!" versetzte Stroche, „sind ja doch dreihundert Ducaten auf des Räubers Kopf gesetzt!"

Der Halter schlug einen Lacher: „Den einbringen! Da müßt' Einer ein wenig mehr können, als Birnen sieden."

„Na, mit gewöhnlichen Mitteln geht es nicht, das geb' ich zu," sagte der Student, und zu seinem Genossen: „Aber das Aegyptische, das thät's wohl!"

„Weil —" meinte nun der Duckmichel angelegentlich, „weil wir schon davon reden, wie ist das, mit dem Aegyptischen?"

„Ja, guter Mann, das ist das Studentenpulver, von dem Ihr vorhin gesprochen habt," flüsterte Stroche geheimnißvoll, „nicht allein, daß dieses Pulver nicht kracht, Ihr wißt es ja: es löst an Anderen jede Hexerei auf. Kein Zweifel, der Hannes macht sich unsichtbar, macht sich schußfest — aber vor diesem Pulver" — er deutete gegen seine Brusttasche — „ist alles umsonst. Doch, sprechen wir von was Anderem. — Ich verwett' meine arme Seele, wir haben gestern da unten bei Hüttau den schwarzen Hannes gesehen."

„Na, seid mir aber so gut!" hauchte der erschrockene Halter.

„Ganz nach der Beschreibung. Dieselbe Figur, dieselben kohlrabenschwarzen Haar', derselbe Loden=kittel; und hinkt er nicht am linken Fuß?"

„Jesses, freilich, freilich!" versetzte der Halter, „hat ihn ja einmal ein Standar ins Knie ge=schossen."

„Punctum, er ist's gewesen!" rief der Student und schlug die Faust auf den Tisch. Dann faßte er in heller Freude den Genossen an beiden Rock=flügeln: „Bruder, vielleicht gelingt's uns, den Vogel abzuschießen. Jetzt bin ich aber tausendmal froh, daß ich eine Portion Pulver zu mir gesteckt hab'!" Dann wieder zum Halter: „Na, wie geht's immer, Vetter? Mitunter ein wenig wildern, was? Läßt sich denken, ein Gebirgsbewohner. Nu, 's ist ja recht."

„Wohl, wohl, aber —" fuhr's jetzt dem Manne heraus, „Studentenpulver thät Einer halt brauchen. Weil wir schon einmal dabei sind: die Herren haben ganz gewiß eines im Sack?!"

Der schlaue Student schwieg einen Augenblick. „Nu," sagte er dann, „etwelches trägt man schon bei sich, wenn auch nicht viel, 's ist ein kostspielig Ding!"

„Allzuwenig," meinte nun der Halter, „wollt' ich nicht hergeben dafür. Was thät der Schuß denn kosten?"

„Ist ja nichts für Euch," sagte Stroche mit der Hand abwehrend. „Der Schuß kostet einen Thaler."

Jetzt gab der Halter nicht mehr nach, bis der Studiosus sein braunes Pulver, sorgsam in Papier gewickelt, hervorgezogen hatte. — "Es kann aber höchstens für acht oder zehn Schuß reichen." — Der Mann holte seine Geldtasche, feilschte eine Weile und murmelte dann: "'s wird die Herren nicht kränken, aber probiren möcht' ich's doch erst."

"Das versteht sich," sagte der Student und sein Auge war durchs Fenster auf die gegenüber liegende Felswand gerichtet.

"Bei Gott!" flüsterte er, "jetzt wird mir die Sach' schon verdächtig. Seht Ihr nichts dort? Schon eine Weile kriecht Euch im Gewände so eine Creatur herum, die — — ein Spitzbub will ich sein, wenn das nicht der leibhaftige schwarze Hannes ist!"

Die anderen Zwei sahen jetzt die Gestalt auch. Der ganze schwarze Kerl, wie er hinkt und sich buckt und späht — 's ist der flüchtige Räuber.

"Der ist unser!" knurrte Stroche mit leuchtendem Auge, "das ist einmal ein rechtes Ziel zur Prob' fürs Pulver. Ich bitt' Euch, Mann Gottes, einen Kugelstutzen!"

"Ah na," sagte der Duckmichel, "da schieß ich selber."

"Um so besser, Ihr habt ein gutes Auge. Aber, Freund, das Gewehr ist doch nicht schon geladen?"

"Noch nicht," antwortete der Halter, "haben die Herren, wie sie da heraufgingen, keinen Schuß gehört? Da hab ich meinen Stutzen auf einen Raben losgedrückt."

„Gut," sagte der Student, „nichts schlechter, als wenn die beiden Pulvergattungen zusammenkommen."

„So viel weiß ich wohl selber," brummte der Michel und lud das Gewehr mit einer Bleikugel und dem braunen Studentenpulver.

Sie schlichen vors Haus. Der Mann im Gewände schien Beeren zu pflücken.

„Man merkt es seiner Sorglosigkeit wohl an, daß er sich für unsichtbar hält," versetzte Frischer.

„Ja, unser Pulver!" lispelte der Andere, „aber, Vetter, zielet gut, und wartet, bis ich rufe."

Der Halter spannte das Schloß und fuhr mit dem Gewehre zur Wange. Stroche blinzelte entzückt seinem Genossen, dann rief er laut: „Feuer!" In demselben Augenblicke loderte die Mündung des Laufes, gellend knallte der Schuß.

Die beiden Studenten stießen einen Schreckruf aus und erbleichten. Pulverrauch verdeckte ihren Augen, was vorging drüben an der Felswand.

Der Halter aber wendete sich höhnisch gegen den bebenden Stroche: „Ist das Euer Pulver, das nicht kracht?"

„Was ist geschehen?" stöhnte dieser, „wieso kann das sein! Da giebt's ein Unglück!"

Hierauf stellte sich der Duckmichel, das Gewehr fest auf die Erde stemmend, gerade vor die Studenten hin und sagte gelassen: „Meint Ihr denn, Ihr sauberen Herrlein, Unsereiner ist gar so dumm? — Nasses Pulver schon ist mir zuwider, viel weniger schieß ich mit Schnupftabak. — Studentenpulver! Oh, wir kennen den Spaß schon seit lange! Hab's auch recht gut gehört, was Ihr da unten im Strupp mit Eurem Spießgesellen beredet habt. Hab' mich unterhalten bei Eurer Gescheitheit. Und so müßt Ihr mir's schon zu gut halten, daß ich das echt geladene Zeugel losgeschossen habe, weil mir der Vogel da drüben einmal gar so prächtig auf der Mücke gesessen ist."

„Jesus und Maria!" jammerten die beiden Studenten, „was ist mit unserem Kameraden geschehen?"

Jetzt löste sich der Rauch und vom Felsen heran eilte Grußing, hoch in der rechten Hand einen todten Falken haltend, der ihm nach dem Schusse förmlich in den Schoß gefallen war.

„Den Vogel will ich Euch schenken," sagte der Halter, „spannt ihm hübsch die Flügel aus und nagelt ihn über Eure Bücher an die Wand, daß Ihr's ja nicht vergeßt, wie wir Bauersleute gar so abergläubisch und dumm sind. — Ist noch Buttermilch anständig?"

Wie Duckmäuser schlichen die drei genarrten Musensöhne davon. Sie leben heute noch. Geistlich ist Keiner geworden; alle Drei sind Advocaten auf dem Lande, haben immer noch viel Courage und wenig Geld. Aber das Studentenpulver schnupfen sie selber.

Bettelmann's Ehrentag.

Da war einmal ein Bäuerlein — es ist aber noch nicht so lange her, daß man es wie ein altes Volksmärchen „es war einmal" einleiten müßte. Allein es war doch einmal, denn heute ist es nicht mehr, und das ist ja die Geschichte.

So lange das Bäuerlein war, mußte es in den langen Abenden seinem Weibe zum Spinnen und Hembenflicken das Spanlicht halten. Da seufzte es oft babei und sagte: „Arbeiten, das wollte ich gern den ganzen Tag, aber am Abend, wenn andere Leut' Ruh' und Rast halten, noch spanleuchten müssen, das verdrießt mich. Ich wollt' mir sonst gar nichts wünschen, als daß wir ein Kerzenlicht kunnten brennen und ich dabei meine Ruh' hätte." — Das war das Eine. Jetzt hätte der Alte aber richtig auch noch einen zweiten Wunsch gehabt, und der war freilich viel unbescheidener als der erste. Zu Fuß war er schon schwach, „aber" meinte er, „nach dem Fahren

in einem fürnehmen Wagen gelustet's mich gar nicht.
Auch das Reiten wollt' ich gern' den hohen Herren
überlassen — ich wüßt' mir was weit Besseres.
Einen Tragsessel, und daß mich zwei Männer thäten
tragen, wohin ich wollt'. Das wär' Eins, das!"

Es ist ihm groß schlecht ergangen, aber seine
Wünsche haben sich erfüllt. Es kam eine Zeit, da ruhte
er sich aus auf der Bank und neben ihm brannte ein
Kerzenlicht; dann kamen zwei Männer mit einer Trage
und auf dieser trugen sie ihn hinaus zum Kirchhof.

O ja, auch die Bergbauern lassen sich gut ge=
schehen, wenn sie einmal gestorben sind, und da
genießen sie ein Ansehen und eine Ehre, wie viel=
leicht ihr Lebtag niemals. Einer, um den sich kein
Mensch je gekümmert hat, wenn er draußen stand
am Zaunpfahl, oder am Feld die Steine hervor=
grub, oder von Haus zu Haus wankte und um
einen Bissen Brot bat, oder wenn er krank auf dem
Stroh lag in der verfallenden Scheune — der ist
jetzt der Mittelpunkt eines ganzen Tages, der Mittel=
punkt von dreißig oder vierzig Menschen, die seinet=
wegen die Arbeit eingestellt haben und ihm ihr
Gebet schenken und das letzte Geleite geben zu seinem
tiefen Grabe, in welchem er just so gut und reich
und angesehen ist, wie die stillen Nachbarn rings
um ihn. O armes Menschenleben, welches auf dieser
Welt nur einen einzigen Ehrentag hat — den Be=
gräbnißtag!

Und wohl ihm! Wenn wir die Leute betrachten, die Armen und die Reichen — Jeder hat nicht das Glück, mit Ehren begraben zu werden.

Sagt ihm das, dem Bettelmann, als letzten Trost, bevor er stirbt. Vor wenigen Tagen kam er müd' und matt ins Haus, bat nicht mehr um ein Stück Brot, um ein Tröpfel Suppe wie sonst, sondern nur, daß er abrasten dürfe unter dem Dach. Man hat gemeint, ein Mensch wäre es doch auch, und hat ihn in ein Bett gethan. Einen elend krummen Fuß hatte er, kein Mensch sprach davon, keiner fragte darnach. Der Bettler ist seit undenklichen Zeiten in der Gegend und gehört eben zu den Armseligkeiten der Welt. Weiter ist's nichts.

Jetzt aber scheint sich der Alte einmal einen guten Tag anthun zu wollen. Er stirbt.

Liegt im Bett und stirbt.

Schon seit einer halben Stunde kriecht ein Bub' unter Bett, Tisch und Bänken herum und läutet das geweihte Margarethenglöcklein. Das hat einen recht freundlichen Klang, aber dem Teufel, sagt man, zerreiße dieser Klang die Ohren und so weit das Margarethenglöcklein hinklinge, könne der böse Feind nicht nahen, der sonst bei solcher Gelegenheit gern unter Bett und Tisch herumschleicht, um etwa nach der ausfahrenden Seele des Sterbenden zu fahnden.

Die Anwesenden zünden ein Kerzenlicht an, auch wenn die helle Sonne zum Fenster hereinscheint;

solche wird ja zumeist mit einem Lappen verhangen, so sehr sich das brechende Auge oft auch noch sehnen mag nach dem lieben Lichte dieser Welt. Dann beten sie Sterbegebete, stets darauf achtend, wann der Sterbende seinen letzten Athemzug thut. Denn so lange er lebt, muß man den Menschen noch quälen mit Stoßseufzern und Zusprüchen, in denen immer wieder von der Gefahr vor Teufel und Verdamm= niß die Rede ist, und ihn ängstigen mit allen mög= lichen Ceremonien des Todes. Erst wenn er dahin ist, fängt die Liebe an. Das Sterbegebet wird unterbrochen und die Wärterin verkündet: „Er hat's überstanden."

Nun kommt der Bub' mit dem Glöcklein und geht läutend dreimal um die Leiche herum.

Dann sagt die Wärterin: „Jetzt wollen wir unserem Mitbruder die Augen zudrücken, daß er schlafen kann, und ihn mit heiligem Gotteswasser waschen und das Gewand anlegen zur Auferstehung am jüngsten Tag. Der Herr sei ihm gnädig!"

Sie schneiden seinen Bart, sie kämmen sein fahles Haar. Dann bringen sie Dem, der in seinen schlechten Lappen so oft gezittert hat vor Frost, ein Sonntags= kleid; die Hose ist vielleicht vom Knecht, das Hemd und der Rock vom Hausvater, die Zipfelmütze vom Stallbuben. 's ist nur schade, daß er von diesem schönen Gewand nichts mehr weiß. Am jüngsten Tag aber, wenn er von den Todten aufersteht und

ihn der Richter frägt: „Bettelmann, von wem haſt
Du den guten ſchwarzen Rock?" — „Vom Berg=
bauer, Herr, in deſſen Haus ich geſtorben bin." —
„Und die ſchöne Zwilchhoſe?" — „Von des Berg=
bauern Knecht, Herr." — „Und die rothgeſtreifte
Zipfelmütze mit dem großen Boſchen (der Quaſte)?"
— „Vom Stallbuben, Herr." — Da kommt's dann
auf, und ſehr zu rechter Zeit, daß die Bergbauern=
leute gar wohlthätig geweſen ſind. — Es iſt gut,
wenn man Einen vorausſchicken kann, der den Herr=
gott umſtimmt . . .

Nach dem Waſchen hat die Wärterin das Waſſer=
gefäß hinausgetragen und auf dem Steinhaufen zu
Scherben zerſchlagen — ein „Bedeutnuß, daß es
der Todte zum letztenmal gebraucht hat". Vor Zeiten
ſollen ſolche Scherben von Hexen geſammelt worden
ſein, die damit allerlei Spuk zu treiben wußten.

Dem Verſtorbenen werden noch etliche Palm=
wutzel (Blüthenkätzchen der Weide, die am Palm=
ſonntag geweiht wurden) in den Sack geſteckt, dann
legen ſie ihn auf eine lange Bank zur Bahre und
bedecken ihn mit einer weißen Leinwand, dem „Ueber=
don". Dieſe Leinwand durfte von der Leinwandrolle
ja nicht abgeſchnitten, ſie mußte abgeriſſen werden;
das Knattern verſcheucht die böſen Geiſter. Die zu=
gedeckte Leiche überſpannt man hernach mit einem
Faden, der mit drei aus Wachskerzen gebildeten Kreuz=
chen befeſtigt wird. Das iſt das Siegel der Heiligen.

Das Licht, welches beim Verscheiden gebrannt, darf nun nicht mehr auslöschen; es wird an das Haupt des Todten gestellt, neben Crucifix und Weihwasserkessel und muß brennen bis zum Begräbnisse. „Das ewige Licht leuchte ihm!" — Tiefere Seelenstimmungen drückt der Bauer selten durch Worte aus, viel lieber durch Zeichen, und die Todtenklage spricht er durch Ceremonien.

An jedem Abende während der Bahrzeit kommen Nachbarsleute, um die Nacht über bei dem Todten zu wachen, zu beten, zu singen, auch wohl zu essen und zu trinken. Denn, wo Eins „auf Erden liegt", da darf man nicht schlafen. Während ein Todter im Hause ist, werden in demselben und auf den dazu gehörigen Grundstücken keine knechtlichen Arbeiten verrichtet und geht jeden Tag eine Person in die Kirche, um eine Messe zu hören.

Dann kommt der Tag der Bestattung. — 's ist der Bettelmann gewesen — aber denn doch auch ein christlicher Mitbruder, und wer weiß, ob man seine Fürbitte bei Gott nicht einmal zu brauchen hat! So kommen die Nachbarsleute herbei, um ihm die letzte Lieb' und Ehr' zu erweisen. Sie legen ihn in einen Sarg aus weißem Tannenholz; ein Häuflein Sägespäne ist sein Kopfkissen. Die wachsweißen Finger sind über der Brust ineinandergeschlungen. Das Haupt — es ist nichts mehr, als ein lebloses Bild von Einem, den sie einst den Bettelmann geheißen, aber man will ihm noch allerlei andenken, anfühlen: eine süße Ruh', den Frieden, aber auch noch ein Nachdämmern von Leid und Weh', von genossenem Gut und Dankbarkeit, etwas auch von Anklage und Verzeihung u. s. w.

Das ist allzu spät. Das hat früher gestritten, getragen, geweint — vielleicht verzagt — Ihr habt es allein gelassen.

Der Dorfarzt erscheint, um zu sehen, ob der Mann denn auch wirklich todt sei. Zum Glücke: ja.

Da kannte ich eine arme Greisin und hörte eines Tages, daß sie gestorben sei. Mir war leid, daß ich ihr nicht öfter, wenn sie mir begegnet war, eine Gabe gereicht hatte, ich hätte das Versäumte so gerne gutgemacht. Nach einiger Zeit stellte es sich heraus, daß sie noch lebe und gesund sei. Ich ging nicht hin, um ihr einen Liebesdienst zu erweisen — sie wird mir schon einmal begegnen, dachte ich mir. Sie ist mir aber nicht mehr begegnet, sie ist bald darauf wirklich, und zwar in großer Armuth gestorben.

So sind wir. Der Mitmensch erschüttert unser Herz, wenn er stirbt, aber wenn er wieder aufersteht, findet er die alte Starrheit, wie sie zuvor war.

Also der Dorfarzt sagt: „Der steht nicht mehr auf!" und sie fahren in ihrem Liebesdienste fort. Sie legen dem Todten Heiligenbildchen, Rosenkranz= schnüre und Blumen in den Sarg, dann sagen sie noch: „Behüt' Dich Gott, Mitbruder, beim jüngsten

Gericht sehen wir uns wieder!" und nageln den Deckel zu. Auf den Deckel ist ein schwarzes Kreuz gemalt, das seine beiden Querbalken umarmend über die Seitenwände des Sarges hinablegt. Das Kreuz läßt ihn nicht los, den alten Mann, aber jetzt bedeutet es kein Leid mehr, jetzt bedeutet es Schutz und Hut und Liebe.

Nachdem sie sich mit einem ausgiebigen Imbiß gestärkt haben, heben sie den Sarg auf die Thürschwelle und der Vorbeter sagt: „Gelobt sei Jesus Christus, daher kommen wir nimmer!" und hernach tragen sie ihn — ihrer Zwei und Zwei — auf Bahrstangen der Kirche zu. Es ist ein weiter Weg dahin. Es ist der Brauch, daß man den Todten genau auf demselben Wege dahinträgt, den er im Leben mit Vorliebe zu seiner Pfarrkirche gewandelt war. Aber wer weiß das bei einem Bettelmann? Der ist wohl stets den Weg gegangen, an welchem die meisten Häuser stehen; so tragen sie ihn heute an den Häusern vorbei und kein Kettenhund rast mehr, wie sonst, da der zerlumpte Mann genaht war, und keine Stimme zetert mehr über das lästige Bettelvolk — aber in mancher Brust wird ein Gewissen wach und hebt an gar leise, aber ernst zu mahnen, bis eine Thräne über die Wange rinnt. —

Seht, so kommt auch der Aermste und Verlassenste zu seiner Thräne.

Bettelmann's Ehrentag.

Vornehmerer Bauern Leichen werden auf Wagen oder Schlitten befördert und erweisen ihnen Ochsen oder Pferde die Ehre. Da trägt sich's aber manch= mal zu, daß die Thiere das Gefährte nicht weiter= zuziehen vermögen — denn der todte Mensch ist etwas Anderes, als eine Fuhr Holz oder Korn. Da muß sich ein unschuldiges Kind auf den Wagen neben den Sarg setzen — dann geht's leichter.

Beim Bettelmann ist des schweren Gewichtes wegen keine Klage. Glücklich kommen sie zur Kirche, die sie mit einer Glocke begrüßt. Eine ist heute genug. „Weiß Gott, wer die Eine zahlt!" meint der dicke Meßner. Der Priester kommt und spricht ein ziemlich stilles Gebet. Das Grab ist nahe an der Kirchhofsmauer, an der dieser Mann einst gerne gelehnt, die Krücke an der Seite, den Hut in der Hand. Das Grab ist eng und tief. Mancher macht einen langen Hals und schaut hinab. — Hoch oben im Kirchthurmfenster sitzt ein vorwitziger Junge. Der hat früher am aufgeworfenen Grab ein halb= vermodertes Stück von einem alten Sarge gefunden, in welchem ein Astloch ist. Durch dieses Astloch guckt er jetzt vom Kirchthurme herab, als sie den Bettel= mann mit Stricken ins Grab hinablassen. „Von rechtswegen" soll er jetzt durch das Loch die Engel und die Teufel sehen, die am Grabe um den Platz raufen, und sehen, welcher Theil den Sieg davon= trägt — aber sein Auge hat leider schon ein ver=

hülltes Geheimniß geschaut, seither ist es verblendet und sieht jetzt durch das Astloch nichts, als die etlichen Bauersleute, die herumstehen, nach der letzten Einsegnung noch Erde und Weihwasser hinabschütten, sich dann langsam seitabdrehen und ihre Hüte auf=
setzen.

Der Todtengräber beginnt mit dem „Untermachen", er schiebt ein Brett aus, an dem sich der ausgehobene Erdhaufen gestaut hatte und die Wucht rollt dumpf und schwer hinab, so daß das Grab in einem Augenblick mehr als zur Hälfte gefüllt ist. In einer halben Stunde ist der Boden wieder gleich und an= statt des Bettelmannes ist ein leichter brauner Erd= hügel da, der in wenigen Wochen grün sein wird. Denn die Natur beginnt alsogleich mit der Urständ nach ihrer Weise. Der Todte wird verwandelt und betheiligt sich am Leben in einer neuen Form. Und so auch seine Lust und sein Leid und seine Zipfelmütze.

Aber die Natur ist es auch, die das Menschen= herz so geartet hat, daß ihm mit solcher Aufer=
stehung nicht gedient ist. Sie wird daher wohl ihre Wege finden, um dieses Herz zu befriedigen. Hätte ich nur das Astloch vom Jungen auf dem Kirch= thurme, ich würde Vieles sehen und Euch erzählen können!

Aga.

Das Glöcklein der Dorfkirche klingt hell und freudenreich zu meinem Fenster herein. Einen Sarg tragen sie zum Kirchhof hinaus und bergen ihn unter die kalte Erde. In diesem Sarge liegt ein Dienstbote, der gestern seinen hundertjährigen Geburtstag begangen hätte — aber vorgestern ist er gestorben. Der Armenvater hat schon Anstalten getroffen; das hundertjährige Weiblein hätte gestern eine warme Bettdecke und ein Glas kräftigen Weines bekommen; der Pfarrer hat ihr die Ehre erweisen und sie an seinem Arme in die Kirche vor den Hochaltar begleiten wollen — da ist sie vorgestern in der ruhsamen Abendstunde verschieden. Sie wäre die Gaben und die Ehren nicht gewohnt gewesen, sie hätte sich geschämt bis ins Herz hinein. Aber der Tag kam näher und näher; es wurde im Dorfe schon gesprochen davon, und die Schulkinder flochten einen Kranz aus Lärchenzweigen und Hollunderlaub. Die alte Aga hätt' nimmer fliehen mögen, denn ihre Beine sind gewesen wie morsche Hanfstämme im Spätherbst, die hätten sie nicht weiter getragen, als eine Schnecke mag kriechen während der Abendröth'. So hat sie keinen anderen Ausweg gewußt und so ist sie verstorben.

Die Ehren sind ihr nicht ausgeblieben; heute hat sie der Pfarrer zu Grabe begleitet, heute hat sie den Kranz bekommen und die warme Decke. Den Wein mag sie trinken am Tage der Urständ', daß sie Muth kriegt, dem Herrn zu sagen: Ich bin ein armer, ein sehr armer Dienstbot' gewesen mein Lebtag lang, jetzt bin ich da und bitt' um den Himmel!

Zum Glück hat ihr heiliger Schutzengel ihren Lebenslauf in sein Notizbüchlein geschrieben, und während er jetzt am Grabe steht und den Stein mit einem Zeichen merkt, daß er ihn mag finden am Tage des Gerichtes, da jeder Schutzengel sein Schutzkind muß wecken — guck' ich ihm in sein Büchlein und schreib' mir flugs heraus den Lebenslauf der alten Aga.

Ihre Mutter ist ein Weib gewesen, das verstanden hat, aus den Stämmen des Waldes Kohlen zu brennen für den Schmied im Thale. Ihr Vater ist ein fröhlicher Jägersmann gewesen im grünen Walde, bis ihn einst drei Männer, Wildschützen, haben erschlagen. Aga hat Wangen gehabt, so blühend wie die kleinen, rothen Blümlein, die in des Waldes Schatten sind gestanden, und die niemals die Sonne haben gesehen, sondern nur das Morgenroth zwischen den Stämmen. Aga hat Augen gehabt, so schwarz und glühend wie die Kohlen, die in des Meilers Glutenbrust haben geknistert. Aga hat ein Herzlein gehabt, so lustig und fromm wie die Lerche, die über dem Walde mit ihrem Flug ins Himmelblau den Namen Gottes hat geschrieben.

Da ist eines Tages aus dem Thale her ein schöner Mann gekommen, daß er Kohlen besehe und kaufe für die Schmiede seines Hauses, denn er hat einen großen Hof gehabt und sich die Pflüge und Spaten selber geschmiedet. Der hat Aga gesehen. „Willst Du mit, schönes Kind, in meinen Hof, und mein treues Dienstmägdlein sein? Vielgutes Silber will ich Dir geben, das glänzt besser wie die Kohlen in Deinem Meiler!" So hat der Mann gesagt, aber: „Was hilft mir des Silbers vielgutes Glänzen, wenns nicht warm macht, wie meine Kohlen. Ich will bei Mütterlein leben und verbleiben," so ist die Antwort gewesen.

Das hat sich zugetragen zur Zeit des Heidelbeerblühens. Und als darauf die Beeren gereift und wieder abgefallen waren mitsammt den rothfahlen Blättchen vom Heidegestrüpp — da sagte die Mutter: „Sechzehnmal hast Du die Herbstreife gesehen, Aga; Du bist nun wohl kräftig geworden und kannst

morgen ins Thal hinausgehen, zu schauen, wie die
Leut' leben im Sonnenschein, wie sie sich Häuser
haben gebaut und inmitten das Herrgotts=Haus
mit hohem Thurm; und daß Du Salz magst kaufen
für unseren Hausbedarf."

Nichts haben sie benöthigt von der weiten Welt,
als das Salz, alles Andere ist in des Waldes
Hängen gewachsen.

Und so band Aga ihren Hanfrock um und ging
viele Stunden lang hinaus gegen das Thal. Da
sah sie, wie die Menschen lebten im Sonnenschein
und wie sie sich versammelt hielten um das Herr=
gotts=Haus zu Hunderten und zu Hunderten. Es
war ja die Kirchweih. Und vom Thurme drangen
Töne nieder, lebendig wie des Himmels Donner
und freudenreich, wie der Waldvöglein Sang. Und
aus den Häusern zitterten wunderliche Töne heraus,
wie sie die Menschen zur Lustbarkeit selbst machten
mit Pfeifen und klingenden Fäden. Da wußte Aga
ihr Herz nicht zu bändigen; sie brach in ein helles
Lachen aus, daß der Menschen Menge um sie zu=
sammenströmte.

Zur selbigen Stunde hat sich der schöne gütige
Mann, der zur Heidelbeerblüthe in den Wald
war gekommen, zu Aga gesellt, und sagte ihr Worte
so freundlich und liebreich, wie sie solche von der
Mutter daheim niemalen hatte sprechen gehört.
Darauf führte er sie in ein schönes weißes Haus

und setzte sich mit ihr an einen Tisch, und darauf brachten Andere dienstfertig funkelnde, durchsichtige Becher und schneeweiße Teller mit gebratenem Fleisch und Backwerk in Ueberfluß.

Aga hatte sich kaum zu essen getraut; ein blaues Tüchelchen that sie hervor: „Und wenn das vornehme Essen da schon mir ist vermeint, so will ich's der Mutter heimtragen!"

„Das esse Du selber, Mägdlein," sagte darauf der freundliche Mann, „ich will Dir schon Geld geben, daß Du der Mutter was Anderes kannst bringen, und bei mir wird Dir nichts fehlen." So hat es sich Aga wohl schmecken lassen, und während sie aß, sagte der Mann zu Anderen, die nebenhin saßen: „Das wird fürder mein Hirtenmägdlein sein."

So hat er sie gespeist und getränkt, hat ihr Geld gegeben, hat sie begleitet bis zur hohlen Buche, wo nach der Leute Reden ein Schatz liegt verborgen.

Mitten in der finsteren Nacht ist's gewesen, als Aga die zitternde Hand an das Faßlich der Thür hat gelegt, die Mutter hat aufgeschreckt und ihr erzählt von dem freundlichen Mann, der sie gespeist und getränkt und sie mit wohlsamen Bissen habe versehen zum Heimtragen. D'rauf hat die Frau nicht sonder Harm die Worte gesprochen: „Ist's redlich gemeint von dem Mann, so wollen wir itzt beten für ihn!"

Sodann fiel ab das Brombeerlaub, und auf den fettigglänzenden Beeren lag der ätzende Reif und bald auch der Schnee, und es kamen die Tage, da sechzehn Stunden hindurch die Nacht lag über dem Wald, und Mutter und Kind sich fest aneinander mußten schließen, daß Grauen und Sorgen ihre Herzen nicht mochten erklimmen.

Da zogen eines Tages watend im Schnee, der ihnen ging bis an die Lenden, zwei Männer heran gegen der Köhlerin halb vergrabene Hütte, und grüßten mit Anstand und verlangten — das Mädchen. Da fragte die Mutter erstaunt, weß Rechtes das sei, ihre Tochter zu suchen. Und da wiesen die Männer das Recht: sie seien gesandt von dem Manne, der zur Kirchweih Aga das Angeld und das Leihkaufmahl habe gereicht, durch dessen Annahme das Mädchen sich gesetzlich verpflichtet habe, dem Manne in seinem Hofe ein Jahr lang zu dienen.

Wie war da rathlos die Mutter und trostlos die überlistete Tochter. Doch hätten sie auch dem Gesetz widerstrebt, den kräftigen Männern vermochten sie nimmer zu trotzen, und fortgeführt wurde Aga von der Mutter Hütte. Und die Frau blieb zurück im einsamen Wintergrab, und fuhr mit eisernem Haken dem Meiler in die glühende Brust, und sendete mit dem schneeweißen Rauch empor zu Gott ihr Gebet für das Kind.

Bigott, man meint, das Mägdlein hätte es nicht übel getroffen. Sie war Hirtin im großen Gehöfte und konnte der Mutter manch nützliche Gabe senden. Da der Winter vorbei und die Maßliebchen der Heide ihre weißen Krönchen aufsetzten, da kam mancher Junge zum schönen Hirtenmädchen und freite. Aber Aga hatte gegessen und getrunken darauf, daß sie ihrem Herrn diene ein ganzes Jahr. Sollte aber des holden, ehrsamen Freiers Lieb' nicht verdorren in des Sommers Hitz' und nicht verwelken in des Herbstes Frost, und nicht erfrieren in des Winters Kälte, so möchte er wiederkommen zur Weihnachtszeit — sie wolle bei der nächsten Kirchweih nicht mehr essen und trinken für ein künftig Jahr. Aber der schöne, liebreiche Mann, bei dem Aga hat gedient, hat sie eines Tages — als schon der Nachtwächter das erstemal gerufen — gefragt, ob sie nicht die Hausfrau sein wolle in seinem Hofe, da könne sie ein freundlich Stübchen heizen für die Mutter, die jetzt noch im kalten, finsteren Walde sei. Da hat sich Aga gedacht, was das für ein glückliches Kind, das seiner Mutter die alten Tage so liebevoll könnte versüßen.

Darauf hat der Nachtwächter das zweitemal gerufen. —

Aga hat zur Kirchweih nicht gegessen und getrunken für ein künftig Jahr, aber, als hernach die Weihnacht ist gekommen, da hat sich kein Freiersmann mehr eingefunden, und der Dienstherr hat gesagt: Das Mägdlein könne bei ihm noch eine Weile der Schafe Hut besorgen oder gehen, wohin es ihm beliebe — er halte es nicht auf.

So hat Aga ihr Eigenthum in ein Sacktüchlein gebunden, hat einen Stock in die Hand genommen und ist im Schnee dem Walde zugegangen. Auf der Kohlstatt ist der Meiler verloschen gewesen, in der Hütte auf dem Stroh ist die Mutter gelegen — kalt und starr, mit einem Eistropfen auf der Wange.

Aga ist gegangen zu einem Kleinhäusler am Waldesrain und hat gefragt, wie lange sie müsse dienen und arbeiten?

Darauf hat sie der Häusler angesehen vom Kopf bis zum Fuß, und hat die folgenden Worte gesprochen: „Zehn Jahre lang mußt Du mir arbeiten, daß Du Dein Kind gebärst unter meinem Dache."

An einem und demselben Tag ist's gewesen, da ist die Mutter begraben und das Kind geboren worden. Dann haben die zehn Jahre gewährt in langer Noth und Drangsal.

Und als die zehn Jahre vorbei, da ist immer noch gestanden das kleine rothe Blümlein in des Waldes Schatten, aber Aga ist verblüht gewesen. Gott bewahre den Dornstrauch, daß der Sturm seine Rosen nicht mög' entblättern!

Aga ist Dienstmagd gewesen und sie ist Dienst=
magd geblieben, der Jahre siebzig. Da hat sie das
ganze weite Thal wohl dreimal umackert mit blut=
eigener Hand, und zu jeglicher Kirchweih hat sie sich
wieder ein neues Jahr der Lasten zugetrunken.
Und als ihre Kräfte dahin waren ganz und gar,
da hat sie Umschau gehalten in ihrer Ersparniß.
Einen silbernen Zwanziger hat sie zu eigen gehabt;
denselben hat sie einst in ihrer Mutter Hütte ge=
funden und ihn als Erbe bewahrt. Was sie sich
sonst erworben in Fleiß und Schweiß, das hat
eigene Noth und ihres Kindes Siechthum gefressen. —
So hat es Aga erfahren, wie die Leut' leben im
Sonnenschein. Da hat sie wohl sehnend gedacht der
schattigen Heimat, der sie durch Arglist so schmählich
entlockt ward.

Nachdem sie der Gemeinde tausend und tausend
Scheffel üppigsten Kornes geerntet, saß sie nun alters=
verwaist auf des Dorfes grüner Markung.

Da haben sie die alte Aga ins Armenhaus ver=
wiesen. Oft ist sie gesessen auf dem hölzernen Bänk=
lein und hat die halberblindeten Augen aufgemacht,
daß noch einmal der Erde farbiges Licht sollt'
hineingleiten in ihre Seele. Sie hat die milden,
sonnigen Tage nicht belobt; sie hat der trüben,
stürmischen Zeit nicht gegrollt. Ihr ist alles recht
gewesen und sie hat gebetet für die Gemeinde, die
ihr das Gnadenbrot nicht wollte versagen. Wie es

mit ihr so gekommen war, das hatte sie niemals gefragt. Der schöne vornehme Mann, den sie einst zur Zeit der Heidelbeerenblüthe zum erstenmale hatte gesehen, lag seit fünfzig Jahren schon nicht mehr in seinem Grabe, in das ein früher Tod ihn gestürzt. Wer längst begrabener Todten Asche wollt' suchen: im Friedhofsgrunde findet er sie nicht mehr. —

So war ein hundertjähriges Leben voll Armuth und Drangsal vergangen, da nahte der Tag der Ehren. Du guter, wohlthätiger Tod, hast sie freundlich dem Hohne dieser Erde entführt. — — —

Der Stein ist gemerkt, und der Engel geht hin und zeichnet die Geschichte dieses armen Erdenkindes in das Buch des Lebens ein.

Und das Glöcklein der Dorfkirche schweigt.

Es heben die Tage zu herbsten an.

Bevor wir zu Ende unserer Sommerfrische nun den Wald verlassen, wollen wir noch einen Gang thun durch denselben, wollen unser frohes Herz noch einmal dahin klingen lassen, sowie die Hummel dahinklingt über das stille, sonnige Hochgelände.

Vor wenigen Tagen war's lebendig in diesen Lüften. Die Wetter der Hundstage hatten längst ihren letzten Schlag vollführt, die Leidenschaften der Himmel schwiegen, aber die Schwalben schwirrten zu Hunderten hin und her, auf und nieder mit unendlichem Gezwitscher, von dem wir nicht einmal wissen, ist es Jubel, daß sie heimwärts ziehen, oder Klage, daß sie die Heimat verlassen müssen. Uns menschlichen Zugvögeln geht es auch nicht besser, wir sind so traut mit dem Walde, verkriechen uns in seine Falten, wickeln uns in seine Blätter und trinken Kraft und Jugend. Aber das erste gelbe

Blatt, das ein vorzeitiger Frosthauch vom Aste löst, schreckt uns auf.

Ja, die zwei Worte: Welt, Wald! Wie sie sich so ähnlich sind. Aber die Welt ist weiblich, also schwach und leidend; der Wald ist männlich, daher stark und thatend. Der Wald freit die Welt, erzeugt sie, ernährt sie, um schließlich an ihr zugrunde zu gehen. Alle Wege zwischen Wald und Welt sind voll von Roß und Wagen — alles fährt leer in den Wald und beladen zurück. Und während der Wald den Reichen die Paläste baut, hält er einen ewigen Tisch gedeckt für die Armen und für die Weltkinder, die in seinem Schatten einmal ein wenig rasten wollen.

Schon zur Maienzeit grüßt zwischen jungem Laubwerk ein weißes Blümlein mit fünf Blättchen hervor — wie der Speisezettel aufliegt, ehe die Mahlzeit anhebt. Im Juni wiegt sich anstatt des Blümleins am Stiele ein großer Blutstropfen, noch halb eingedeckt von dem zackigen Kreuzlein seiner Blätter: die Erdbeere. — Im Juli wuchert auf dem Heidegrund ein niedlicher, üppiger Laubwald. Er geht dem Hirten kaum bis an die Knie. An den reichbeblätterten Zweigen dieses Niederwaldes staubten ein paar Wochen früher in Unzahl die blaßrothen Krüglein, die Zechkrüge der Waldbienen, die Blüthen der Heidelbeere, deren blaue Frucht nun in voller Reife prangt. - Im August winkt die glühende

Johannisbeere, die vollbauchige Stachelbeere und das aus purpurnen Perlen gebaute Körbchen der Himbeere. — Der September bringt die köstlichste Frucht; sie reift in rubinfarbigen Träublein auf dem immergrünen Lorbeer des nordischen Waldes: die Preißelbeere. Vonwegen ihres etwas herben Geschmackes ist sie gerüstet gegen das kleine Gesindel der Käfer und Mücken, die den anderen Waldfrüchten so gern zusetzen. — Endlich kommt der October mit der Brombeere. Ich sehe es nicht gerne, junger Freund, wenn Du in wohligen Nachsommertagen ausgehst ins Brombeerpflücken. Du kennst den tückischen Strauch nicht, der rankt sich Dir vielfältig um Deine Beine und klammert sich mit seinen Dörnlein scharf an Dich, während Du in der würzigen Süßigkeit der Frucht schwelgest. Du kennst doch das Lied vom „Mädel, das wollt' früh aufstehn, wollt' gehen Brombeer brocken — Da kam ein schöner Jägerssohn —".

Laßt das, wir gehen hinauf in die Birkenhügel. So heißt eine große Heide, die viele Steinhaufen in sich hat und niedriges Strauchwerk, die mit Eriken bewachsen ist, so daß sie eine rothbraune Farbe hat im Herbst, als wäre das ganze Gelände von der Sonne versengt worden. Dazwischen stehen Weißbirken, deren luftige Blätter den Sommer über so viel goldenen Sonnenschein in sich gesogen, bis sie endlich selber licht und goldig werden, und herbstlich rieseln um ihre weißen Schäfte; diese Schäfte sind in der Ferne wie schlanke Elfenbein= säulchen zu schauen. Nach einer Seite hin wird das Heidegelände von einem langen See begrenzt, hinter welchem fruchtbare Hügel mit Dörfern und Schlössern liegen. Auf dem Heideland stehen auch Wachholder= sträuche mit ihren harten blauen Knötchen, es stehen Preißelbeersträuche und es rankt sich das bronzefarbige Brombeergesträuch auf dem Boden hin. Und zwischen aller reifen Frucht liegt ein Mägdlein.

Die Luft ist sonnig. Der Erdboden, in seinen Wurzeln und Pflanzen haucht eine duftende trockene Wärme aus. Ueber den Boden hin webt der Nach= sommer mit zarten Fäden der Erde ein Schlaf= hemblein für den Winter. Das Mädchen liegt in aller lieben Länge auf dem knisternden Heidekraut hingestreckt. Es schlägt einen Fuß über den anderen, legt die Arme unter das Haupt als Kissen, um das es jeder König beneiden möchte. Männer machen es mitunter ja auch so, daß sie sich auf der freien Weite messen, wer länger ist, sie oder der Erdboden. Und wahrlich, ein zwanzigjähriger Hirtenbursche kann nicht behaglicher und reizender und nichts= nutziger daliegen, als es dieses Tirndl thut. Ihr Angesicht ist rund wie der Vollmond, nur grinst es nicht so. Die Augen sind nicht weniger kugel= rund, wenn sie offen stehen, aber jetzt senken sich die Lider, weil die langen Wimpern ihre schwarzen Augensterne vor der Sonne schützen müssen. Der Mund scheint geschlossen, ist aber auch rund wie ein rothes Scheiblein, weil die kirschfarbigen Lippen nach oben und unten sich zart und weich ausbiegen. Die nußbraunen Haare sind mit Sorgfalt geflochten und in einem zweifachen Kranz um das Haupt ge= wunden. Die Wänglein sind weißer, als man es an einem Wesen, das so gern die Sonne d'rauf= scheinen läßt, vermuthen könnte. Nur bisweilen fliegt etwas wie ein rosiger Schatten darüber hin — und das machen wohl ihre geheimen Gedanken.

Denn als sie in dieser Einsamkeit so daliegt, da denkt sie: Wenn Du einmal gestorben bist, wirst auch so daliegen . . . .

Uebrigens möchte sie jetzt bei ihrem Liebsten sein. Und der ist dort drüben jenseits des Sees, wo zwischen den Obstbäumen das kleine weiße Haus hervorschimmert. Es zittert darüber die Luft ein wenig. Durch die halbgeschlossenen Wimpern blinzelt sie hinüber, und trotzdem der ernste Gedanke wie eine kalte Heuschrecke über ihr Herz gesprungen ist, sinnt sie doch an Süßes . . . . Aber der See ist tief und breit, sie kann nicht schwimmen.

Er kann nicht herüberschauen, denkt sie, weil er nicht weiß, daß ich da bin. Aber wenn ihm wäre wie mir, so müßte er doch dem Vöglein nachblicken, das dort hoch über dem Wasser fliegt, und müßte

auch inne werden, daß so viele silberige Ketten
funkeln auf dem See! Und müßte sich fragen, was
denn das für ein Sonnenschein ist, heute auf diesen
Birkenhügeln? Das ist ja gerade, als ob dort im
Erikenkraut zwischen den Wachholdersträuchern mein
lieb Dirndl thät' liegen! — Die Luft ist zu trinken
wie süßer Wein. Man vermeint, auf dem Tanzboden
thäten sie geigen — es sind aber nur die summen=
den Hummeln. Man vermeint, sein kleiner Schnurr=
bart thät' an die Wange streifen, und wenn man's
recht beschaut, sind's die Zweiglein vom Heidekraut...

Wenn der Leib so jung ist, so liebesselig und so
sommerfaul, da wiegt sich die Seele träumend in
der Sänfte des Naturfriedens und macht Gemein=
schaft mit Blumenleuchten, Vogelflug, mit aller
Thiere Uebermuth und aller Lust auf Erden.

Lieber Freund, der Du Beeren pflückest auf dem
Hochgelände und nun zwischen den Wachholderbüschen
plötzlich das Mädchen findest, so daß der freudige
Schreck wie ein heißer Blitz durch Deine Nerven
und Adern fährt — lass' ab, denn hier minnest Du
umsonst. Es ist keine Verliebte, es ist eine Liebende,
und das ist stark Zweierlei. Das kann der Mann
erfahren, der jetzt auf einem leichten Kahn über
den See fährt. Es ist ein Stadtherr und bewohnt
über den Sommer eines der Schlösser, die dort
drüben stehen. Auch er geht aus, um Beeren zu
suchen.

Der kleinen Geschichte Verlauf mag's zeigen, ob er der Rechte ist.

Er ist gelandet am Sandufer, an welches das laue Naß so weich und still anrieselt. Es ist ein vornehm gewachsener Mann in Jägertracht, er ist viel schlanker und feiner, als die Leute der Gegend sind, auf welche die Lasten des Daseins drücken. Wohl auch ihn drückt eine Last, die schlimmste von allen, die Last des Reichen — die Langeweile. Reiten, Jagen, Schwimmen, Fischen ist nicht des Menschen einziger Beruf, denkt er, auch das Weibercaressiren gehört dazu.

Deswegen findet er es gar zu nett, daß auf einmal zu seinen Füßen das schöne Naturkind ruht.

Er steht still, und mit angehaltenem Athem blickt er auf das Geschöpf, wie man eine glatte, glänzende Schlange anblickt, die sich in zierlichen Schlingungen unbeweglich auf dem Boden sonnt, und von der man noch nicht recht weiß, ob man es mit ihr wagen darf oder nicht.

Da sie zu schlummern scheint, läßt sich der Jägersmann ins Heidekraut nieder — sehr nahe der Schläferin.

Alsogleich richtet sich diese munter vom Boden auf und sagt: „Oho, wenn ich in dem Herrn sein Bett gerathen bin, so muß ich um Verzeihung bitten!"

Was läßt sich denn darauf sagen?

„Ei, Schatz, ich bitte um Verzeihung, wenn ich Dich geweckt habe. Du hast gewiß so hübsch geträumt, daß ich Mühe haben werde, Dich im Wachen dafür zu entschädigen."

Das ist doch fein gesagt. Sie aber lacht ihm ins Gesicht, und ob er glaube, daß sie ein Stadtfräulein sei, weil er so närrisch mit ihr rede?

Er hält ihre Hand. „Und an diesen herzigen Finger sollte man doch ein goldenes Ringlein stecken!" meint er.

„So?" antwortet sie und sieht ihn lachend an.

„Nicht wahr, ein Jägersmann steht nicht schlecht zu Dir?"

„Der Herr mag den ganzen Hut voller Hahnenfedern haben und zehn Hirschlederhosen anlegen, so kennt man ihm's doch an, daß er kein Jäger ist. Ich weiß recht gut, wer Er ist, aber fürchten thu' ich mich nicht beim lichten Tag."

So sie und darauf er: „Das ist sehr vernünftig. Die Gegend ist zwar langweilig, aber wir wollen uns die Zeit schon vertreiben."

„Kann Er Zither spielen oder sonst ein Gespiel?"

„Ah, schönes Kind!" sagt er und sucht sie mit Geberden zu bewegen, daß sie wieder neben ihm Platz nehme, „stelle Dich nicht so einfältig, ich merke es Deinen Augen an, daß Du sehr klug bist. Wenn sich ein munterer Jäger und eine hübsche Maid im

Walde treffen, so helfen sie dem lieben Gott in seinem Handwerk."

„Was hat denn der für ein Handwerk?" ist ihre Frage.

„Solltest Du Dich noch so wenig in der Welt umgesehen haben, die er erschaffen hat? Uebrigens —" Er will ihr einen herzhaften Kuß geben. Sie lacht hell auf. „Das wäre ein guter Spaß," meint sie und wehrt ihn ab; das Küssen wäre ihr nicht unlieb, aber nur mit ihrem Liebsten. Bei einem Fremden da thäte ihr grausen.

Er betrachtet ihren Nacken und meint, auf der ganzen Welt wäre kein Hals, dem eine goldene Kette so prächtig stünde, als diesem.

„Der Herr muß alsdann schon viele Hälse angeschaut haben," sagt sie und windet sich sachte und halb scherzend, um von ihm loszukommen.

Indes bekommt er sie in seiner Gewandtheit immer näher.

„Kann's sein?" fragt er schmeichelnd.

„Warum denn nicht?" flüstert sie, „aber wenn mein Liebster kommt! Ich habe mich hier mit ihm zusammenbestellt. Er muß bald da sein."

„Um so fleißiger hätten wir die Zeit zu benutzen."

„Es ist eine Frage, ob's ihm recht wäre?" meint das Mädchen. „Viele haben es nicht gern, wenn ihre Dirnen mit anderen Mannsbildern umthun."

„Das ist Bauernart," belehrt er, „in der guten Gesellschaft lieben sich die Leute, wie sie sich finden und gefallen. Nur versteht sich's, daß nicht alles offenkundig ist, weiters hat kein Mensch davon einen Schaden."

„Das ist mir zu hoch," antwortet sie, „das versteh' ich nicht. Ich mag auch nur Einen, der mir gefällt. Der Meinige ist aber ein sehr zorniger Mensch."

„Das ist ein ordinärer Fehler."

„Und insbesonders, wenn er auch stark ist wie der Meinige. Ich wollt's dem Herrn nicht wünschen, daß er jetzt daherginge!"

„Man könnte sich ja überzeugen, daß er nicht kommt," sagt der Jäger.

„Dort vom Hügel, wo die Steine liegen, könnte man es freilich sehen, ob er schon kommt." So sie und schaut ihm dabei ins Auge, daß ihm heiß und kalt wird.

„So will ich schnell auf den Hügel gehen und hinausblicken," sagte er dienstfertig.

„Ist mir sehr lieb."

Er eilt mit seinen schlanken Beinen zwischen den Sträuchern und Birkenstämmen hin gegen die Höhe des Hügels, wo die Steine liegen. Er hält die Hände über die Augen und blickt hinaus auf die braune Heide. Er hatte sich vorgenommen, auf jeden Fall nichts zu sehen und er sieht wirklich nichts als Sträucher, Birken und Steine. Sehr befriedigt eilt er zurück. Das schöne Mädchen aber ist verschwunden.

Sie sitzt auf dem Kahne, mit welchem er herübergefahren war, und sie fährt hinaus auf den See. Fährt dem jenseitigen Ufer zu, wo zwischen Obstbäumen ein weißes Haus hervorlugt. Sie fährt auf des Stadtherrn Schifflein zu ihrem lieben Bauernburschen.

Der Jägersmann, der knirscht und flucht, denn das ist wohl das herbste, was ihn in diesem Herbste getroffen hat. Uns kümmert er weiter nicht mehr. Ich habe Dich nur was lehren wollen, lieber Freund, bevor wir den Wald verlassen. Du weißt es nun, daß nicht alle Früchte, die da draußen wild wachsen, zu pflücken sind. —

Noch werfen wir von der Anhöhe einen Blick über das weite Gelände, auf welches die schräg einfallende Herbstsonne die goldigen Lichter und die scharfen kühlblauen Schatten legt. Auf der Wiese steht die hochstängelige Herbstzeitlose. In den Obstgärten sind die Früchte eingeheimst, nur die Zwetschken baumeln noch auf ihren Zweigen; solche sind noch nicht alle blau, und was die milde Sonne nicht mehr vollbringen kann, das zeitigt der scharfe Reif. Weit im Thale ragt die Kirchthurmspitze auf in die krystallklare Luft, leise und getragen klingt das abendliche Läuten. Im Walde hallt der Schuß des

Jägers; — ob dieser Jäger nicht etwa derselbe ist, der heute schon einmal einen Bock geschossen? Und ob es nicht auch die Rehe und die Hirsche meinen: Der Herr mag den ganzen Hut voller Hahnenfedern tragen und zehn Lederhosen anlegen, so merkt man ihm doch an, daß er kein Jäger ist! —

An den Niederungen der Berge kriechen sacht die Nebel herein, sie verweben sich mit der Dämmerung. Und wenn wieder Morgen wird, ist nichts mehr zu sehen als das trübe, frostige Grau des Nebels. Ein zartes Wasserstäuben spinnt in den Bäumen, und in den Tropfen, die schwer an allen Aesten hängen, zittert die Farbe des Eises.

Wenn wir nur wüßten, wo das holde Stück Frühling hingerathen ist, das gestern verspätet über den sonnigen See glitt!

Sollte ich ihm noch einmal begegnen, so werde ich's Euch wissen lassen. Einstweilen lebt wohl, Ihr Freunde! Spinnt Euch nur munter wieder in die Freuden der Welt ein. Und seid Ihr einsam, so träumet an langen Winterabenden bisweilen von dem sommerlichen Wald mit seinen Gestalten und Geschichten.

Inhalt.

	Seite
Der Fremde im Vaterhause	5
Naturforscher auf der Alm	21
Der Liebste ist mein Glaube	39
Eine mit Geld	131
Die guldene Grethe	146
Der Sonntagsschütz	174
Was der Franz Schlager für ein Wildpret schoß	189
Das Christkind von Scharau	197
Ein Meßopfer in der Hütte des Waldpeter	210
Die Osterpredigt	218
Am Fenster der Liebsten	230
Der Schäfer von der Birkenheide	244
Herrn Pastor Meneschild's Hochzeitsreise	257
Der Gang zur Mutter	268
Versöhnung	286
Nachtschatten	303
Eine Winternacht	317
Alte Bekannte	334
Geldtragen	351
Eine Begegnung	363
Die Zuflucht	371

Inhalt.

	Seite
Eins von alten Meister	388
Wie Hans der Grethe schrieb	401
Wie der Blindschleicher zu Einer gekommen ist	415
Eine Eisenbahngeschichte	425
Graf Adlerstamm auf der Hahnenjagd	430
Studentenpulver	436
Bettelmann's Ehrentag	447
Aga	457
Es heben die Tage zu herbsten an	467

K. u. k. Hofbuchdruckerei Carl Fromme in Wien.